JN117193

クルツ・レーアブーフ

民法総則

［第2版］

Kurz-Lehrbuch Allgemeiner
Teil des Zivilgesetzes, 2.Aufl.

藤井俊二［著］

成文堂

第2版　はしがき

民法は、1896年に制定されて以来、家族法を除いては部分的な改正しか行われず、従来財産法の部分は静的状態にあったが、昨今は、現代社会・経済の激しい変化に対応するために、民法の主として債権法分野の見直しが要請されている。そこで、2017年5月、第193回国会において「民法の一部を改正する法律」（平成29年法律44号）が成立した。この法律は、債権法の改正を主眼とするものであったが、総則の分野でも、意思無能力の規定の新設、錯誤について動機錯誤の規定の新設および錯誤の効果を取消しとする等の改正、代理権濫用の規定の新設、さらに時効については消滅時効の期間、時効の中断・停止制度を更新・猶予制度に変更、また職業別の借滅時効制度の廃止等、大きな変更がなされている。2017年の改正によって総則も大きな影響を受けた。この法律は、2020年4月1日より施行される。

さらに、2018年6月第196国会において成年年齢の引き下げ等を内容とする「民法の一部を改正する法律」（平成30年法律第59号）が成立して、民法の定める成年年齢が20歳から18歳に引き下げられた。この法律は、2022年4月1日より施行される。

このように、最近の民法は変化が激しく、それをフォローして教科書に反映させるのは非常に困難な作業となっているが、筆者は、本書において民法総則の最新の改正状況を反映した記述をするように努めた。

なお、本書では、記述の順序が民法典の条文の順序とは異なっている。これは、読者の理解がしやすいであろうと筆者が考えた順序になっているからである。例えば、法人は代理を勉強した後のほうが理解しやすいであろうと考え、また民法の一般原則は、総則の具体的知識を得た後に勉強したほうが理解が進むと考え、最後の章で解説している。判例については、より深い学習を行う者のために民法判例百選第8版に載せられている判例について、百選Ⅰ−○○と指示することにした。

また、本書では、民法解釈における法的思考を身に付けさせるためにその論理の過程をわかりやすく、「かゆいところに手が届く」ような記述にしたつもりである。

しかし、新学期に間に合わせようと稿を急いだので、思わぬ過誤を犯しているのではないかと危惧している。読者の皆さんのご教示をお願いする次第である。

筆者を学問の道に導いてくれた篠塚昭次先生は2016年12月に逝去された。筆者は2019年3月に創価大学を定年退職したが、ここまで研究生活を全うすることができたのは、ひとえに篠塚先生のご指導の賜物である。ここに篠塚先生の学恩に感謝し、ささやかなものであるが本書を篠塚先生に捧げる。

本書が成るにあたって多くの方々の助力を得た。私の研究室出身の佐藤元弁護士（法学修士、法務博士）と千葉商科大学太田昌志准教授には本書のゲラ刷りを読んでもらって貴重な意見を寄せてもらうとともに校正に協力していただいた。ここに記して、両君に感謝の意を表したい。また、極めて厳しい出版事情の中、本書の出版を引き受けて頂けた成文堂阿部成一社長、周到な編集作業をして頂いた編集部の飯村晃弘氏および松田智香子さんにお礼を申しあげる。

2019年12月

藤井俊二

初版　はしがき

多くの私立大学のカリキュラムでは、1年生の専門科目として、民法総則が置かれている。ところが、民法総則は、民法各則に共通する原則を規定したものであるから、物権法、債権法を履修してから、民法総則をふり返って読むと、その規定の意味が分かるものである。また、共通原則を定めたものであるから、その抽象度も高く、高校卒業したての民法に初めて触れる1年生にとっては理解するが非常に難しい科目である。そこで、本書では、近時の多くの教科書において行われていることであるが、具体的な事例を用いて、初学者向きに民法総則の説明をすることにした。民法の条文は抽象的であるが、その問題が生じ、適用される場面は、具体的な日常の取引関係から生じるからである。

民法の難しさは、条文が多いことと、判例、学説が多岐にわたる点にもある。したがって、読者は、常に、六法で条文を確認しつつ、本書を読んで欲しい。また、本書ではできるだけ多くの判例に言及しつつ、学説については、必要最小限度の学説に言及し、民法解釈の基本を理解できるように記述したつもりである。

近時、多くの優れた民法総則の体系書や教科書が出版されているが、本書では、分かりやすさという観点から、参考文献の引用を省略している。

本書がなるに当たって、多くの人々の助力を仰いだ。私のゼミ出身の齋藤かおり弁護士にモニターとして原稿を読んでもらい、貴重な意見を述べてもらった。また、創価大学法学部三宅利昌准教授には、校正と索引の作成をお願いした。感謝申し上げる。

最後に、昨今の厳しい出版状況の中、出版を引き受けて頂いた成文堂社長阿部耕一氏、本書の編集、校正に心を砕いて頂いた取締役土子三男氏および編集部の石川真貴さんに感謝申し上げなければならない。

2011年8月猛暑の中、書斎にて

藤 井 俊 二

目　次

凡　例

1．法令の表記

本文中の民法の条文については、条文のみで、法令名を記していない。

その他の法令の略記は、有斐閣版六法の法令名略語に従っている。

2．判例の引用は、次の例による。

大判＝大審院判決
大連判＝大審院聯合部判決
最判＝最高裁判所判決
最大判＝最高裁判所大法廷判決
最決＝最高裁判所決定
東京高判＝東京高等裁判所判決
東京地判＝東京地方裁判所判決
民録＝大審院民事判決録
民集＝大審院民事判例集、最高裁判所民事判例集
高民＝高等裁判所民事判例集
下民集＝下級裁判所民事判例集
判時＝判例時報
判タ＝判例タイムズ
新聞＝法律新聞

第1章 序 論

第1節　民法 Zivilrecht とは

Ⅰ　日常生活を規律する法

われわれは、日常的に、民法に規律された生活を送っているといったら、奇妙に聞こえるかもしれない。しかし、われわれは、日々スーパーマーケットで食料品を買ったり、インターネットで買い物をしたりする〔売買契約〕。あるいは、他人の所有するアパートを借り〔賃貸借契約〕、また、マイホームを買い〔売買契約〕、そのために銀行と住宅ローンを組む〔消費貸借契約〕。結婚、離婚、親と子の関係、相続も長い人生の中では経験することである。われわれは、意識するとしないとにかかわらず、民法に深く関わった行動をとっているのである。

このように、民法はわれわれ私人の日常生活にかかわる法である。六法を開くと、「民法」(明治29年4月27日法律89号)、いわゆる民法典 Bürgerliches Gesetzbuch が目に入ってくる。これが民法だと思う者も多いだろう。しかし、例えば、アパートを借りた場合には、民法典の賃貸借の規定だけではなく、借地借家法の規定も適用される。民法がわれわれの日常生活を規律する法を意味するとするならば、借地借家法のような民事特別法も実質的な意味においては民法といえる(実質民法)。これに対して、民法典は、形式的意味における民法（形式民法）ということができる。民事特別法には、借地借家法以外に、不動産登記法、建物の区分所有等に関する法律、仮登記担保契約に関する法律、動産及び債権の譲渡の対抗要件に関する民法の特例等に関する法律、利息制限法、消費者契約法、製造物責任法、自動車損害賠償保障法、戸籍法、任意後見契約に関する法律等がある。

Ⅱ 私法 Privatrecht と公法 öffentliches Recht

法は、大きく私法と公法に分けられる。私法は私人相互間の法律関係を規律するものである。個人の自己決定の自由（私的自治 Privatautonomie）が私法にとって特徴的なものである。「契約自由」は私的自治のもっとも典型的なものである。

公法は、国家の高権的行為を規制するものである。高権的行為は、命令や強制の形で行われ、あるいは市民の生活に対する配慮として現れる。公法には、基本的人権や国家の組織を規定する憲法や様々な生活領域における公的な行政の権限やその活動範囲を規制する行政法がある。さらには、市民や企業から税金を徴収する税法や犯罪者に罪を課す刑法や裁判の手続きを規定する訴訟法も公法である。高権的行為が法律に拘束されることに公法の特徴があるといわれる（法による行政＝法治国家 Rechtsstaat）。

Ⅲ 私法の一般法 gemeines Recht

商法は商人間の取引について適用される（商1条、4条参照）。これに対して、民法は、限定なく一般的に市民に適用される法である。したがって、民法と商法は、一般法と特別法の関係にあるという。

例えば、商法が適用される商人間の売買では、売買された目的物の数量が契約で決められたよりも少なかった場合に、買主は目的物を受け取った後、遅滞なく検査して（検査義務）、目的物が種類、品質または数量が契約の内容に適合しないことを発見したときは、直ちにこのことを売主に通知しなければ、履行の追完請求・代金減額請求・損害賠償請求・契約解除などはできないとされている（商526条）。

これに対して、民法では、買主に検査する義務を課していないから、売買をしたときに契約で合意した量より少ない場合は、追完請求（562条）・代金減額請求（563条）・損害賠償請求または契約解除（564条）などをすることができる。売買が商人間でなされたものであるならば、商法の規定が適用される（特別法は、一般法に優先するの原則）。しかし、商事に関する事項でも、商法に規定がない（商慣習法もない）ときは、民法が適用される（商1条2項）。

民法が適用される賃貸借については、民法典の規定が制定当時において賃貸借の中心であった農地の小作を念頭において規定されており、その後の日本の資本主義発展に伴う都市への人口の集中から生じる住宅問題には適合する規定ではなかった。そこで、1921（大正10）年に住宅問題を考慮に入れた借地法・借家法が制定されている（1991（平成3）年に改正されて「借地借家法」となっている）。民法が一般的に物の賃貸借全てを規律するのに対し、借地借家法は、建物所有のための土地の賃貸借と建物の賃貸借に限って適用される民法の特別法である。実質民法として、授業では債権各論の賃貸借において扱われることになる。そのほかに、実質民法として上に述べたように多数の特別法がある。

第2節　民法の法源

I　法源の意義

法源とは何か。法源については、大きく二つの考え方がある。

(1) 法源を法の存在形式であるとする考え方である。字義通り法の源と捉える。

(2) 法は第一次的には裁判規範として機能することに着目して、裁判所における紛争解決の規準と考えるとらえ方である。

前者によれば、民法の法源は、民法典、民事特別法、慣習法、判例法となる。これに対して、後者の見解では、(1) の見解があげるもののほかに条理や学説も法源となる。後述するように、条理も法源とするかには、学説上争いがある。

Ⅱ 民法典

わが国では、明治時代まで統一民法典は存在しなかった。1870（明治3）年に民法典の編纂事業が開始した。明治政府の指導者たちは、民法の編纂になみなみならぬ熱意を示し、1886年当時の内閣総理大臣伊藤博文は日清戦争が始まるまでの1年間は法典調査会に毎回出席をしていた。それは、不平等条約の改正のためには、欧米流の近代的法典の整備が是非とも必要であったからである。民法典の編纂は国家的事業であったのである。

当初は、江藤新平が中心となってフランス民法典（1804年）を翻訳して、日本民法を制定しようとした。しかし、江藤が征韓論に敗れて、1873（明治6）年に下野した後は、司法省法学校の講師として招聘されたパリ大学教授のボワソナードに依嘱して、民法の財産法の部分を起草させ、家族法の部分は日本人委員が起草した。これによってフランス民法の影響を大きく受けたいわゆるボワソナード民法（旧民法）が完成し、1890（明治23）年に公布され、1893（明治26）年に施行されることになっていた。

しかし、ボワソナード民法の施行に対する反対論が大きくなり、いわゆる「法典論争」が巻き起こった。その最も有名な反対論は、穂積八束の「民法出テ・忠孝亡フ」という論文であった。この論文は、「一男一女情愛ニ由リテ其居ヲ同フス…家トハ一男一女ノ自由契約（婚姻）ナリト云フノ冷淡ナル思想」は、ローマにもなく、ヨーロッパ固有のものではなく、キリスト教以後のものであり、ましてやわが国の固有の家制ではない。「婚姻ニ由リテ始メテ家ヲ起スニアラズ家祠ヲ永続センガ為ニ婚姻ノ礼ヲ行フナリ」。極端に個人本意の民法が施行されると「三千余年ノ信仰ニ戻ラントス」と批判するのであった。

当時の法律学派には大きく分けて、フランス法派とイギリス法派があった。このような当時の状況の下でボワソナードによってフランス法の影響を強く受けた民法典が起草されたことに対してイギリス法派が強く反発し、それに国民の保守的感覚が結びついて、ボワソナード民法の施行延期論が強くなったと考えられる。

結局、ボワソナード民法の施行延期が決定され、法典調査会が設置されることとなり、穂積陳重、富井政章、梅謙次郎の3名を起草委員として日本人の手で起草されることとなった。また、当時、ようやく統一国家となり、民法典が編纂されつつあったドイツの民法草案等を参考にして、起草された原案が法典調査会で討議され、確定案が帝国議会に提出されて、通過した。民法の第1編〜3編は、1896（明治29）年に、第4・5編は、1898年（明治31）年に公布され、全体が1898（明治31）年に施行された。この民法典は、ドイツ的なパンデクテン体系（Pandektensystem）を採用している〔パンデクテンとは、ローマ法の学説法（学説彙纂、ディゲスタ Digesta、またはパンデクタエ Pandectae という）を継受した19世紀ドイツにおける学説法の呼称である〕。パンデクテン体系では、総則編を頂点にして、その下に各則である物権法以下の規定を置いている。

現行民法典は、パンデクテン体系を採用したこともあって、かつてはドイツ法の強い影響のもとに作られたとされ、多くの民法学者もドイツに留学して、ドイツ法学の摂取に努めてきた。これに対して、現行民法はボワソナード民法を修正したものであって、フランス法の影響の法が強いとする主張も戦後有力となった。しかし、近時、基本的にはドイツ法の影響を受け、さらにフランス法やその他の外国法の素材を広く渉猟した比較法の産物と解するのが正しいとする見解も出されている。

第2次世界大戦後、1947（昭和22）年に第4・5編の家族法が日本国憲法の精神に適合するように大改正されたが、第1〜3編については根抵当に関する規定（398条の2〜398条の22）の新設（1971（昭和46）年）および制限行為能力者の規定の改正（1999（平成11）年）等、小規模な改正がなされたのみで、民法財産法の部分は100年以上にわたりその基本的枠組みを変えずに脈々と生き続けてきたといえる。

しかしながら、第1〜3編の規定は明治時代に書かれた法文は、片仮名・文語体のままであり、一般人には難解な表現が多く、民法を口語化することに対する要請が強くなるのも無理からぬことであった。そこで、2004（平成16）年の「民法の一部を改正する法律」によって、第1〜3編を平仮名・口語体にあらためるとともに、現代ではすでに使われなくなった用語や社会一般では使われない概念などを現代的な用語・用法に置き換えた。

また、この改正では、当時の現行法の内容に実質的な変更を加えることなく条文の現代語化を図ることにしていたが、若干の条文について確立された判例・通説の解釈を条文化する改正を行っている。しかし、抜本的な改正は行われなかった。このように、1896年の民法制定以来、民法財産編の実質的な見直しはほとんどされてこなかった。

この間、約120年間におけるわが国の社会・経済情勢は劇的に変化した。特に、取引量が著しく増大するとともに、取引内容が複雑化・高度化し、他方で情報伝達手段が飛躍的に発展した。このような変化に対して、特別法の制定により対応してきたが、取引に関する最も基本的なルールを定める民法もこの変化に対応させる必要が生じたとして、2017年5月26日に民法の債権関係を中心に大幅な改正が行われた（平成29年法律44号）。施行は2020年4月1日である。

民法総則の分野でも、意思能力、錯誤、代理権、時効に関して大きな改正が行われている。

Ⅲ 民事特別法

社会・経済情勢の変化によって生じた民法の不備を補うため、あるいは民法を実施するために多くの特別法が制定されており、それらは重要な役割を果たしている。

特別法には、2つの類型がある。

(1) 社会の発展に伴って生じる社会関係の複雑化に対応するために制定される特別法である。民法典は、明治中期に編纂されたものであるから、その後のわが国の経済発展、技術発展、それに伴う社会問題に十分に対応できないのは仕方がないものである。このような状況に対応するために、借地借家法、建物の区分所有等に関する法、利息制限法、失火ノ責任ニ関スル法律、自動車損害賠償保障法、消費者契約法などが制定されている。これらの特別法は、民法を修正する機能も持っているといえよう。

(2) 民法を実施するために制定された特別法がもう1つの類型になる。これには、民法施行法、不動産登記法、戸籍法などがある。これらは、民法を補充する機能を有している。

Ⅳ　慣習法 Gewohnheitsrecht

社会の中で自然に発生し、行われている慣習が、法規範まで高められたものを慣習法という。

慣習が、民法の一部としての慣習法にまで高められるには、公の秩序または善良の風俗に反しないものであって、(1) 法令の規定によって認められたものまたは (2) 法令に規定がない事項に関するものに限って、法律と同一の効力を有するのである (法適用3条)。民法を補充する機能を有する法源である。

(1) の慣習としては、263条・294条によって認められる入会権に関する慣習がある。(2) の例としては、温泉権や水利権 (流水利用権) に関する慣習等がある。

慣習法は、法律を改廃する効力があるだろうか。法の適用に関する通則法3条からすれば、このようなことは認められないが、実際には、現実の社会の要請に支持された慣習の発生を阻止することができない。

例えば、譲渡担保 (S (債務者) がG (債権者) からお金を借りたときに、担保としてSの工作機械の所有権をGに譲渡するが、工作機械はSが依然として占有を継続し、債務を返済できたときは、工作機械の所有権はGからSに戻るという方式の担保) は、質権の345条 (債務者Sが担保の工作機械を占有することを禁止している) の規定とは異なる新たな担保物権を作り出しており、175条 (物権法定主義) の規定にも反するようであるが、判例は譲渡担保の有効性を認めている。これを無効とすると、Sが金融機関より融資を得る途が極めて狭くなるという現実的要請があるからである。

Ⅴ　判例法

裁判所は、紛争の事実を証拠によって確定しながら、民法、特別法、慣習法に照らして判決をして紛争を解決させてゆく。裁判所は、過去に同様の事案があれば、それと同じように法的な判断をするようになる。しかし、同様の事案について裁判所あるいは裁判官ごとに判断が異なる場合もありうる

(例えば、東京地方裁判所では認められたことであっても、大阪地方裁判所では認められない)。同一事案についても、地方裁判所と高等裁判所で判断が異なる場合もある。このような場合には、最高裁判所の判断が下級裁判所(高等裁判所、地方裁判所、簡易裁判所)を拘束することとなる(裁判所法4条)。このような最高裁判所の判断が判例と呼ばれる。最高裁判所の判例がない場合には、高等裁判所の判決などを下級審判例という場合もある。

類似の事案について、裁判所は、その判断をするに際して判例を用いて理由付けを行うから、判例は裁判所の判断規準として機能しているといってよい。

わが国は、フランス・ドイツと同様に民法典を制定して、法律の内容を1つ1つ文に現した成文法主義をとっている。これに対して、イングランド法およびその影響を受けているアメリカ諸州の法は、判例法主義をとっている。このような国々では、まさに、判例が法源となっているのである。

成文法は、それが制定された時代の制約があり、時代の進展とともに法文と現実の間に隙間ができてくる(「法の欠缺」という)が、判例はそれを埋める役割を果たす。また、抽象的な法文について事件の解決を通して具体的解釈規準を与えるという役割も果たす。

また、判例は、法が制定されているわけではないが、社会に存在する法(例えば、内縁や譲渡担保)を拾い出して、それが判例法を形成して1つの制度となっている場合もある。

Ⅵ 条理

条理とは、人間の社会生活において通用しているものの道理であって、社会的常識というような意味で捉えればよい。条理は、法とはいえないが、道徳と同様にわれわれの生活規範にはなっている。また、明治8年太政官布告103号裁判事務心得3条は、「民事ノ裁判ニ成文ノ法律ナキモノハ習慣ニ依リ習慣ナキモノハ條理ヲ推考シテ裁判スヘシ」としている。この規定は、法源としての条理を定めたものと解する見解がある。しかし、この布告が現在も法律として効力を有するか、問題であるし、またそうだとしても「推考して」というのは「適用」と同様の意味を有するか、疑問である。裁判官は法律がないからといって、裁判を拒むことができない。この場合には自分が立法者であるならば規定したであろうと考えられること、すなわち条理に従うほかないのであるから、上の太政官布告は当然のことを規定したに過ぎないことになる。条理というのはものの道理といった意味であるから、法の解釈適用に当たって常に考慮されてもいることであり、制定法などと同様にこれを適用するというのは適当ではない。すなわち、条理を法源とするのは無理であるといわざるを得ないのである。

V　学説

学説は、裁判官が法の解釈をする際に影響を及ぼすこともあるが、直接に裁判の規準とされることはないから、法源ではない。

第 3 節　民法総則とは

わが民法典は、パンデクテン体系を採用している。すなわち、市民生活の関係を財産法と家族法〔かつては身分法と呼んでいた〕とに大別し、さらに前者を物権法と債権法に分け、後者を親族法と相続法に分けている。民法総則は、これらすべてに共通する規定を定めるものである。「総則」という語から、民法の総てについて定めているという誤解が生じる場合もあるが、そうではない。「総則」は、ドイツ語の Allgemeiner Teil の翻訳であり、「allgemein」とは、すべてに共通するとか、一般的なという意味であるから、「総則」と訳さずに「通則」と訳したほうが良かったという批判もある。

パンデクテン体系は、総ての事項に共通することを定める総則を最初に置き、特定の事項について定める各則をその下に置くという階層的構造をとっている。そして、各則においても、総則を先に置き、その下に各則を置くという構造が一貫してとられている。パンデクテン体系は、ドイツにおけるパンデクテン法学が作り上げた学問的体系である。すなわち、具体的な社会関係から出発して、各関係に共通の性質に着眼して、総ての事項に通じる抽象的な命題を抽出してこれを総則としたのである。そして、具体的な事項に関するものを各則とするのである。

例えば、自動車を買うときは売買契約を締結し、アパートを賃借するときは賃貸借契約を締結する。契約をする際には、売買では「売りましょう」・「買いましょう」という意思の合致があり、賃貸借では「貸しましょう」・「借りましょう」という意思の合致がある。そこで、売買も賃貸借も意思の合致によって契約が成立するという共通項があることに着目して、これを申込・承諾と抽象化して契約総則に規定する（522条以下）。また、これらの契約が詐欺によってされた場合には、民法は総て「詐欺」という共通項に括り、取り消されるべきものとする（96条1項）。

民法総則は、民法全般（物権法・債権法・親族法・相続法）に通じる規定を定めた部分といえるのであるが、家族法（親族法・相続法）は、財産関係とは異質な要素を含んでおり、それ自体独自の法観念が支配すべき領域だとして民法総則の適用を排除する見解も強い（特に、家族法学者からこのような主張がなされる）。

第2章
権利の主体（1）
—自然人—

第1節　人 Person

民法上権利の主体となりうるものは人であるが、人には2種類のものがある。第1は、われわれ人間であり、民法上自然人 Natürliche Person という。第2は、人間ではないが民法によって権利能力が認められている法人と呼ばれるものがある。法人については、代理の後に論じるほうが理解しやすいであろうと考えるので、本章では自然人についてだけ述べることにする。

第2節　権利能力 Rechtsfähigkeit

近代革命（特に、フランス革命）は、封建的な身分関係から人を解放し、全ての人が権利・義務の主体となることを承認した。このように権利・義務の帰属主体となりうる地位を権利能力という。注意すべきは、権利能力というけれども、義務能力の意味も有していることであり、義務を履行しなかった場合には、権利・義務能力者が有する財産に強制執行がなされる。

第3節　権利能力平等の原則

今日では、全ての人間が権利・義務の主体となりうる地位を有していることは、当然であると考えられている。私法上は国民の間に差別はないのであり、近代法の大原則である。

このことは、歴史的には重要な意味をもっている。すなわち、古代ローマ帝国には奴隷制度があり、中世ヨーロッパには農奴制度があった。奴隷は、権利義務を有せず、家畜と同様に人の所有物であり、売買の対象となった。また、農奴は権利能力の範囲が制限されていた。

人間すべてに権利能力が認められたのは、フランス革命を端緒とする近代市民革命以後である。これには、キリスト教の人間は神の前において平等であるという思想に源泉があるとされる。しかし、資本主義経済の発展に伴う社会的要請が、直接的誘因であったというべきである。すなわち、資本主義的商品交換経済では、その前提として農民に農地の独立した所有権を認めるべきだとする要請があり、また近世の工場（マニュファクチュア）制度においては労働者が雇い主と雇用契約を結び、賃金を得るようになってきた（身分から契約へ）。このような社会関係においては、すべての人間が法主体とならなければ、所有の関係においても、契約の関係においても不便であったからである。

フランス民法は「すべてのフランス人は私権を享有する」（フランス民法8条）と規定して「権利能力平等の原則」を明示しているが、わが民法にはこれを明示する規定は存在しない。それは、ボワソナード民法に定義規定が多く、教科書的であって良いものではないという批判が強く、現行民法の編纂に際して、定義規定はほとんど削除するか、別の書き方をしたからであり、また市民革命以後、権利能力平等の原則が当然視されるようになったからでもある。例えば、フランス民法より100年遅れて制定されたドイツ民法は、「人の権利能力は出生の完了をもって始まる」（ドイツ民法1条）と規定する。

わが民法が「私権の享有は、出生に始まる」(3 条 1 項) と定めるのはこのような背景に基づくものである。したがって、わが民法 3 条 1 項は、人は生まれながらにして誰も平等に権利能力を有することを前提として、出生の時から権利能力を取得すると定めたものである。

第 4 節　権利能力の始期

権利能力を取得するのは、出生の時である (3 条 1 項)。ところが、出生とは何時をいうかについては規定がない。学説は、3 つに分かれる。

(1)　一部露出説

母体から胎児が一部露出した時をもって出生とする説である。刑法ではこの段階で胎児から人になると解されている。分娩中の胎児に対する攻撃が堕胎罪か殺人罪かという観点からこのような解釈がとられている (大判大 8・12・13 刑録 25 輯 1367 頁)。

(2)　全部露出説

母体から胎児の身体が全部分離した時をもって出生とする説である。民法における通説である。出生の時を明確にすることができるからである。

(3)　独立呼吸説

母体から分離して、独立して呼吸を始めたときとする説であるが、現在ではほとんど支持するものはない。

民事の裁判において出生の時期が問題となった例は、ほとんどない。なお、戸籍法によると出生届を出生から 14 日以内にしなければならず (戸籍 49 条)、出生の届出をしなかったときは過料に処せられるが (戸籍 135 条)、出生届は権利能力の取得と無関係である。出生届の出されていない棄て児であっても、出生時に権利能力は取得する。

第5節　胎児の権利能力

Ⅰ　序論

胎児は、まだ出生していないから、原則として、権利能力を取得しない（3条1項の反対解釈）。

Case ❶

自動車の運転者Aが前方不注意によって横断歩道を歩いていたBに衝突し、Bを死亡させた。Bには妻Cがおり、Cは妊娠していたが、この交通事故後に子Dを出産した。Dは、Aに対して損害賠償を請求できるか、また、Bの財産を相続することができるか。

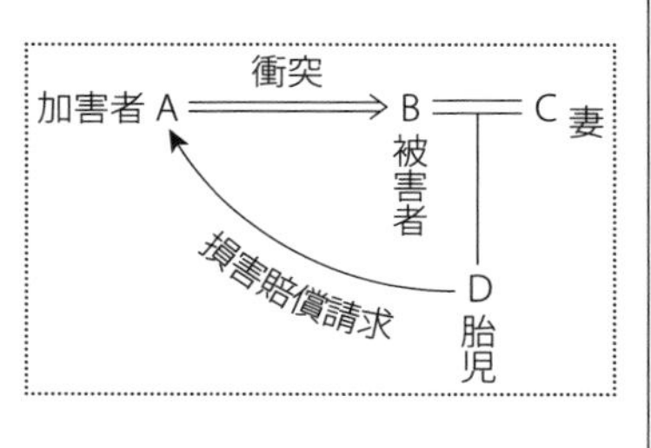

胎児には、権利能力がないという原則を貫くと、たまたまBがDの出生よりも前に死んだために、Dは相続もできず、損害賠償も請求できないという気の毒な結果になる。そこで、民法は、生きて生まれることを条件にして、相続（886条）、遺贈（965条）、不法行為による損害賠償請求（721条）について「胎児は、…既に生まれたものとみなす。」と規定し（965条は、886条を準用する）て、例外的に胎児に権利能力を認めている（「みなす」と「推定する」の相違については、48～49頁参照）。

Ⅱ　「既に生まれたものとみなす」とは

「既に生まれたものとみなす」の意味は、どのようなものであろうか。考え方は、2つに分かれる。

(1)　停止条件説

判例（大判昭7・10・6民集11巻2023頁）は、「既に生まれたものとみなす」とは、胎児が生きて生まれた場合に、胎児中に起きた問題（相続・不法行為）の発生時に遡って権利能力を認めようとするものであって、胎児である間においては権利能力を認めないとする。すなわち、胎児が生きて生まれることを法定停止条件として、権利能力を遡及的に認めようとするものである。実質的根拠としては、胎児には法定代理人の制度がないことをあげている。

(2)　解除条件説

胎児は、出生前であっても、相続、遺贈および不法行為による損害賠償については権利能力を有し、生きて生まれなかった場合に、遡及的に権利能力が消滅するとするのである。死んで生まれることを法定解除条件として、権利能力を遡及的に消滅させるのである。

問題を2つに分けて考えてみよう。

1　不法行為による損害賠償〔慰謝料〕の請求の問題

DはBの近親者としてAに対する損害賠償請求権を取得するが（711条）、停止条件説によればDは出生時にこの権利を取得するから、胎児中はこれを行使できず、出生の後、Dを代理してCが損害賠償請求権を行使することになる。

これに対して、解除条件説によれば、Dが胎児中でも損害賠償の請求をすることができることになる。しかし、Dは未だ出生していないのであるから、胎児を代理する制度がないという問題が生じる。もっとも、生まれてしまえば、母親CがDを代理するのだから、胎児の間でも懐胎中のCを代理人として認めてもいいのではないかという考え方と、立法論として特別の法定代理制度を設ける必要があるという考え方がある。前者の説によれば、CがDを代理して損害賠償の請求をすることができることになる。

2　相続に関する問題

DはBの財産およびBが取得したAに対する損害賠償請求権の相続についても権利能力が認められるが、遺産分割をめぐって問題が生じる。すなわち、停止条件説をとると、Dが生まれるまでは、権利能力が認められないので、Dを相続人に含めずに相続財産の分割が行われることになり、Dが無事生まれてきた場合には、もう一度はじめから遺産分割をやり直さなければならないことになる。相続分や相続人の範囲が異なることになるから、遺産分割のやり直しによって相続分を超える分割を受けた者や相続人から排除されることとなった者から相続財産の回復をしなければならないが、既に消費してしまっていたような場合には、これは非常に困難な問題となる。

これに対して、解除条件説によれば、相続開始時〔Bの死亡時〕にDの権利能力が認められるから、Dは相続人となる。しかし、Dを遺産分割協議に参加させようとするならば、Dはまだ生まれていないのだから、Dの代理人がいなければならない。代理が認められないとするならば、Dが生まれるまでは、遺産分割はできないとすべきであろうか。特に、母Cも相続人であるから、Cの利益とDの利益が相反しており、CがDを代理することは、認められない（108条2項）。そこで、相続人中に未成年者と親権者がいる場合に準じて（826条1項）、胎児Dのために特別代理人を選任することによって、遺産分割協議ができると解することもできる。

第6節　権利能力の終期

Ⅰ　自然人の権利能力の終期

自然人の権利能力は、死亡によってのみ終了する。死亡とは、従来は心臓機能の永久的停止をいうとされていたが、近時、臓器の移植に関する法律（平成9年法律104号）は臓器移植の場合に限って脳死も死亡とみることにしている。権利能力の消滅について、特にこれを定める規定はないが、死亡によって消滅することは当然のこととされている。

Ⅱ　認定死亡（戸籍法89条）

暴風雨の海で転覆した船舶の乗組員や海上で墜落した飛行機の乗客のように、危難に遭遇して死骸は確認されないが、死亡したことが確実であると認められるときは、失踪宣告（後述第3章第3節Ⅳ参照）を待たずに、その取調をした官公署が死亡地の市町村長に死亡の報告をすると（戸89条）、戸籍にその旨が記載され、反証がない限り、戸籍記載の死亡日に死亡したものとして扱われる（最判昭28・4・23民集7巻4号396頁）。

Ⅲ　同時死亡の推定

ある人が何時死亡したかは、相続の関係者には大きな影響を及ぼす。特に、相続関係者のうちの複数の者が事故や災害にあって死亡した場合に、死亡の先後関係によって相続分が大きく異なるからである。

Case ❷

Aには妻Bと父親Cと子Dがいる。AとDが車で旅行中に交通事故でAもDも死亡してしまった。BとCの相続関係を考えてみよう。

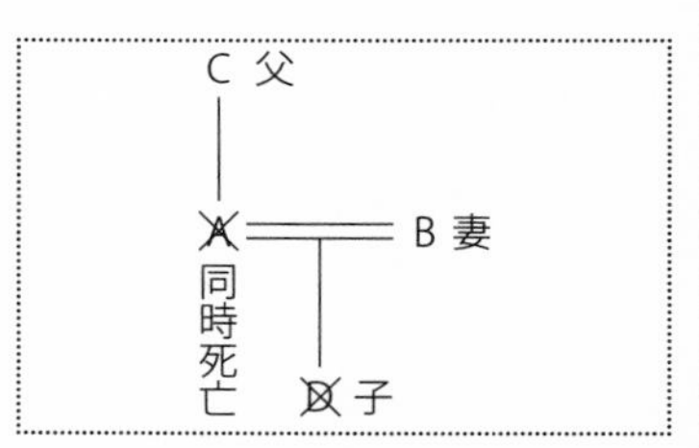

(1)　AがDより先に死亡していた場合

まず、BとDがAの財産を2分の1ずつ相続し、それからDの死亡によって、BがDの財産を相続する（887条、889条、890条、900条）。Cは何も相続しない。

(2)　DがAより先に死亡していた場合

まず、AとBがDの財産を相続し、その後にAの死亡によって、Aの財産をBが3分の2、Cが3分の1相続することになる（900条）。

ところが、現実にはAとDの死亡の前後関係を証明するのは困難である場合が多く、相続関係を確定するのが困難になる。

そこで、1962年（昭和37年）の民法改正によって、死亡の先後が不明な時は「同時に死亡したものと推定する。」という規定を設けた（32条の2）。この規定は、数人の者が死亡し、その者の間の死亡の時期の先後関係が明らかではないときに広く適用されるものであって、同一事故で数人が死亡した場合に限られるものではない。まさに本改正は、伊勢湾台風によって死亡の前後が不明である事例が多く生じたために、行われたものである。

同時死亡の推定が働く結果、死亡した者の間では相互に相続関係は生じなくなる（相続は、被相続人死亡時に相続人が生きていることが必要である）。したがって、AとDの死亡の先後関係が不明である場合には、同時死亡の推定が働いて、Aの財産についてBが3分の2、Cが3分の1を相続し、Dの財産についてはBが全部相続することになる。なお、この推定によって不利益を受ける者は、反対の事実を証明することによって推定を覆すことができる（「みなす」との相違については、48〜49頁参照）。

第3章

意思能力・行為能力

第1節　意思能力 Willensfähigkeit

I　意義

例えば、売買契約の申込の意思表示をした時に、当事者にその契約の意味や契約をした結果を認識できるだけの判断能力がない場合には、その契約は無効となる（3条の2、大判明38・5・11民録11輯706頁、百選I－5）。このような判断能力を意思能力という。意思能力のないことによって契約が無効とされるのは、有効な法律行為をするには当事者は正常な判断能力を有していなければならないとする近代法の私的自治の原則による。人が権利を取得し、義務を負担するのは、自己の意思に基づくものでなければならないとする思想である。意思能力のない者は自己の法律行為の意味や結果を理解していないのだから、自己の意思に基づいているとはいえない。法律行為の効力の発生の前提を欠いているから、権利義務の発生原因とは認められないとして無効とするのである。

意思能力は、7歳から10歳程度の精神的能力が備わっていることだとされる（ちなみに、ドイツでは7歳未満の子の意思表示は無効とされる（ドイツ民法104条1号、105条1項））。意思能力は、問題の意思表示がなされた時に備わっていたか否かを個別的・具体的に判断される。子どもの意思表示についてドイツ法のように定型化した規定がないわが国では、5歳でも意思能力があったと判断されうる場合もある得るし、30歳でも精神障害などで意思能力がないとされる場合もあり得る。

Ⅱ　無効とは

法律行為が無効だということは、その法律行為は法的には存在しなかったものとして扱われることである。法律行為は存在しないのだから、その存在しないことを誰でも主張でき、誰に対しても主張できることになる。また、存在しないものは時間が経過して存在することになることはないから、取消しと異なり、時間が経過しても無効のままである。

しかし、無効の結果として法律行為が存在しないことになるのは、法律行為に対する法的評価の結果であって、行為がなかったわけではない。ただ、意思能力がないことを理由に無効とされるのは、判断能力の不十分な意思無能力者に義務を負担させると酷な結果が生じるからである。意思無能力者保護の観点からすると、意思無能力者に不利とならない場合には、法律行為の効果を発生させてもよい場合もある。このような観点からすると、意思能力の欠けた法律行為を無効と主張するか否かは、法律効果を引き受ける意思無能力者に選択させるのが適当だということになる。すなわち、無効の主張ができるのは、意思無能力者側だけだということになる。このような無効を相対的無効という。

Ⅲ　意思無能力による無効の問題点

1　意思無能力者にとっての問題

a　意思無能力の立証の困難さ

意思能力があるか否かは、定型的に定まっているわけではなく、問題の法律行為がなされた時点について個別・具体的に判断される。したがって、その時点で意思能力がなかったことを立証しなければならない。立証は、意思無能力者がしなければならないとされているが、過去のある時点における意思表示につき意思能力がないことを立証して、無効を主張するのは難しいことである。

b　無効の主張方法

意思無能力の状態で意思表示をした者は、意思能力を回復してから無効を主張することができる。しかし、精神的障害などで意思能力のない状態が継続する場合もある。このような場合に、意思無能力者に代理人などがつけられて、無効を主張することができる制度があればよいが、民法では制限行為能力者にはそのような制度があるが、意思無能力者については制度がない。したがって、無効を主張できる者が誰もいないという事態が生じうる。

2　相手方にとっての問題

無能力者の相手方にとっても、問題が生じる。無能力者と契約をした当時に意思能力に問題があることを知らず、有効に契約は成立したと思っていた場合に、いきなり契約が無効だと主張されたときは、相手方は不測の損害を被るおそれがあるからである。

第2節　行為能力 Geschäftsfähigkeit

I　序

意思無能力による法律行為の無効は、上に述べたような問題を生じるので、その不都合に対処する制度として行為能力（制限行為能力者）制度が設けられた。この制限行為能力者制度では、(1) 精神的能力の十分でない者をあらかじめ法定の基準によって制限行為能力者として定型化し（未成年者、成年被後見人、被保佐人、被補助人）、(2) これら制限行為能力者を保護する機関を設け、この保護機関の関与なしに制限行為能力者が法律行為をした場合には、取消しをすることができる。この法律行為は、取り消されるまでは有効である。また、制限行為能力者および一定の者は、取消しをしないで、この法律行為を確定的に有効にすることもできる（追認）。取消しがなされた場合には、法律行為は、それがなされた時まで遡って無効であったものとみなされる（121条）。

行為能力とは、法律行為を独立して全く有効に行うことができる能力であると定義される。

II　未成年者

1　未成年者とは

わが国では年齢20歳をもって成年とされる（4条）から、未成年者とは20歳未満の者である。個人の知能・判断能力の差にかかわらず画一的に制限行為能力者として取り扱う。もっとも、20歳未満の者であっても、婚姻すれば成年に達したものとみなされる（成年擬制。753条）。婚姻した未成年者は、行為能力に制限がなく、すべての法律行為を独立して、自らの判断で有効に行うことができる。しかし、成年とみなされるのは私法関係についてだけであり、公法関係の資格等については無関係であるから、婚姻によって選挙権などは取得しない。

なお、成人年齢については、2018年（平成30年）6月30日に成立した「民法の一部を改正する法律」によって20歳から18歳に引き下げられた（改正4条）。現行法では、婚姻できる年齢が男18歳、女16歳とされていて（現行731条）、成人年齢が20歳であるから、20歳未満の者が婚姻した場合は成年に達したものとみなすとする規定（現行753条）が必要であった。これに対して、改正法によって成人年齢が18歳に改められ、婚姻適齢も男女ともに18歳と改正されたから（改正731条）、結局、成年に達しなければ婚姻できないこととなった。したがって、成年擬制をする現行753条は不要となり、削除される。この法律は、2022年（令和4年）4月1日から施行される。

2　未成年者の行為能力

a　原則

未成年者が法律行為をするには、原則として、法定代理人の同意が必要である（5条1項）。

未成年者が法定代理人の同意を得ずに法律行為をした場合には、その法律行為は取り消すことができる（5条2項）。この場合に、取消しをすることができる資格（取消権）を取得するのは、未成年者自身と法定代理人である（120条1項）。

b　例外

民法は、次の3つに該当する行為については、例外的に、未成年者は法定代理人の同意を得ることなく、単独で有効に行うことができるとしている。

⑴　もっぱら未成年者の利益となる行為

未成年者が単に権利を取得し、または義務を免れるだけの法律行為である（5条1項ただし書）。未成年者が、お年玉のように何の負担もない贈与を受け、または債務免除を受ける契約をする場合がこれに該当する。これらの行為の場合は、未成年者が不利益を受けるおそれがないから法定代理人の同意を得ずに契約をしても、この契約を取り消すことはできない。

⑵　処分を許された財産の処分

この財産の処分には2つの場合が定められている。

第一は、目的を定めて処分が許されている場合である（5条3項前段）。例えば、教科書を買うために与えられた費用で教科書を買う場合である。第二は、目的を定めないで処分が許されている場合である（5条3項後段）。例えば、小遣いをもらって、コンビニでお菓子を買うような場合である。このような行為については法定代理人から事前に包括的同意が与えられているから、個別の行為ごとに再度同意を得させる必要はないと考えられ、これらの行為も取り消すことができない。

⑶　許された営業に関する行為

法定代理人から営業を許された未成年者がその営業に関して行う法律行為である（6条1項）。営業とは、商業に限らず広く営利を目的とする事業を意味する。許された営業に関する行為には、営業を営むために直接・間接に必要と考えられる一切の行為が含まれる。例えば、パン屋を営業する場合には、小麦粉、塩、バター等のパンの材料の仕入れ、出来上がったパンの販売だけではなく、店舗用建物の購入・賃借、パン焼き職人や販売員の雇用、資金繰りのための銀行との取引等も含まれる。この場合も、個別の行為についていちいち同意を要するとすると煩雑であり、営業を許したことによってその営業に関しては包括的に同意を与えてもいるからである。

なお、未成年者が独立の業務主体であることが必要であって、雇用されて働く場合は含まれない（未成年者の雇用契約については労働基準法58条、59条参照）。

法定代理人は、営業の種類を特定して許可しなければならない。種類を特定しない包括的な許可は認められない。未成年者を保護するという任務を放棄するようなものだからである。許可の方式については、特別な定めはない。

未成年者が独立して営業をすることができる状態に達していない事実が明らかになった場合〔未成年者が営業に堪えることができない事由があるとき〕には、営業の許可を取り消し、または制限することができる（6条2項）。この場合の取消しや制限は、それがなされた時点から将来に向かってのみ効力を有する、すなわち遡及効がない。

3　法定代理人

未成年者は行為能力を制限されるので、それを保護する者として法定代理人が付される。法定代理人には、原則として、親権者がなる（818条、824条）。親権者がいない場合あるいは親権者に子の財産を管理する権限がない場合には、未成年後見人が選任されて、法定代理人となる（838条1号、840条）。

法定代理人は、未成年者自身が行おうとする法律行為に同意を与える権限（同意権。5条1項）、未成年者に代わって未成年者のために法律行為をする権限（代理権。824条）、未成年者の行為能力の制限に反する行為を取り消す権限（取消権。120条1項）、およびこの行為を有効に確定する権限（追認権。122条）を有する。

Ⅲ　成年被後見人

成年者でも、知的能力が十分ではないために保護を必要とする者がいる。このような者の保護のためには、民法上成年後見制度が設けられている。

1　成年後見制度の理念

未成年者制度と同様に、知的能力の不十分な者の保護の必要（本人保護の要請）から成年後見制度も出発している。もっとも、未成年者制度がもっぱら未成年者の保護を目的として、未成年者がした法律行為によって不利益を受けることを回避するために、それを取り消して法律行為の拘束から解放する仕方で保護をしているのに対して、成年後見制度では、保護を受ける者もできるだけ健常者と同様に取り扱うべきだという基本理念から、保護を受ける者の意思を尊重する制度が設けられている（自己決定の尊重）。

2　成年被後見人とは

認知症等の精神上の障害により判断能力を欠くのが普通の状態である〔事理を弁識する能力（事理弁識能力）を欠く常況にある〕者であって〔一時的に判断能力が回復することがあっても妨げない〕、かつ家庭裁判所より後見開始の審判を受けた者を成年被後見人という（7条）。事理弁識能力を欠くのが常況にある者でも、後見開始の審判を受けていない者は、成年被後見人ではない。

後見開始の審判の請求権者は、本人、近親者である配偶者、4親等内の親族、また公益の代表者としての検察官、さらに他の制限行為能力者の類型から成年後見に移行するために、保佐人・保佐監督人、補助人・補助監督人もしくは未成年者後見人・未成年者後見監督人である（7条）。また、身寄りのない認知症の65歳以上の者については、その福祉を図るために必要と認められるときは、市町村長にも請求権が認められる（老人福祉法32条）。

民法は、「家庭裁判所は、…請求により、後見開始の審判をすることができる。」と定める（7条）が、この制度は本人の財産保護と同時に本人の療養・看護の制度であるから（858条・859条参照）、請求があったときは、家庭裁判所は必ず審判をしなければならない。

後見開始の審判をするときに、本人が被保佐人または被補助人である場合は、家庭裁判所は保佐開始の審判または補助開始の審判を職権で取り消すことになる（19条1項）。

後見開始の審判を受けた者には、成年被後見人になり、その保護者として成年後見人が付せられる（8条、838条2号）。また、家庭裁判所は、必要があると認めるときは、被後見人、その親族もしくは後見人の請求により、または職権で後見監督人を選任することができる（849条）。

3 成年被後見人の行為能力

a 原則

成年被後見人は、「日用品の購入その他日常生活に関する行為」を除いて、自ら法律行為をすることができない。成年後見人が、成年被後見人の法律行為を代理することになる。成年被後見人が単独で行った行為は、原則として、常に取り消すことができる（9条本文）。すなわち、成年後見人の同意を得て、成年被後見人が単独で行った行為も、取り消すことができるのである。成年被後見人は事理弁識能力を欠くのが普通の状態にある者であるから、同意を得た時点では事理弁識能力が回復していても、行為をしたときには判断能力を失って、同意通りの行為をすることができるとは限らないからである。

b 例外

日用品の購入その他日常生活に関する行為は、成年被後見人も単独で有効に行うことができる（9条ただし書）。この例外は、本人の自己決定を尊重しようとするものである。

日用品の購入その他日常生活に関する行為とは、食料品・衣料品等の購入、電気・ガス・水道代等の支払、そのための預貯金の引き出しなど、本人が生活を営むために通常必要な行為である。

c 成年被後見人が意思能力を有しない場合

意思能力を有しない成年被後見人が、単独で法律行為をした場合に、その行為は取り消すことができるものであるが、さらに無効の主張もできるであろうか。

意思能力を有しない者のした意思表示は無効であり（3条の2）、行為能力を制限された者の行為は取り消しうるものとして取り扱いに差を設けたのは、意思能力のないことのほうが、行為能力が制限されていることよりも、行為の瑕疵として重大であり、また制限行為能力者のように他に取消権を有する者がいない意思無能力者の行為が制限行為能力者よりも厚く保護すべきだということにある。

この問題を考える場合には、無効と取消しとの間にどのような相違があるかが、重要なポイントとなる。

ア)　無効は、一般に法律行為の効果が最初から発生しない。既に効果が発生しないことが確定しているので、無効の主張は、誰からでもすることができると解されている。

これに対して、取消しは、意思表示をした者の保護を目的とするから、表意者の側が取消しをして保護を受けるか否かを決定する（120条）。法律行為は、取消しをするまで有効であり、取消しがあると初めから無効であったものとみなされる（121条）。相手方は、取消しをする権限を有しない。

近時、無効を公序良俗違反による無効（90条）のように誰もが無効を主張できる場合を絶対的無効とし、意思能力を有しない場合等の表意者を保護するための無効を相対的無効として区別するようになっている。すなわち、相対的無効の場合には、保護を受ける意思能力を有しない者の側が、無効との主張をするか否かを決定し、相手方は無効の主張をすることができないとする考え方である。保護を受ける必要のある者が有効のままでよいと考えているときに、相手方が無効を主張することができるとするのは、甚だおかしいことだからである。

イ)　取消しには、取消権の期間の制限がある。すなわち、取消権は、追認をすることができる時から5年間行使しないときは、時効によって消滅し、行為の時から20年経過したときも、消滅する（126条）。

これに対して、無効については期間制限がない。したがって、取消権が期間制限によって消滅したとしても、無効の主張は可能であるということになりそうである。この問題を無効と取消しの「二重効」の問題という。学説は、2つに分かれる。

i）　**二重効肯定説**　　意思能力を有しないことによる無効の主張も、成年被後見人であることによる取消しの主張もいずれも、成年被後見人はすることができると解する説である。この説によれば、取消権が期間制限によって消滅した場合でも、無効の主張をすることができる。

ii）　二重効否定説　意思無能力による無効の効果について、制限能力者制度の取消しの効果に関する規定を類推適用すべきだとする説である。制限能力者制度は、制限能力者と相手方ないし第三者の利益との調和の観点から種々の方策を施しているが、この類推適用を認めないと、取消権が消滅しても、無効の主張ができることになり、民法の配慮が覆ってしまうからである。

4　成年後見人

成年後見人は、いわば成年被後見人の保護者である。

a　誰が成年後見人になるか

家庭裁判所が一切の事情を考慮して適任の者を選任する（843条1項・4項）。成年後見人は、複数おくことができ、この場合には、共同してまたは事務を分掌し、その権限を行使する（859条の2第1項）。また、社会福祉法人等の法人も成年後見人になることができる（843条4項）。

b　成年後見人の権限

ア）　財産管理権　成年被後見人の財産を管理する（859条1項前段）。

イ）　代理権　日用品の購入その他の日常生活に関する行為以外の本人の財産に関する法律行為は、成年後見人が代わって行う〔法定代理〕（859条1項後段）。ただし、成年後見人が成年被後見人本人の居住用の建物またはその敷地につき、売却、賃貸、賃貸借の解除または抵当権の設定その他これらに準ずる処分をするには、家庭裁判所の許可を得なければならない（859条の3）。成年後見監督人がおかれている場合には、後見人が営業もしくは13条1項所定の行為（ただし、元本の受領を除く）をするには、成年後見監督人の同意を得なければならない（864条）。

ウ）　取消権　成年被後見人が9条による行為能力の制限に反して行った法律行為を取り消すことができる（120条）。

c　後見人の義務

成年後見人は、本人の生活、療養看護および財産の管理に関する事務を行うに当たっては、成年被後見人の意思を尊重し、かつ、その心身の状態および生活の状況に配慮しなければならない〔身上配慮義務〕(858条)。

5　後見開始の審判の取消し

後見開始の審判の原因が消滅したときは、家庭裁判所は、本人、配偶者、4親等内の親族、後見人、後見監督人、または検察官の請求により、その審判を取り消さなければならない (10条)。成年後見制度は、成年被後見人を保護する制度であるが、その反面、本人の自由を制約するものでもある。本人の判断能力が回復してきた場合には、その自由を制約しておくべきではないので、その審判の取消しの制度が設けられているのである。

Ⅳ　被保佐人

1　被保佐人とは

精神上の障害により事理を弁識する能力が著しく不十分である者であって、保佐開始の審判を受けた者が被保佐人である (11条)。

成年被後見人と被保佐人とは、事理弁識能力が欠けているか、著しく不十分ながらも事理弁識能力があるか、という点で区別される。また、被保佐人と被補助人とは、事理弁識能力の不十分さが著しいか否かで区別される。しかし、いずれも程度問題であるから、厳密に区別することは困難であり、具体的な判断は家庭裁判所の裁判官に委ねられる。一応の区別の規準としては、日常の買い物ですら満足にできない場合には後見の対象となり、それができるが、不動産の売買など重要な財産の取引を適切にすることができない場合に保佐の対象となり、不安はあるが何とかできる場合は補助の対象となるといわれている。

家庭裁判所は、保佐開始の審判を本人、配偶者、4親等内の親族、後見人・後見監督人、補助人・補助監督人または検察官の請求によってすることができる (11条)。

本人が成年被後見人または被補助人である場合には、家庭裁判所は、後見開始の審判または補助開始の審判を取り消さなければならない (19条2項)。

保佐開始の審判があると、保佐が開始する (876条)。これによって、保佐開始の審判を受けた者を被保佐人とし、これに保佐人が付される（12条）。必要がある場合には、保佐人の事務を監督する保佐監督人が選任される場合もある（876条の3）

2　被保佐人の行為能力

被保佐人は、日用品の購入その他日常生活に関する行為（13条ただし書で準用する9条ただし書の規定）を除くほか、13条1項1号から10号までに列挙されている財産上の重要な法律行為については、保佐人の同意を得る必要がある（13条1項）。同意またはそれに代わる許可を得ないで行った被保佐人の法律行為は、取り消すことができる（13条4項）。

同意を得なければならない行為は次のとおりである。

a　13条1項1号から10号までに列挙されている行為

(1)　元本を領収し、またはこれを利用すること

元本とは、法定果実を生み出す本体財産である。例えば、GがSに100万円を貸し、利率を年1割とした場合に、100万円が元本であり、1年後の利息10万円が法定果実である。この場合に、Gが保佐開始の審判を受けたときは、保佐人の同意なしに100万円の元本を領収することはできないことになる。利息10万円は、単独で受領することができる。

(2)　借財または保証をすること

(3)　不動産その他重要な財産に関する権利の得喪を目的とする行為をすること

工業所有権等の知的財産も重要な財産に該当する。また、株式の売買も重要な財産に関する権利の得喪を目的とする行為に当たる。

(4)　訴訟行為をすること

訴訟の原告になることであり、相手方の提起した訴えまたは上訴について訴訟行為をするには、保佐人の同意を必要としない（民訴32条1項）。

(5)　贈与、和解または仲裁合意をすること

(6)　相続の承認もしくは放棄、または遺産の分割をすること

(7)　贈与の申込みを拒絶し、遺贈を放棄し、負担付贈与の申込みを承諾し、または負担付遺贈を承認すること

(8)　新築、改築、増築または大修繕をすること

上記の新築等を目的とする請負契約等を締結することである。

(9)　602条に定める期間を超える賃貸借をすること

602条に定める期間内の賃貸借、いわゆる短期賃貸借は管理行為とされて、被保佐人は保佐人の同意を得ずにすることができるが、602条の期間を超える賃貸借をすることは、処分行為とされて保佐人の同意を必要とする。

(10)　上記**(1)**～**(9)**に掲げる行為を制限行為能力者の法定代理人としてすること

もっとも、13条1項に列挙されている行為に該当するものであっても日用品の購入その他日常の生活に関する行為については保佐人の同意を要せずに、被保佐人単独ですることができる。

b　特別請求行為

上記aに掲げる行為以外についても、保佐開始の審判請求権者（11条本文）または保佐人もしくは保佐監督人の請求によって、家庭裁判所は、保佐人の同意を得なければならない旨の審判をすることができる（13条2項本文）。ただし、この場合にも日用品の購入その他日常の生活に関する行為は、保佐人の同意なしにすることができる（13条2項ただし書）。

c　保佐人の同意に代わる許可の裁判

家庭裁判所は、保佐人の同意を得なければならない行為について、保佐人が被保佐人の利益を害するおそれがないにもかかわらず同意をしないときは、被保佐人の請求によって、保佐人の同意に代わる許可を与えることができる（13条3項）。

d　保佐人の権限・義務

ア）　同意権　　保佐人は、13条1項に列挙された行為および13条2項による特別請求行為について同意する権限を有する。

イ）　取消権・追認権　　保佐人は、被保佐人が同意またはこれに代わる許可を得ないでした行為を取り消すことができる（13条4項、120条1項）。従来、保佐人に取消権が帰属するかが争われていたが、民法の現代語化に際して120条1項において同意権者にも取消権を認めたことによって保佐人も取消権を有することとなり、同時に追認権（122条）も有することとなった。

ウ）　代理権　　家庭裁判所は、保佐開始の審判の請求権者（11条）または保佐人もしくは保佐監督人の請求によって、被保佐人のために特定の法律行為について保佐人に代理権を付与する旨の審判をすることができる（876条の4第1項）。保佐人は、当然に代理権を有するものではなく、代理権付与の審判があって初めて代理権を取得するのである。ただし、本人以外の者の請求によって、この審判をするときは、本人の同意を必要とする（876条の4第2項）。

エ）　身上配慮義務　　保佐人は、保佐の事務を行うに当たり、被保佐人の意思を尊重し、かつ、その心身の状態および生活の状況に配慮しなければならない（876条の5第1項）。

e　保佐開始の審判の取消し

保佐開始の審判の請求原因が消滅したときは、家庭裁判所は、本人、配偶者、4親等内の親族、未成年後見人・未成年後見監督人、保佐人・保佐監督人または検察官の請求によって、保佐開始の審判を取り消さなければならない（14条1項）。この場合には、被保佐人の判断能力が改善されたことによる取消しと、症状の悪化による取消しとがある。前者は、後見開始の審判の取消しとほぼ同様であるが、後者の場合には、7条による後見開始の審判が請求されるべきことになる。後見開始の審判があったときは、保佐開始の審判は、家庭裁判所が職権で取り消すことになる（19条1項）。

V　被補助人

1　被補助人とは

被補助人とは精神上の障害により事理を弁識する能力が不十分である者であって、補助開始の審判を受けた者である（15条）。被補助人が特定の法律行為を行うについてその保護のために補助人を付す制度である。

2　補助開始の審判

精神上の障害によって本人の事理弁識能力が不十分である場合に、家庭裁判所は、本人、配偶者、4親等内の親族、後見人、後見監督人、保佐人、保佐監督人または検察官の請求によって補助開始の審判をすることができる(15条1項)。ただし、本人以外の者が補助開始の審判を請求するときは、本人の同意がなければならない(15条2項)。補助の対象である者は、まだそれなりに判断能力がある者であり、その意思を尊重すべきだからである。また、補助開始の審判は、同意権付与の審判(17条1項)または代理権付与の審判(876条の9第1項)とともに行わなければならない(15条3項)。補助開始の審判によっては補助開始の効果しか生ぜず、被補助人がどのような行為能力の制限を受けるか、補助人はどのような権限を有するかは、補助開始の審判だけでは決まらない。したがって、上記のような審判もともにしなければならないのである。

成年被後見人または被保佐人の原因がある場合には、補助開始の審判をすることができない(15条1項ただし書)。

3　被補助人の行為能力

補助人が被補助人の行う「特定の法律行為」について同意権を有する旨の審判を受けたときは、被補助人は、その特定の行為を行うについて補助人の同意を得なければならない(17条1項本文)。特定の行為は、13条1項に列挙されている行為の一部に限られる(17条1項ただし書)。被保佐人よりも高い判断能力を有するからであり、それ以外の行為は、代理権付与の審判によって補助人に代理権を与えられた行為であっても、被補助人は単独で有効に法律行為を行うことができる。

補助人の同意を必要とする行為について、被補助人の利益を害するおそれがないにもかかわらず、補助人が同意しない場合には、被補助人は家庭裁判所に補助人の同意に代わる許可を請求することができる(17条3項)。この許可が与えられた場合には、被補助人は補助人の同意なしに有効に法律行為を行うことができる。

被補助人が、補助人の同意を得なければならない行為を補助人の同意またはこれに代わる家庭裁判所の許可を得ないで単独で法律行為をしたときは、その法律行為は取り消すことができる(17条4項)。

4　補助人の権限・義務

補助開始の審判を受けた者には補助人が付せられる（16条）。また、補助人の事務を監督する補助監督人が選任される場合もある（876条の8第1項）。補助人を誰にするかは、家庭裁判所が補助開始の審判において定める（876条の7第1項）。

家庭裁判所は、補助開始の審判の請求権者、補助人もしくは補助監督人の請求により、被補助人がする特定の法律行為について同意権を補助人に与える審判をすることができる（17条1項）。ただし、本人以外の者が請求するときは、本人の同意が必要である（17条2項）。補助人に同意権が付与された場合には、補助人は、特定の法律行為が同意なしに行われた場合における取消権および追認権を取得する（120条1項、122条）。

また、家庭裁判所は、補助開始の審判の請求権者（15条1項本文）または補助人もしくは補助監督人の請求によって、特定の法律行為について補助人に代理権を付与する審判をすることができる（876条の9第1項）。本人以外の者が請求する場合には、本人の同意が必要である（876条の9第2項）。

同意権付与の審判と代理権付与の審判は、いずれか一方だけがなされてもよいし、両方がなされてもよい。補助人に代理権だけが付与された場合には、特定の法律行為であっても、被補助人は、単独で有効に法律行為をすることができる。

5　補助開始の審判の取消し

被補助人の判断能力が回復し、被補助人とする原因が消滅した場合に、家庭裁判所は、本人、配偶者、4親等内の親族、未成年後見人・未成年後見監督人、補助人・補助監督人または検察官の請求により補助開始の審判が取り消さなければならない（18条1項）。また、同意権付与の審判についても、家庭裁判所は、上に掲げる請求権者によってその全部または一部を取り消すことができる（18条2項）。同意権付与の審判および代理権付与の審判をすべて取り消す場合には、家庭裁判所は、補助開始の審判を取り消さなければならない（18条3項）。

さらに、被補助人の判断能力が低下したことによって、後見開始の審判や保佐開始の審判がなされる場合にも、補助開始の審判は職権で取り消される（19条1項・2項）。

Ⅵ　任意後見制度

1　意義

1999（平成11）年に制限行為能力者制度が大改正されるとともに、新たに契約による任意後見制度が創設された。すなわち、自分が将来事理弁識能力を失い、あるいは低下した場合に備えて、あらかじめ他人に「自己の生活、療養看護及び財産の管理に関する事務の全部又は一部を委託する」（任意後見2条1号）ことを認める制度である。この「委託に係る事項について代理権を付与する委任契約」（任意後見契約）は、「任意後見監督人が選任された時からその効力を生ずる旨の定めのあるものをいう。」と定められている（任意後見2条1号）。

2　任意後見契約の締結

任意後見制度は、本人と将来任意後見人となる者が任意後見契約を結ぶものである。将来任意後見人となる者は、任意後見受任者と呼ばれる。任意後見監督人の選任前は、まだ任意後見人ではないからである。

任意後見契約は、本人が任意後見事務受任者に生活、療養看護および財産管理に関する事務（後見事務）を委託し、その事務に関する代理権を付与する委任契約であって、家庭裁判所が任意後見監督人を選任した時から効力が発生する旨の特約が付されているものをいう（任意後見2条1号）。すなわち、任意後見監督人の選任を停止条件とする委任契約である。

任意後見契約は、適法性と有効性を担保するために、公正証書でされなければならず、かつ法務省令で定める様式に従わなければならない（任意後見3条）。この規定は、紛争の予防のために確実な立証を可能にするものである。

任意後見契約の公正証書が作成されると、公証人から登記所への嘱託によって、任意後見契約は登記される（後見登記5条）。

3 家庭裁判所による任意後見監督人の選任

任意後見契約が登記されている場合には、後見を必要とする事由（精神上の障害により事理弁識能力が不十分になること）が発生したときは、家庭裁判所は、本人、配偶者、4親等内の親族または任意後見受任者の請求により、任意後見監督人を選任する（任意後見4条1項）。本人以外の者が請求する場合には、本人がその意思を表示することができない場合を除き、あらかじめ本人の同意を必要とする（任意後見4条3項）。

ただし、次に掲げる事由のいずれかがある場合には、選任行為をすることができない。

(1) 本人が未成年者であるとき（任意後見4条1項1号）

(2) 本人が成年被後見人、被保佐人または被補助人である場合に、当該本人に係る後見、保佐または補助を継続することが本人の利益のため特に必要であると認めるとき（任意後見4条1項2号）。

(3) 任意後見受任者に次のような不適任な事由があるとき（任意後見4条1項3号）

①民法847条各号（4号を除く）に掲げる者

②本人に対して訴訟をし、または訴訟をした者およびその配偶者ならびに直系血族

③不正な行為、著しい不行跡その他任意後見人の任務に適しない事由がある者

また、任意後見受任者または任意後見人の配偶者、直系血族および兄弟姉妹は、任意後見監督人となることができない（任意後見5条）。

4 任意後見人の権限・義務

任意後見人は、任意後見契約で委託された事務を処理するために代理権を有する（任意後見2条1号）。また、任意後見人は委任契約の受任者であるから、受任者が負うべき義務（644条～647条）を負う。さらに、任意後見人は事理弁識能力の不十分な者を保護する役割を担うのであるから、法定の成年後見人と同様に「本人の意思を尊重し、かつ、その心身の状態及び生活の状

況に配慮」する義務を負う（任意後見6条）。

5　任意後見監督人の職務

任意後見契約が任意後見監督人の選任があって初めて効力を発生するのは、任意後見が必要となったときには、本人の判断能力は既に不十分となっており、任意後見人を監督することができなくなっているから、本人の利益を保護するために任意後見監督人が選任されて、任意後見人を実効的に監督させようとするからである。したがって、任意後見監督人は次のような職務を負う。

a　任意後見人の監督と利益相反の場合の代理

任意後見監督人は、任意後見人の事務を監督し（任意後見7条1項1号）、その事務に関し家庭裁判所に定期的に報告すること（同項2号）、急迫の事情がある場合に、任意後見人の代理権の範囲内で必要な処分をすること（同項3号）、任意後見人またはその代表する者と本人との利益が相反する行為について本人を代表すること（同項4号）を職務とする。

b　調査権限

任意後見監督人は、いつでも、任意後見人に対し任意後見人の事務に関する報告を求め、または任意後見人の事務もしくは本人の財産状況を調査することができる（任意後見7条2項）。

6　任意後見人および任意後見監督人の解任

任意後見人に不正な行為、著しい不行跡その他その任務に適しない事由があるときは、家庭裁判所は、任意後見監督人等の請求により、任意後見人を解任することができる（任意後見8条）。

任意後見監督人については、民法846条（後見人の解任）の規定が準用される（任意後見7条4項）。

7　任意後見契約の解除

任意後見監督人が任意後見契約法4条によって選任される前においては、本人または任意後見受任者は、いつでも、公証人の認証を受けた書面によって任意後見契約を解除することができる（任意後見9条1項）。委任契約は、原則として、委任者・受任者ともいつでも解除できるからである（651条1項）。任意後見監督人の選任前において、まだ本人に事理弁識能力があるときは、委任の解除自由の原則が適用される。ただし契約締結に厳格な様式を要求しているので、そのバランスから、また当事者の真意に基づく解除であることを担保するために、一定の様式を要求しているのである。

任意後見監督人が選任された後においては、本人または任意後見人は、正当な事由がある場合に限り、家庭裁判所の許可を得て、任意後見契約を解除することができる（任意見後9条2項）。任意後見監督人が選任された後は、本人の事理弁識能力は不十分であるので、誤った判断で解任して不利益を被らないようにするため、家庭裁判所の許可を得ることを必要とした。

8　代理権消滅の対抗

任意後見人の代理権の消滅は、登記をしない限り、善意の第三者に対抗することができない（任意後見11条）。相手方の信頼の保護と取引の安全を図ったものである。すなわち、代理権消滅の登記をしない限りは、善意の第三者は代理権の消滅を認めずに、代理権を失った任意後見代理人の代理行為を有権代理として扱うことができるのである。

Ⅶ　制限行為能力者の相手方の保護

1　序

制限行為能力者が単独で行った法律行為が、取消し可能である場合には、取消しがされるまでは、その行為は有効である（121条本文の反対解釈）。このように取消しによって無効にされ得る状態にある有効を不確定的有効ないし浮動的有効と呼ぶ。そうすると、相手方は、制限行為能力者側からの一方的な取消権の行使によっていつかは無効になることを覚悟していなければならない。しかし、いつ無効になるか分からない状態を放置しておくことは、法律関係の安定（法的安定性）を害し、また、たとえ、相手方が善意であっても保護されないというのは、取引の安全という観点から問題が生じる。そこで、民法は早期に法律関係を無効にするにせよ、有効にするにせよ、確定させる方法を定めている。

すなわち、(1) 相手方から催告をして早期に法律関係を確定させる制度と、(2) 制限行為能力者が詐術を用いて取引をしたときは、もはや取り消すことができないとする制度である。

そのほかに、取消権の消滅時効（126条）と法定追認（125条）の制度があるが、この2つは制限行為能力者の取消権に限定された問題ではなく、法律行為の取消し一般の問題であるから、取消しの章で論じることにする。

2　相手方の催告権

制限行為能力者が取消権を行使しないために、相手方が不安定な法律状態におかれている場合に、相手方にも法律関係を早期に安定させる手段を与える制度である。

催告とは、ある人に対してある行為を要求・催促すること（意思の通知）である。催告は法律に定めがなくても自由にすることができるものであって、催告を受けた者がそれに反応しなくても特定の効果が生じないのが原則である。

ところが、制限行為能力者の相手方の催告には、催告を受けた者が確答しなかった場合には、特定の効果が発生すると定めている。このような催告をすることができる法的地位を催告権と呼ぶ。

ここでいう催告は、制限行為能力者の相手方が、制限行為能力者側に対して、取り消しうる法律行為を「追認するのか、取り消すのか」について返答を要求する行為である。

制限行為能力者と取引をした相手方は、1ヵ月以上の期間を定めて、制限行為能力者側に対して、取消し得る行為を追認するかどうかを確答するようにとの催告をすることができる（20条）。この催告に対して、催告を受けた者が確答を発したときは、確答通りに法律関係は確定する。すなわち、「取り消す」という確答であった場合には、その法律行為は遡及して無効となり、「追認する」という確答であった場合には、法律行為は有効に確定する。確答がなかった場合が問題であるが、民法は、次のような原則をたてている。

(1) 催告を受けた者が単独で追認できる場合には、法律行為を追認したとみなしている。すなわち、有効に確定するわけである。

制限行為能力者が行為能力者になった後にされた催告（20条1項）や法定代理人、保佐人、補助人に対する催告（同条2項）がこの場合に当たる。いずれも、催告を受けた者は行為能力者であり、単独で追認できる立場にある。

(2) 催告を受けた者が単独では追認できない場合は、取り消したものとみなされる。

被保佐人や被補助人が能力者になる前に、被保佐人や被補助人に対して催告した場合には（20条4項）、これらの者は、催告を受領する能力は有するが（98条の2本文）、単独では追認をすることができず（124条1項）、保佐人もしくは補助人の同意を得て制限行為能力者が追認をするか（124条2項2号）、または、保佐人もしくは補助人が追認をすることになる（124条2項1号）。

また、特別の方式を要する行為とは（20条3項）、後見監督人がいるときに、後見人に対して催告をしても、後見監督人の同意を得なければ後見人は

催告に対する無確答の効果						
	本人に対する催告			法定代理人・後見人・保佐人・補助人に対する催告		
	未成年者	成年被後見人	被保佐人・被補助人	未成年者	成年被後見人	被保佐人・被補助人
行為能力制限中	催告無効	催告無効	取消し	(1) 単独で追認できる行為は、追認 (2) 後見監督人の同意を要する行為は、取消し	(1) 単独で追認できる行為は、追認 (2) 後見監督人の同意を要する行為は、取消し	追認
行為能力回復後	追認	追認	追認	催告無効	催告無効	催告無効

追認をすることができないこと（864 条）をいう。

3　制限行為能力者が詐術を用いた場合

制限行為能力者が詐術を用いて、自分には行為能力があると相手方に信じこませたような場合には、制限行為能力者はもはや取消しをすることはできなくなる（21 条）。このような制限行為能力者を保護する必要はないから、法律行為を有効と信じた相手方を保護しようとするものである。取消権剥奪の要件は、次のようになる。

a 「制限行為能力者が行為能力者であることを信じさせる」ため詐術を用いたこと

制限行為能力者ではないと信じさせる行為のみならず、法定代理人や保佐人、補助人の同意を得たと信じさせる行為も、詐術である。制限行為能力者は、行為能力者であることを信じさせる目的をもって詐術を用いなければならない。

b 「詐術」を用いたこと

詐術には、旧い判例では、「積極的ニ詐欺ノ手段」を用いた場合をいうとしていた（大判大 5・12・6 民録 22 輯 2358 頁：未成年者が戸籍謄本を偽造して自己を成年者にみせかけた事案）。それでは、積極的術策を用いなかった場合は、詐術とならないのであろうか。

最高裁は、「無能力者〔制限行為能力者〕が能力者であることを誤信させるために、相手方に対し積極的術策を用いた場合にかぎるものではなく、無能力者が、ふつうに人を欺くに足りる言動を用いて相手方の誤信を誘起し、または誤信を強めた場合をも包含すると解すべきである。」（最判昭 44・2・13 民集 23 巻 2 号 291 頁）として、積極的術策を用いないときも、詐術となる場合を認めることを明言した（本件以前にも、判例は既に、準禁治産者であることを隠蔽する目的で、「自分ハ相当資力信用アルモノナレハ安心シテ取引セラレ度シ」と述べた事案で、詐術を認めていた（大判昭 8・1・31 民集 12 巻 24 頁））。

それでは、さらに進んで、制限行為能力者が単に「制限行為能力者であること」を黙秘していた場合にも、それが詐術に該当するであろうか。前掲最判昭 44・2・13 は、「無能力者であることを黙秘していた場合でも、それが、無能力者の他の言動などと相俟って、相手方を誤信させ、または誤信を強めたものと認められるときは、なお詐術に当たるというべきであるが、単に無能力者であることを黙秘していたことの一事をもって、右にいう詐術に当たるとするのは相当ではない」として、単なる黙秘では、詐術には当たらないとしている。本件では、畑の売買において、相手方が「畑（本件土地）は奥さん〔＝保佐人〕も作っているのに相談しなくともよいか」と質問したのに対して、本人〔＝準禁治産者（現行では、被保佐人)〕が「自分のものを自分が売るのに何故妻に遠慮がいるか」と答えたのであるが、裁判所は詐術とは認定しなかった。

c　相手方が行為能力者であることを信じたこと

「信じたこと」とは、一般には相手方の善意をいうものと解され、無過失まで要求していない。しかし、この規定は一種の外観信頼保護規定、すなわち相手方が行為能力者と信じたことを保護する規定と解して、「信じたこと」とは、相手方の善意無過失を意味すると解すべきだとする学説が有力となっている。取引の相手方が制限行為能力者であるから、普通の行為能力者と異なる態度や外観等があれば、相手方はそれ相応の注意を払うべきである。

第 3 節　住所、不在者の財産管理および失踪宣告

Ⅰ　住所 Wohnsitz

1　住所とは

住所とは、「各人の生活の本拠」である（22 条)。

住所は、民法では、不在または失踪の規準となり（25 条、30 条)、債務の弁済の場所（484 条)、相続開始の場所（883 条）について意味を有する。また、民事訴訟法では、裁判管轄を定める基準となり（民訴 4 条)、さらに公法である公職選挙法上でも選挙権および選挙権行使について住所が規準とされる

（公職選挙法9条2項、4項、20条〜23条）。判例は、公職選挙法上の住所について「法令において人の住所につき法律上の効果を規定している場合、反対の解釈をなすべき特段の事由のない限り、その住所とは各人の生活の本拠を指すものと解するを相当とする」と判示している（最大判昭29・10・20民集8巻10号1907頁）。

このように、住所は重要な意義を有するものであり、住所によって権利主体の場所的な個別性が定まるともいわれる。

住所については、次の3点から考察されるべきである。

a　実質主義

民法は、本籍地を住所地とするというような形式主義をとっておらず、客観的な生活の実質的関係の継続をもって住所の規準とする実質主義をとっている。この場合には、どのような法律関係について住所を決定しようとするのであるかを常に念頭に置いて、その法律関係に最も関係の深い場所を住所とするべきである。

b　客観的生活事実

何をもって「生活の本拠」とするかについては、定住の事実のほかに定住の意思が必要であるとする「意思主義」という考え方もあるが、現在では、定住の事実、すなわち客観的に継続する生活事実を規準とする「客観主義」が判例（最判昭27・4・15民集6巻4号413頁）・通説である。定住の意思は、必ずしも常に存在するものではなく、また外部から認識することが困難である。したがって、もし、定住の意思を必要とすると、第三者が「定住の意思あり」と思っていたときに、その意思がなかった場合には、不測の損失を被るおそれがあるからである。

c　住所の個数

住所の個数は、1個（単数説）か、それとも複数の住所を認めることができるか（複数説）という問題がある。現代の複雑な生活関係からすると、住所は単一でなければならない必然性はなく、各種の生活関係についてそれぞれに生活の本拠が認められるべきであって、すなわち複数の住所が認められるべきである。

例えば、自宅とは別の場所でラーメン屋を営んでいる個人の場合には、日常生活上の法律関係についての住所は自宅であろうが、ラーメン屋営業のための住所、すなわちラーメン屋営業のための特定物債務以外の債務の弁済を受ける場所はその店舗が規準となるのである（484条）。すなわち、どの生活関係について債権・債務関係が生じたかを規準として住所を定めればよいことになる。ただし、判例は必ずしも明確ではない。

Ⅱ 住所と区別すべき概念

1 本籍

本籍とは、戸籍法上の概念であって、夫婦およびこれと氏を同じくする未婚の子の戸籍所在地をいう（戸籍法6条、9条、13条参照）。そこでの居住の事実や定住の意思は問題とならない。どこを本籍にするかは自由であって、どこを本籍にするかは届出によって形式的に定まる。したがって、本籍が住所であるとは推定されない。

2 住民登録

住民登録（住民票）は、原則として世帯主からの届出に基づいて、市町村の区域内に住所を有する者を世帯単位で登録しておくものであって、住所と必ずしも一致するものではない。すなわち、住民登録（住民票）は、現在の居住関係を公証し、行政事務に役立たせるものであって、実質的な住所とは関係がないのである。住所を移転させる目的で転出届がされても、実際には生活の本拠を移していなかった場合には、住所を移転したものとして扱われない（最判平9・8・25判時1616号52頁）。

3 居所

居所は、民法上の概念であり、「住所が知れない場合には、居所を住所とみなす。」と定められ（23条1項）。また、「日本に住所を有しない者は、その者が日本人又は外国人のいずれであるかを問わず、日本における居所をその者の住所とみなす」とされる（23条2項）。

居所については、住所と異なり、民法上の定義規定はないが、一般に居所とは、生活の本拠までとはいかないが、生活上多少継続して居住する場所であると説明される。

4　仮住所

ある取引行為を行うために、仮住所を選定したときは、その行為については、その仮住所が住所とみなされる（24条）。住所について生じる効果は、すべて仮住所について生じることになる。

Ⅲ　不在者の財産管理

1　不在者の財産管理

ある人の行方が分からなくなって、生死が不明となる場合がある。民法は、まず、行方不明になった者（失踪者）が生きていることを前提に、その残留財産の管理方法を規定している。これが、本節で説明する「不在者の財産管理」の制度である。

さらに、生死不明の状態が一定期間継続した場合に、失踪者を死亡したとみなす制度を定めた。これが失踪宣告の制度であり、次節で説明する。いずれの制度も住所を去って、容易に帰来する見込みのない者について定めるものであって、学説は「不在者の財産管理」を第1期、「失踪宣告」を第2期と構成している。

a　不在者とは

不在者とは、従来の住所または居所を去った者をいう（25条1項）。生死不明であることは必要ではない。

b　不在者が財産管理人を置かなかった場合

ア）　必要な処分の命令　　不在者が管理人を置かなかった場合には、家庭裁判所は、利害関係人または検察官の請求により、その財産の管理について必要な処分を命じることができる（25条1項前段）。必要な処分の重要なものは、財産管理人の選任である。家庭裁判所に選任された財産管理人を選任管財人という。

この処分の命令は、命令後に、本人が管理人を置いたときは、その管理人、利害関係人または検察官の請求によって取り消さなければならない（25条2項）。

イ）　選任管財人　　選任管財人は、家庭裁判所が不在者の意思に関係なく選任し、不在者の財産の管理行為を行う、一種の法定代理人である。

選任管財人の権限は、原則として、財産の保存および利用・改良行為という管理行為（103条）に限定され、それを超える処分行為を必要とする場合には、家庭裁判所の許可を得なければならない（28条前段）。

選任管財人の職務としては、①財産目録の作成義務（27条1項）、②財産の保存に必要な処分の義務（27条3項）、③担保提供義務（29条1項）がある。また、家庭裁判所は、選任管財人に不在者の財産から相当な報酬を与えることができる（29条2項）。

c　不在者が財産管理人を置いた場合

不在者が財産管理人を置いた場合には、それが委任契約に基づくときは、その委任契約によって財産管理人の権限等は定まる。また、この財産管理人は、委任による代理、すなわち任意代理人になる。

しかし、本人の不在中に管理人の権限が消滅したときは、家庭裁判所は、選任管財人の場合と同様に、利害関係人また検察官の請求がある場合には、財産管理に必要な処分を命じることができる（25条1項後段）。

不在者の生死が明らかでないときは、不在者が管理人を置いた場合であっても、家庭裁判所は、利害関係人また検察官の請求により管理人を改任することができる（26条）。この改任された管理人にも財産目録作成義務がある（27条1項）。

不在者の生死が明らかでないが、不在者の置いた管理人が任務を継続する場合には、家庭裁判所は、財産目録の作成（27条2項）、および不在者の財産の保存に必要と認められる処分を命じることができる（同条3項）。さらに、管理人が不在者の定めた権限を超える行為を必要とする場合には、家庭裁判所の許可を得なければならない（28条後段）。

Ⅳ　失踪宣告

1　失踪宣告とは

不在者の生死が明らかでない状態が継続する場合に、その者がいつ帰ってくるか分からないから、不在者の財産をいつまでも管理しなければならないというのは、不都合である。不在者を戸籍上、死亡したものとして扱うことにして、配偶者に再婚の機会を与え、また相続を開始させて、財産関係を確定させることが便宜である。そこで、民法は一定の要件の下で家庭裁判所が宣告をすることによって不在者を死亡したものとみなす制度を設けた。これが、失踪宣告である。

2　失踪宣告の要件

家庭裁判所は、以下の要件が満たされたときは、失踪の宣告をしなければならない（30条）。30条に規定では「できる」となっているが、「しなければならない」と解すべきである。

a　失踪宣告の種類

失踪宣告がなされる場合には、2つの場合がある。(1) 生死不明になった者が死亡に至る蓋然性の高い危難、すなわち死亡の原因となるべき危難に遭遇した場合（特別失踪）と、(2) そうではなく長期間生死不明になっている場合（普通失踪）である。いずれの失踪に当たるかによって、失踪宣告の請求をすることができる期間や失踪者が死亡したとみなされる時期が異なってくる。

b　一定期間の生死不明

ア）　普通失踪　　不在者の生死が7年間明らかでないことである（30条1項）。7年間は、生存が証明された最後の時〔通常は、最後の音信があったとき〕から起算する。

イ）　特別失踪　　戦地に臨んだ者や沈没した船舶中にあった者、その他死亡の原因となるべき危難に遭遇した者は、その危難の去った時から1年間生死が明らかでないことである。危難の去った時とは、戦争の事実上の終了時や船舶の沈没時である。

ウ）　利害関係人の請求　　利害関係人が家庭裁判所に失踪宣告の請求をすることが必要である（30条）。ここでいう利害関係人とは、失踪宣告がなされたことによって権利を取得し、または義務を免れるという法律上の利害関係を有する者をいう。失踪者の配偶者、推定相続人、失踪者の生命保険受取人がその例である。失踪者の債権者などは、相続人に対して請求でき、失踪宣告があったとしても法律状態は変更しないから、ここでは利害関係人ではない。

エ）　家庭裁判所の公示催告の手続きを経ること　　失踪宣告は、審判で行うが（家審9条1項甲類4号）、宣告に先立って、家庭裁判所は、不在者の生死に関する情報を届け出るように促す手続として公示催告手続をとる（家審則39条）。この公示催告は、公告の方法で行う（家審則41条）。公示催告期間は普通失踪の場合は6ヵ月以上、特別失踪の場合は2ヵ月以上である（家審則40条2項）。この手続を経ても不在者の生死が明らかにならないときは、家庭裁判所は、失踪宣告の審判をする。

3　失踪宣告の効果

失踪宣告の審判の確定によって、失踪者は、普通失踪の場合には失踪期間（7年）の満了時に死亡したものとみなされ、特別失踪の場合には危難の去った時に死亡したものとみなされる（死亡擬制・31条）。これによって、相続が開始し、残存配偶者は再婚することが可能となる。

【「みなす」と「推定する」の相違】

民法には、「みなす」または「推定する」という文言を用いる規定が存在する。

例えば、32条の2では同時死亡が推定されるが、この場合は数人の死亡の前後が明らかで一応法律上は同時に死亡したものと扱うというものであって、この推定と異なる事実が証明されると推定は覆ることになる。

これに対して、「みなす」は、ある事柄の取扱を法律が一律に決定する〔法律による事実の擬制〕場合に用いられる。それが事実と一致しているかは問わない。したがって、反対の証拠を挙げても「みなす」の効力は覆らず、その決定を取り消す手続きをとらなければ、この「擬制」は覆らない。すなわち、失踪宣告の場合には、失踪者が生存していることが証明されても、その取消しの手続きをとらない限り、死亡したものとみなされたままである。

失踪宣告の効果は、失踪者の従来の住所を中心とする法律関係について死亡したものとして扱う制度であって、失踪者から権利能力を剥奪する制度ではない。したがって、失踪者が他所で生存している場合には、その場所での法律行為が否定されるわけではないから、そこでは失踪者は取引行為によって有効に権利を取得し、義務を負担することができる。

4　失踪宣告の取消し

失踪宣告によって、失踪者はある時点で死亡したものとみなされるが、それが事実と反する場合（生存していた、または死亡時期が異なっていた場合）には、失踪宣告によって不利益を受ける者には、真の事実関係に基づく法的主張が認められるべきである。すなわち、真実に基づく法的主張をするために、失踪宣告の効力を失わせる失踪宣告取消しの制度が置かれることになるのである。

a　要件

以下の要件が満たされるときは、家庭裁判所は失踪宣告を取り消さなければならない（32 条 1 項前段）。

ア）　失踪宣告による死亡擬制が事実と反することの証明　死亡擬制に反する事実とは、失踪者が生存していること、宣告によって擬制された死亡時期と異なった時期に死亡したこと〔異時死亡〕、または失踪期間の起算点以後のある時点で生存していたことのいずれかである。

イ）　本人または利害関係人の請求　失踪宣告と同様に、その取消しも本人または利害関係人による請求があることを必要とする。

b　効果

ア）　原則　失踪宣告取消しの審判が確定すると、失踪宣告は最初からなかったものとなる（遡及的無効。32条2項本文）。したがって、失踪宣告による死亡擬制から生じた権利義務の変動もなかったことになる。すなわち、消滅したはずの婚姻は存続していたことになり、相続は開始しなかったことになる。また、異時死亡の場合には、相続の開始時期が異なることになり、実際に死亡した時に相続が開始するから、相続関係に変化が生じ得ることになる。

イ）　例外　　失踪宣告の制度は、残存する者の法律関係を確定することが目的であるが、失踪宣告が取り消されると、失踪宣告によって確定された法律関係が遡及的に無効となる。しかし、これによって失踪宣告を信頼して取引をした者が取得した法的地位が覆り、あるいは不利益を受けるのは望ましいことではない。そこで民法は2つの例外を認めている。

ⅰ）　善意でした行為の効力維持　　失踪宣告後、その取消し前に善意でした行為は、失踪宣告の取消しによってその効力に影響を受けない（32条1項後段）。すなわち、取消しによって無効にならないということになる。ここでいう「善意」とは、日常用語で用いる善意と異なる意味をもつことに注意しなければならない。民法上「善意」という場合は、ある事実を知らないことを意味し、これに対して「悪意」とは、ある事実を知っていることである。

ここでは、失踪宣告によって財産を相続した者がその財産を処分するという財産行為と失踪宣告後における残存配偶者の再婚という身分行為の効力に分けて考察する必要がある。

(1)　財産行為

Case ❸

Aが生死不明になって、失踪宣告がなされた。A所有の甲土地をBが単独で相続し、所有権を取得した。Bは、甲土地をCに売却し、移転登記・引渡しもすませたところ、Aが生きて帰ってきた。Aの失踪宣告が取り消された場合に、Aは、甲土地の返還をCに請求することができるか。

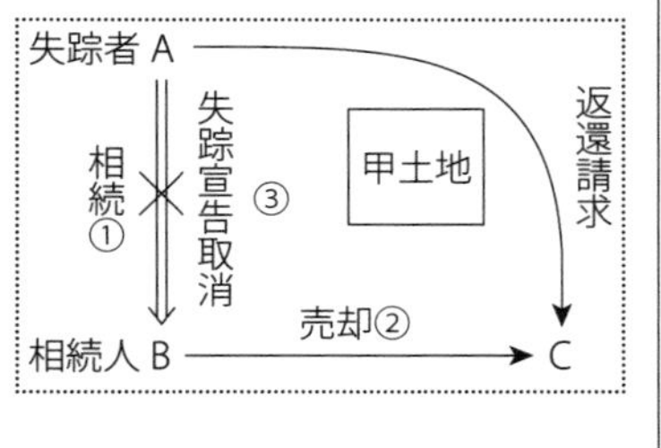

失踪宣告が取り消されたことによって、Bは甲土地を相続しなかったことになるから、Bは甲土地の所有権を取得しない。したがって、原則として、BからCへの所有権移転もなかったことになるから、AはCに対して甲土地の返還を請求することができる。

しかし、B・C間の売買契約が善意で行われた場合には、32条1項後段によって失踪宣告の取消しは売買契約の効力に影響を及ぼさないから、BからCへの所有権移転が有効になされたことになる。

さて、そこで問題となるのは、誰が善意の場合に32条1項後段が適用されるか、である。次の3つの場合が考えられる。すなわち、①B・Cともに善意の場合、②Bのみ善意の場合、③Cのみ善意の場合である。

判例は、①の場合（B・Cともに善意）にのみ、32条1項後段の適用を認める（大判昭13・2・7民集17巻59頁）。すなわち、失踪者Aは失踪宣告の取消しがなされたにもかかわらず、本来の権利状態を回復することができないという不利益を被るのであるから、B・Cいずれか一方の善意では足りず、双方の善意を要求するというのである。B・Cともに善意である場合について32条1項後段を適用することには異論はないであろう。

②の場合（Bのみ善意）はどうであろうか。BはAの生存を知らないが、Cは知っているような場合には、Aが生きて帰ってきたら、失踪宣告が取り消されて、Bは甲地を相続しなかったことになり、Cの所有権取得は否定される可能性があることをCは承知している。そして、Cの予測通りにAが帰ってきて、Cに返還請求をしているのであるから、Cを保護しなくても不測の不利益を被るとはいえない。Cには保護すべき信頼がないから、AのCに対する返還請求を認めてもよい。

③の場合（Cのみ善意）も、判例（前掲大判昭13・2・7）は、32条1項後段の適用を否定する。Aが本来回復できる権利を失うのであるから、Aの権利を奪ってでも保護に値する契約がB・C間でなされなければならないと考えて、B・C双方の善意を要求するのである。

これに対して、学説は、Cが善意である場合には、32条1項後段を適用すべきと解している。すなわち、判例の見解は、戸主制度保護の性格が色濃く現れている前近代的なものであり、また財産法体系における他の善意者保護の制度と均衡を欠くものである。例えば、通謀虚偽表示に関する94条2項や錯誤に関する95条4項、詐欺に関する96条3項の規定においては第三者の善意だけが要求されている。32条1項後段も、Bを権利者であると信頼したCの取引上の信頼を保護する制度（取引安全の保護制度・善意者保護の制度）と理解すべきものであって、Bが悪意であっても、Cが善意であれば、B・C間の売買契約は失踪宣告の取消しの影響を受けず、Aの返還請求を認めるべきではないと解すべきである。

(2) 身分上の行為

Case ❹

Bの夫Aが家を出て、音信不通になってから、7年以上が経過したので、Bは家庭裁判所に失踪宣告を請求し、宣告がなされた。Bはその後Cと再婚したが、Aが生きて帰ってきて、失踪宣告が取り消された。A・B間の婚姻（前婚）とB・C間の婚姻（後婚）は、それぞれどのように扱われるべきであろうか。

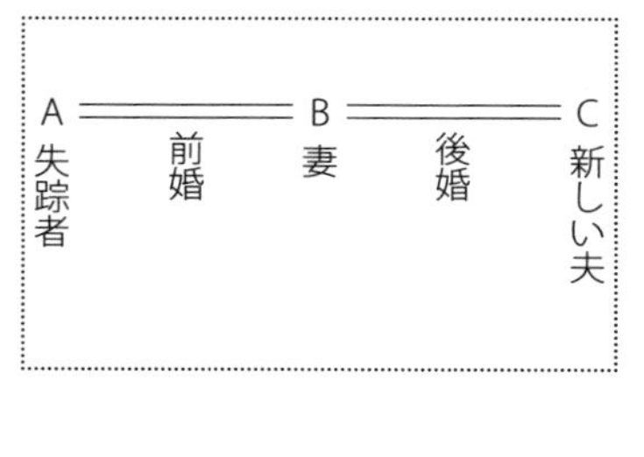

Aの失踪宣告が取り消されると、失踪宣告を前提とした法律関係は遡及的に無効となるから、Aの従前の法律上の地位が遡及的に回復すると解すると、A・B間の婚姻関係も復活することになる。しかし、B・C間の婚姻関係も742条の定められている婚姻の無効原因には該当しないから、自動的に無効となるわけではない。結局、A・BとB・Cの重婚状態が生じることになる。この問題については、次のような3つの考え方がありうる。

α）家族法による解決

重婚は禁止されているから（732条）、B・C間の婚姻は取り消すことができることになる（744条1項）。取消しを家庭裁判所に請求できるのは、婚姻の各当事者（BとC）、その親族または検察官である。また、失踪者Aも取消しを請求できる（744条2項）。また、重婚はAにとってA・B間の婚姻（前婚）については770条1項5号に定める「婚姻を継続し難い重大な事由」に該当して離婚原因となる。したがって、AはB・C間の婚姻の取消しを請求することもでき、またBと離婚することもできることになる。これに対して、BとCは自分たちの婚姻の取消しを請求することしかできない。

β）32条1項後段適用説

B・Cともに善意であった場合には、32条1項後段を適用してB・C間の後婚の効力を維持され、前婚は復活しないとする説である。このような見解に対しては、婚姻は両当事者の真意が尊重されるべきであって、B・Cが悪意であっても後婚の維持を望んでいる場合には、それを認めるべきであり、また、B・Cが善意であっても、前婚の復活を望んでいる場合には、それを認めるべきではないかという見解が主張される。

γ）当事者の意思尊重説

近時の有力説は、B・Cの善意・悪意にかかわらず、当事者の意思を尊重して、前婚は復活せずに、原則として、B・C間の後婚のみが有効であるとする。BはAの失踪を理由に離婚できたはずだから（770条1項2号または3号を適用する）、BをAとの婚姻関係に拘束するのは適当ではないとされるのである。しかし、BがAとの婚姻関係を復活させたいと望む場合もある。その場合には、後婚について770条1項5号に定める「その他婚姻を継続し難い重大な事由」があるものとして、BはCと離婚することができるとされる。

ウ）　直接取得者の返還義務の制限　　失踪宣告が取り消されると、失踪宣告によって生じた法律状態は遡及的に消滅するから、失踪宣告の効果として財産を取得した者〔直接取得者という、例えば相続人や生命保険金の受取人〕は、権利を遡及的に失い、取得した財産を返還しなければならない。しかし、その財産を既に消費してしまって、手元にはいくらも残っていない、あるいは全く残っていない場合もある。そのような場合に、どうすればよいであろうか。

Case ❺

Aが家出をして音信不通になってから7年が経過したので、その子Bは家庭裁判所に失踪宣告を請求して、宣告がなされ、Bは1,000万円をAからの相続財産として取得した。その後、Aが生きて帰ってきて、失踪宣告が取り消された。Bは失踪宣告の取消しが確定した時点で、既に700万円を使ってしまっていた。BはAにいくら返還すればよいだろうか。

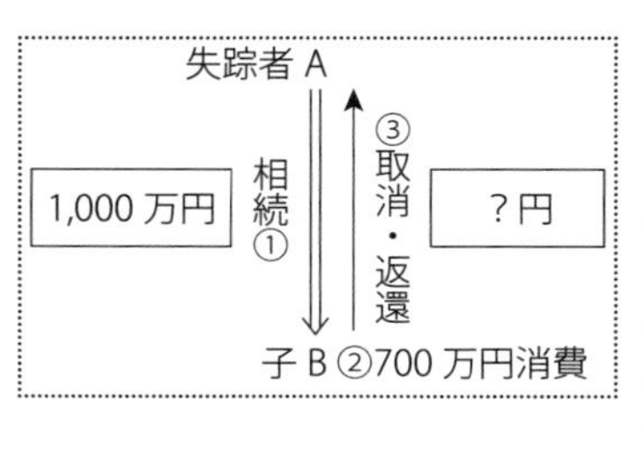

法律上の正当な理由がないのに他人の財産から利益を得て、それによってその他人が損失を被った場合には、これを法律上承認することは適当ではない。したがって、民法は利得を受けた者〔受益者〕は損失を受けた者〔損失者〕に対して取得した利得を返還すべきであるとしており、この制度を不当利得返還制度という（703条以下）。

失踪宣告の取消しによる直接取得者の返還義務の性質も、不当利得返還義務である。

不当利得の一般原則によると、不当利得の返還の範囲は、法律上の原因なく他人の財産によって利益を受け、そのために他人に損失を及ぼした者は、その利益の現存する限度で返還すればよい〔現存利益の返還：703条〕が、法律上の原因のないことを知っている悪意の受益者は、その受けた利益に利息を付して返還しなければならず、さらに損害が生じている場合には、損害賠償責任も負うことになっている（704条）。すなわち、法律上の原因なく利益を受けたことを知らなかった善意の受益者のみが、現存利益の返還ですむのであって、悪意の受益者は、受けた利益全額に利息を付して返還しなければならず、場合によってはさらに損害賠償もしなければならないのである。

現存利益の返還とは、利益が受益者の手元にそのまま残っている、あるいは形を変えて残っている限度で返還すればよいということである。

例えば、Bが700万円を競馬の馬券を買うために使い、それがすべてはずれであった場合には、Bの手元には利益が300万円しか残っていないので、

300万円だけ返還すればよいことになる。700万円の自動車を買った場合には、残っている現金300万円と700万円が自動車に変わっているのだから、自動車を返還することになる。

しかし、700万円はBの生活費と借金の返済に充てられた場合には、BはAからの利益を受けていなくても生活費は出費しなければならず、借金は返済しなければなかったのであるから、700万円の利益はなおBの手元に残っているとみることができる。したがって、この場合には、Bは1000万円全額返還しなければならない。

Bが悪意の受益者である場合には、1000万円に年3パーセントの法定利息（404条2項）を付して返還しなければならず、さらに損害賠償をしなければならない場合もある。

以上が、不当利得に関する一般的な原則である。ところが、民法は、失踪宣告に関しては、「現に利益を受けている限度においてのみ、その財産を返還する義務を負う。」とのみ定めている（32条2項ただし書）。この規定を素直に読めば、悪意の財産取得者も現存利益のみの返還でよいと読めそうである。しかし、現在の通説は、32条2項ただし書は、失踪宣告を信じた善意の財産取得者を保護するために規定であって、悪意の財産取得者まで保護するものではないとして、悪意者に適用しないと解している。結果的には、703条・704条を適用した場合と異ならないことになる。

なお、直接財産を取得した者とは、相続人、生命保険金の受取人等、失踪宣告を直接の原因とする財産の取得者である。これらの者から、さらに別個の行為によって財産を取得した者（例えば、Bが相続した財産を買い受けた者）は含まれない。これらの譲受人または転得者は、32条1項後段の保護を受ける（(イ) i）(1) 参照）。

第4章 物

第1節　物 Sache とは

Ⅰ　有体物

物とは、有体物をいう（85条）。

民法総則の第4章に「物」の規定を置いたのは、総則編の規定が、権利の主体・権利の客体・権利の変動という順で構成されているからであるが、しかし、権利の客体となるものは権利の種類ごとに異なるものであって、物は、包括的支配権である所有権の客体であるといえる。

有体物とは、空間の一部を占めて、有形的存在を有するもの、すなわち固体・液体・気体をいう。それでは、電気、熱・光等のエネルギーは物には含まれないのであろうか。従来、物を有体物に限るのは社会的・経済的事情の発展に適しないとして、民法の規定における「有体物」を「法律上の排他的支配可能性」という意義に解して、物の観念を拡張すべきだと有力に主張され、現在もこれに賛成する見解も有力である。

これに対して、民法は、物権（特に所有権）の対象となる「物」についての総則的な規定を置いただけだと解し、85条は有体物だけを把握していると解すべきだとする説もある。

たしかに、エネルギーや債権、著作権等の「無体物」も権利の客体となり、排他的支配も可能であり、電気が盗まれた場合に、刑法では「電気は、財物とみなす」とされており（刑245条）、電気の支配に対する侵奪は、電気窃盗として処罰される。しかし、民法上、所有権に基づく返還請求権を行使して電気の返還を求めることは意味がない。民法上の「物」は有体物に限り、電気やエネルギー等は、民法上の物の観念からははずれるものと解すべきであり、必要な場合には民法の物に関する規定を類推すればよい。

Ⅱ　支配可能性

所有権その他の物権の対象となるためには、単に有体物であるだけではなく、排他的支配が可能なものでなければならない。所有権その他の物権は、その客体である物に対して他人が無断で使用収益をしようとするときは、それを排除することができる権利であるからである。権利侵害があったか否かが判断できないような客体、あるいはその侵害の排除を請求できないような状況にある客体については、これを物と認めることは意味がない。

大気や海面は、排他的支配可能性があるであろうか。これらのものは、誰でも自由に利用できるものであり、排他的支配は可能ではないから、原則としては、「物」の資格はないとされる。

もっとも、海面は、一定の範囲を区切って排他的権利の対象となりうる、すなわち漁業権・公有水面埋立権といった排他的権利の客体となる。ただし、海面について所有権の成立が認められるかについて、判例は「海も、およそ人の支配の及ばない深海を除き、その性質上当然に私法上の所有権の客体となりえないというものではなく、国が行政行為などによって一定範囲を区画し、他の海面から区別してこれに対する排他的支配を可能にした上で、その公用を廃止して私人の所有に帰属させることが不可能であるということはでき」ないとして、海面の所有権の成立の可能性を認めている（最判昭61・12・16民集40巻7号1236頁）。

Ⅲ　非人格性

現代民法では、個人の尊厳を基本原理とする（2条）から、生存する人に対する排他的支配を認めない。物であるためには、外界の一部であること、すなわち生存する人の身体またはその一部でないことを要するとされる。したがって、生きている人間の身体の一部を担保権の客体とすることはできないのである。他方、生きている人間から分離した身体の一部、例えば毛髪、歯等は「物」として所有権の成立を認めることができる。人間の死体・遺骨も「物」になる。

Ⅳ　独立性と特定性

1　独立性

所有権の対象となる物は、独立した物でなければならず、物の一部であってはならない。独立性の要請は、物権に関する原則である「一物一権主義の原則」から導かれる。一物一権主義とは、(1)「1個の物の上には1つの所有権しか成立しない」、(2)「1つの所有権の対象は1個の物でなければならない」という2つの命題からなる。

1個の物の一部に所有権その他の物権が成立するとしたときには、権利関係が錯綜して、取引の安全を害する。すなわち、1個の物について所有権を取得したと思ったところ、一部について他の所有者が現れるといったおそれがある場合には、売買等の処分を容易に行うことができなくなるからである。

ただし、独立性の原則は、絶対的なものではなく、民法自体が物の一部ないし構成部分についての所有権を認めていたり（231条2項、242条ただし書）、判例でも1筆の土地の一部について売買は認められ、「『土地の一部』が、売買の当事者間において、具体的に特定しているかぎりは、」所有権を取得できる（(1)の原則の例外。最判昭30・6・24民集9巻7号919頁）。また、担保法上の要請から、複数の物、すなわち集合物（例えば、倉庫内にある複数の商品全部）について1個の譲渡担保権が認められている（(2)の原則の例外。最判昭54・2・15民集33巻1号51頁、最判昭62・11・10民集41巻8号1559頁）。

2　特定性

所有権その他の物権は、原則として、特定している物の上にしか成立しない。物権は排他的支配権であって、その支配に対する干渉を排除できる権利であるから、支配の範囲、すなわち権利の及ぶ範囲が明確でなければならない。

この原則に対しても、例外がある。例えば、社会・経済的要請、特に担保法上の要請から、工場設備の全部を一個の抵当権の目的とすることを認める財団抵当の制度（例えば、工場抵当法）では、財団を構成する個々の財産は時間の経過とともに絶えず変動する（例えば、機械の交換）。また、集合物譲渡担保の場合も上に述べたように「倉庫内にある商品全部」とした場合には、譲渡担保権設定者の営業活動によって商品の構成部分は変動するが、この変動する集合物の上に1個の譲渡担保権が認められる。

第2節　不動産と動産

Ⅰ　不動産と動産の区別の意義

不動産と動産を比べると、歴史的に不動産のほうに価値があった。そのことは「一所懸命」という言葉にも現れている。したがって、不動産と動産は、法制度上も異なった取扱いを受けてきたが、現在においても不動産の価値は動産に比べて大きく、特に物的信用の基礎をなす不動産は特別の扱いがなされる。

主たる相違は次のようである。

(1)　物権変動について不動産では登記を対抗要件とするが（177条）、動産では引渡しが対抗要件である（178条）。

(2)　動産については、民法上公信の原則に関する規定（即時取得：192条）があるが、不動産についてはこのような規定が存しない。

(3)　民法上の抵当権は、不動産の上にしか成立しない（369条1項：もっとも、自動車抵当法等の特別法で、個別の動産について抵当権の成立を認めている）。

Ⅱ　不動産 Immobilien, Grundstück

1　不動産とは

「土地及びその定着物」が不動産である（86条1項）。

土地の定着物とは、土地に固定的に付着して容易に移動できないものをいう。建物、樹木、石垣、庭石等が、通常土地の定着物の例としてあげられる。ただし、土地の定着物の中には、土地の一部を構成し（土地の構成部分）、土地所有権が当然に及ぶと観念されるものと、土地とは別個独立の不動産として、土地の所有権の効力は及ばず、定着物自体について独立の所有権が認められる場合がある。建物や立木の一部について、独立の不動産が観念される。

a　土地 Grund und Boden

土地の構成部分、すなわち土地に付合している定着物（242条）は、土地の一部であって、土地と別個独立の不動産とは観念しない。例えば、地中にある砂利、地下水等は土地の一部とされる。しかし、地中から採取され、土地と物理的に分離し、独立の存在となった岩石などは、土地とは別個の所有権の対象となる。

土地は、連続して広がって存在するので、個数を物理的な規準で計ることはできない。そこで、登記記録上の土地の区分にしたがって土地の個数を数えることにしている。登記記録上の土地の個数の単位を「筆」と呼ぶ。また、例えば、隣り合っている1番地の土地と2番地の2筆の土地があり、これらは狭いので、これを合併して広い土地にしようとする場合に、1番地と2番地を合筆登記して新たに1筆の土地すなわち1個の土地にすることもでき、それを譲渡の対象とすることができる。また、1筆の土地を分割して複数の土地にすることもでき、その場合には、分筆登記が行われることになる（一筆の土地の一部の売買、大連判大13・10・7民集3巻476頁）。

土地は登記記録上で人為的に区切って1筆の土地とするのであるから、隣地の一部を長年越境して占有してその一部について取得時効が完成することもある。この場合は、先に述べた1筆の土地の一部の売買と同様に、1筆の土地の一部について時効による所有権の取得が認められる（大連判大13・10・7民集3巻509頁、百選Ⅰ−10）。

b　建物 Gebäude

土地と建物を別個独立の不動産とするのは、わが国独特の法制度である。欧米諸国では、ローマ法以来の原則である「地上物は土地に属する Superficies solo cedit」の原則を適用する。例えば、ドイツ民法では、建物を土地の本質的構成部分 wesentlicher Bestandteil として（ドイツ民法94条）、建物を土地構成部分の一部に取り込んでしまっている。これに対して、わが国では、土地と建物が別個独立の不動産とされているために（370条）、他人の土地を借りてその上に建物を建てるという土地利用の方法が一般化しており、そのために借地問題、すなわち土地と建物の関係をめぐる法律上の紛争が多発することになる（借地問題については、債権各論で説明されることになる）。

建物は、動産を組み合わせて作成されるものであるが、建築中のどの時点で動産から不動産に転換したと認められるのであろうか。建物が成立したと認められるならば、建物所有者は、その建物に抵当権を設定して、融資を受けることができることになる。判例は、木材を組み立てて屋根を葺いただけでは建物といえないが、それに壁が付けられていれば、床や天井がなくても建物と認めている（大判昭10・10・1民集14巻1671頁、百選Ⅰ−1）。ただし、登記実務では、さらに建物がその目的とする用途に供することができる状態になければ表示の登記をすることができないとされている（不登規111条）。

c　立木〔リュウボク〕

土地に生育する樹木（立木）は、土地の定着物であって、原則としては土地の一部を構成する。ところが、わが国では、山林はその地盤よりも立木のほうが価値を有し、立木だけを独立して取引する慣行がある。そこで、立木法が制定されて、一定の立木について保存登記をすることができ、登記した立木は土地とは独立した不動産とみなされることとなった。しかし、立木法の適用範囲は狭く、また手続が煩雑であったためにほとんど利用されていない。

判例は、立木は原則として土地の一部をなすものであるが、当事者間の合意によって立木の所有権を土地所有権と分離でき（大判大5・2・22民録22輯

165頁)、明認方法を施せば第三者に立木の所有権を対抗できるとしている(大判大4・12・8民録21輯2028頁)。明認方法の代表的なものは、木の幹を削って所有者名を墨書する方法である。

Ⅲ　動産 Mobilien, bewegliche Sache

不動産以外の物は、すべて動産とされる(86条2項)。すなわち、不動産以外の有体物はすべて動産である。

貨幣の性質は動産であるが、個性をもたない特殊な価値基準であるから、民法の一般原則(178条や192条等)は適用されず、動産としての取扱はなされない(詳細は、物権法において説明される)。

第3節　主物 Hauptsache と従物 Zubehör

Ⅰ　主物・従物の意義

Case ❻

Aが甲庭園をBに売却する契約を締結した。甲庭園には、高価な石灯籠が置かれていたが、Bはこの石灯籠も買い受けたことになると主張し、これに対して、Aは、石灯籠は土地とは別個の物であり、動産だから、Bの所有になるものではないと主張する。石灯籠の所有権は、A・Bいずれに帰属するものであろうか。

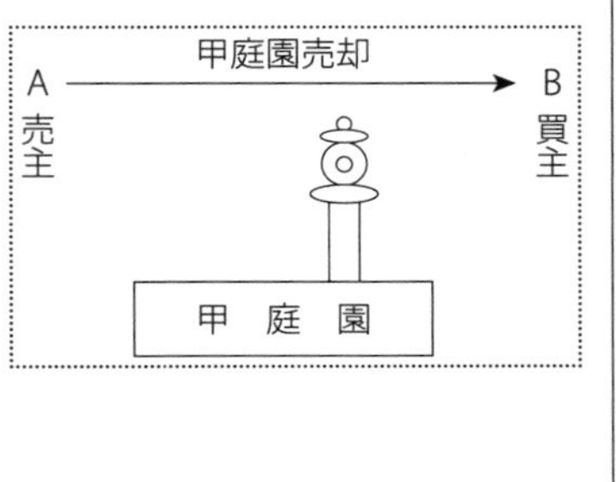

従物とは、法的には独立の物でありながら、客観的・経済的には他の物(主物)に従属して、その物の経済的効用を高める付属物である(87条1項)。このような従物は、主物の法律上の運命に従わせることが望ましいとされて、「従物は、主物の処分に従う」という規定が置かれた(87条2項)。

庭園の売買をした場合には、その上に存する石灯籠や庭石の所有権も買主に移転することになる。また、建物の売買をした場合にはその建物に付属されたエアコンなども買主に移転することになる。

なお、この問題は、抵当権を宅地に設定した場合、あるいは建物に設定した場合に、抵当権の効力が従物にも及ぶかという問題で議論される。その際には、370 条本文に定める「付加一体物」の概念との関係も議論しなければならないので、詳細は担保物権において説明される。

Ⅱ　従物の要件

1　独立性

主物・従物ともに独立の物でなければならない。ある物が他の物（主物）に付属された場合に、付属物の存在形態は法的に 2 つある。

(1)　付属物が、主物に対して独立性を保持する場合である。この場合には、付属物の所有権と主物の所有権が別個に存在している。例えば、建物を賃借して、その建物に賃借人がエアコンを付属させた場合には、建物の所有権は賃貸人に属し、エアコンの所有権は賃借人に属している。

(2)　付属物が主物の所有権に吸収されて独立性を有しない場合がある。例えば、建物の賃借人が建物に勉強部屋を 1 室増築した場合には、この部屋は建物の構成部分となって、建物所有権に吸収され、建物賃貸人の所有に属することになる（最判昭 43・6・13 民集 22 巻 6 号 1183 頁）。すなわち、これらの物は、従物ではなく、主物の本質的構成部分（付合物）となるのである。

2　主物の常用に供されること

従物は、主物の常用に供せられる物でなければならない。すなわち、社会観念上、継続して主物の経済的効用を全うさせる働きをすると認められることである。例えば、食堂用の建物の売買の場合におけるその建物の厨房内に備え付けられた冷蔵庫や調理器機などは従物である。

3　場所的近接性

主物の常用に供せられるのに適当な場所的関係があることも必要と解される。主物と密着している必要はなく、ある程度離れていても客観的に見て主物の経済的効用を全うさせるといえるような場所にあればよいと解される。判例では、借地上に建てられたガソリンスタンド用店舗に抵当権が設定された場合に、その敷地の地下に設置された地下タンクなどの設備も店舗の従物であるとされている（最判平2・4・19判時1354号80頁）。

4　従物・主物が同一所有者に属すること

従来の通説では、87条が「自己の所有に属する他の物をこれに附属させたときは」、と定めているから、この規定は、従物と主物が同一所有者に属することを要求していると解していた。すなわち、従物が他人の物であった場合に、その法的運命も主物の処分に従うとすると、他人の権利を侵害することになるからである。

例えば、AがBに食堂用建物を売却する契約をした場合には、その建物の厨房に設置されている冷蔵庫や調理器機がC所有の物であったときは、建物の所有権はBに移転するが、Cの従物に対する所有権がBに移転するわけではない。Aには他人の権利まで処分する権限はないからである。しかし、他人の物を売買する契約は債権契約としては有効であり（561条）、そして、別段の合意がなければ、A・B間の建物売買契約には従物も契約の対象としていると解することができるから、AはCから冷蔵庫・調理器機の所有権を取得して、Bに移転する債務を負うことになる。なお、Bが善意無過失で従物である冷蔵庫・調理器機の引渡しを受けた場合には、これを即時取得することになる（192条）。したがって、従物が他人の物であってもよいといえる。

Ⅲ　効果

従物は、主物の処分に従う（87条2項）。この規定は、従物は、主物と法律的運命をともにするという原理を述べたのである。

処分は、主物所有者の法律行為による場合でもよいし、法律の規定による変動であってもよい。「処分」は、所有権の移転や抵当権の設定のような物権的処分行為に限定されるのではなく、売買契約や賃貸借契約などの債権契約がなされた場合にも、その契約の効果は、従物にも及ぶ。ただし、当事者間で従物にはその契約の効力は及ばないとする合意をしていた場合には、その合意に従うことになる。

また、主物である不動産（例えば、母屋）に登記がなされれば、従物（例えば、別棟の納屋、物置等）について登記がなくても、従物の物権変動を第三者に対抗できる。主物の対抗力は従物にも及んでいると解されるからである。

Ⅳ　従たる権利

Case ❼

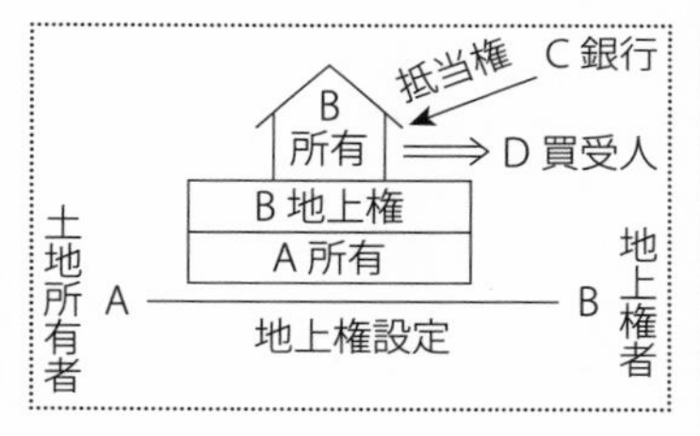

Bは A から土地を借りることにして、その土地について地上権の設定を受け、その土地上に建物を建てて所有している。Bは C 銀行から融資を受ける際に、この建物に抵当権を設定した。その後、Bは C 銀行に債務の返済をすることができなかったので、抵当権が実行され、建物は競売に付されて、D が買い受けた。ところが、A は D に対して土地の利用権がないのだから、建物を取り壊して、土地を明け渡せと請求してきた。

建物所有権を主たる権利、土地利用権を従たる権利と観念して、建物所有権が処分されたときは、従たる権利である土地利用権は主たる権利の法的運命に従うと解すべきである。すなわち、従たる権利の法的運命について 87 条を類推適用するのである。このように解すると、D は、建物を買い受けたときに、従たる権利としての土地利用権（地上権）も取得したと解するのが妥当であり、A の請求に応じる必要はなくなる（賃借権の場合について、最判昭 40・5・4 民集 19 巻 4 号 811 頁。ただし、この判決では適用条文は明確ではない）。

第4節　果実 Frucht

I　果実とは

果実〔カジツ〕とは、元物〔ゲンブツ〕から生じる収益であり、果実を生み出すものを元物という。収益は、収益権者の収入に帰するものであるが、果実とみるべき範囲および果実の生じるまでに収益権者に移動があった場合の果実の分配について争いが生じるおそれがあるから、民法は、その観念と帰属の範囲について規定を置いたのである。民法総則では、収取権が誰に帰属するかについては規定していない。これについては、物権法および債権各論で論じられることになる。

II　天然果実

天然果実とは、「物の用法に従い収取する産出物」である（88条1項）。果樹になっている果物、田や畑から生じる農作物、犬や馬のような家畜から生まれた仔、羊の毛、牛や山羊の乳などが天然果実である。

天然果実は、元物から分離していない間は元物の構成部分であり、元物の一部であって独立の所有権の目的とは成り得ない。元物から分離すると、独立の所有権の目的となる。その時点で収取権を有する者に帰属することになる（89条1項）。

III　法定果実

法定果実とは、「物の使用の対価として受けるべき金銭その他の物」である（88条2項）。土地の使用の対価である地代・小作料や建物使用の対価である家賃、金銭の使用・借用の対価である利息等が法定果実である。

法定果実は、これを収取する権利の存続期間に応じて、日割計算によって取得される（89条2項）。この規定は、例えば、月の途中で、アパートの家主が交代した場合に、前家主と現家主とでどのようにその月の家賃を分配するかという権利帰属者の内部関係を定めた規定である。

第5章
法律行為

第1節　法律行為 Rechtsgeschäft 序論

I　権利変動原因（法律要件）

日々の活動の中で、権利能力を有する人のもとでは権利が発生し、変更し、消滅している。これを権利変動といい、その権利変動の原因を法律要件という。

権利変動原因の重要なものには、契約と不法行為がある。契約と不法行為では、当事者に権利・義務が発生する仕組みが異なる。すなわち、当事者が権利の変動を目的とする意思を表明（意思表示 Willenserklärung）し、その意思に従って権利変動が生じるのが契約であり、意思の表明をしないが権利変動が生じるのが不法行為である。

権利変動原因の態様を具体的に挙げると次のようなものがある。

1　意思表示による権利変動

(1)　AがBに自動車を100万円で売るという申込み（意思表示）をし、Bがこれを承諾（意思表示）した場合は、売買契約（法律行為）を原因として、AはBに100万円を請求できる権利を取得し、Bは自動車の所有権を取得する。

(2)　A が B に自動車を 100 万円で売るという契約をし、自動車を引渡したが、B が 100 万円を支払わないので、A が契約を解除（意思表示）した場合は、契約関係が解消される。売買契約が解除されると、売買契約によって A・B 間に発生していた権利・義務が消滅する結果、自動車の所有権は A に戻り、A は引き渡した自動車の返還を請求する権利を取得する。

(3)　A が妻 B にその所有するマンションを与えるという遺言（意思表示）をして、死亡した場合を遺贈（法律行為）というが、この場合には B の承諾がなくても、A の遺言上の意思に沿ってマンションの所有権は B に移転する。

2　意思表示によらない権利変動

(4)　A は、何の遺言もしないで、不動産、金銭その他の財産を残して死亡した場合には、A の配偶者や子等の法定相続人が法律の規定に従って A の有していた財産を包括的に承継する。

(5)　A が横断歩道を歩いていたときに、赤信号を無視して運転していた B の自動車にはねられて負傷した場合には、A は B の不法行為を原因として、B に対して損害賠償請求権を取得する。

(1)、(2)、(3) の権利変動原因は、当事者の意思に沿って権利が変動するが、これに対して (4)、(5) の権利変動原因は当事者の意思にかかわりなく法律の規定に従って権利変動が発生する。

民法総則では、上記 1. における権利変動原因は、意思表示を要素とする点で共通しているので、これらを「法律行為」としてまとめて規定している。つまり、法律行為とは、意思表示を要素とする権利変動原因であるということができる。

ただし、法律行為は、契約解除の場合のように 1 つの意思表示だけからなるものもあるが（(2) の例では、A の解除する旨の意思表示だけである）、意思表示以外の要素を必要とする場合もある。

例えば、A が B から 10 万円を借りる消費貸借契約を書面なしにする場合には、A と B の借りる・貸すという意思表示だけでは契約は成立せず、金銭の交付が必要である（587 条）。

また、保証契約の場合には、債権者と保証人との間において、債務者の債務不履行があったときは保証してほしい、保証するという口頭での意思表示では保証契約の効力は生ぜず、書面で契約をしなければならない（446条2項）。このように、法律行為には意思表示のみではなく、さらに特別の方式を必要とするものがある。すなわち、意思表示＝法律行為ではないことに注意しなければならない。

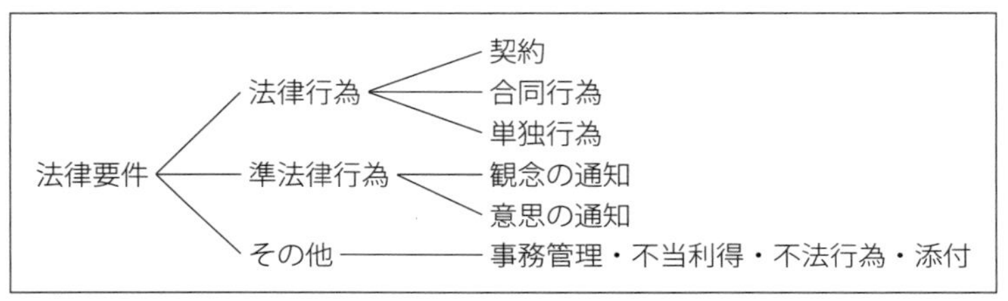

Ⅱ　私的自治と法律行為

法律行為という概念をたてることが私法秩序にとってどのような意味があるであろうか。私法の領域においては、各人はその自由な意思によって法律関係を形成することができるとする私的自治の原則が支配する。この私的自治実現の手段が法律行為である。すなわち、契約にしても、遺言等の単独行為や社団設立の合同行為も当事者の意思に基づいて法律効果が認められ、意思表示を共通項として法律行為という概念をたてるのは私的自治を基本原則と承認するものであるといえる。

Ⅲ　法律行為と準法律行為

法律行為は、当事者の意思表示によって意図された法律効果が発生するものであるが、意思と関係なく法律効果が生じる場合もある。不法行為における損害賠償債権（709条以下）や不当利得返還請求権（703条以下）がその例であるが、そのほかに準法律行為と呼ばれるものがある。

準法律行為とは、その行為の中に意思的・精神的な要素が含まれているが、その意思に従った法律効果が発生するわけではなく、法が独自の観点から法律効果を認めるものである。準法律行為は、大きく、表現行為と非表現行為に分類される。

1　表現行為

精神作用が表示されるものである。

a　意思の通知

一定の意思（意欲）の通知であり、意思的・精神的要素を含むものであるが、その意思内容がその行為から生じる法律効果以外のものに向けられているところが意思表示と異なる点である。

制限行為能力者の相手方がする催告（20条）は、その例である。この場合には、相手方の意思は追認をするか否かをはっきりと答えてほしいということを意欲しているのであるが、民法はこれに対して制限行為能力者側がはっきりと答えなかった（確答を発しなかった）ときは、当事者の意思にかかわらず、「追認したもの」ないし「取り消したもの」という効果を認めているのである。

b　観念の通知

ある事実を通知することである。

債権譲渡の通知（467条）がその例であるが、この場合には、債権譲渡があったということを認識して、債権譲渡があったという事実を通知しているのであって、その中には意欲は含まれていない。そして、民法は、この通知があったという事実に対して一律に債権譲渡の対抗要件（467条1項）という効果を与えている。

2　非表現行為

一定の外形的な行為が本体とされ、その際の意思（精神作用）の表示は従たる地位を占めるものである。例えば、野生動物の占有を取得した場合に、それによって野生動物の所有権を取得できるが（239条）、その際に所有の意思が必要であるが、この意思は従たるものであって、主たる行為は目的物を所持することである。

準法律行為は、意思的・精神的要素を含む点で意思表示ないし法律行為と類似しているから、法律行為に関する規定を類推適用することができるかが問題となるのである。

例えば、未成年者が法定代理人の同意を得ないで債権譲渡の通知をした場合に、その通知は取り消すことができるであろうか、という問題である。このような問題については、それぞれの準法律行為の制度趣旨や類推適用しようとする法律行為に関する規定の趣旨とを考慮して判断すべきであって、一律に判断はできないものである。債権譲渡の通知の場合には、債権譲渡が有効にされていれば、未成年者保護のために通知を取り消す必要はなく、債務者は債権譲渡があったという事実を知ることが重要であるから、譲渡の通知の時点で債権者の行為能力が制限されていることは、通知の効力に影響を与えないと解すべきである。

Ⅳ　法律行為の種類

1　意思表示の態様による分類

a　単独行為

一方的な意思表示のみで法律効果が発生する法律行為である。単独行為は相手方のあるものと相手方のないものに分類される。この両者は、単独行為が成立するためには、相手方がその意思表示を受領することが必要であるかによって区別される。

(1)　相手方のある単独行為

契約解除（540条）、債務免除（519条）などである。例えば、契約の解除は、相手方に対して契約関係を解消する旨の意思表示をし、相手方がこの意思表示を受領する必要がある。

(2)　相手方のない単独行為

遺言（960条）、財団法人設立のための定款作成行為（一般法人152条1項）などである。

遺言の典型例である遺贈の場合には、遺言の中で死後に財産を与えられる者〔受遺者〕を指名するから、相手方のある意思表示であるようにみえる。しかし、遺贈は受遺者が遺言の事実を知らなくても有効に成立し、遺言者の死亡によって効力を生じる。受遺者は遺言の中で遺産を取得する者として指名されているにすぎず、遺贈の成立には受遺者は、遺贈する旨の意思表示を受領することを要しないのであるから、遺贈者の死亡によって遺産は受遺者に当然に帰属する。受遺者がそれを拒絶したい場合には、この遺贈の放棄という方法をとるべきことになる（986条）。

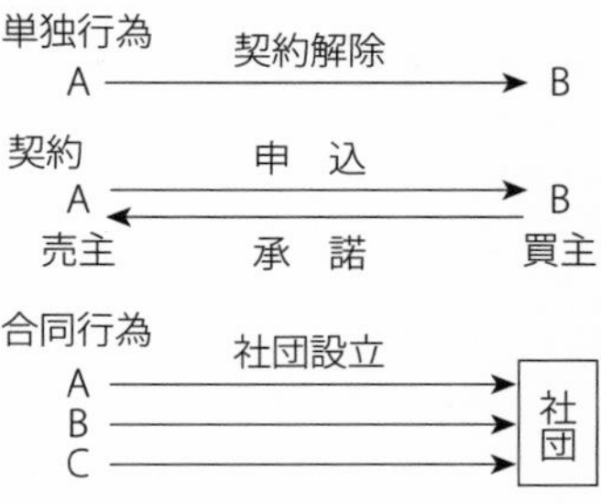

b　契約

契約とは、相対立する2者の意思表示が合致して成立する法律行為である。売買や賃貸借などがその例である。

例えば、Aが「自動車を100万円で売る」という意思表示をし、Bがその意思表示に合致する「その自動車を100万円で買う」という意思表示をした場合である。Aは、自動車の所有権を手放して、100万円の代金債権を取得することに向けた意思表示を行っている。また、Bは100万円の代金を支払って、自動車の所有権を手に入れることに向けた意思表示をして、この2つの意思表示が合致して、売買契約は成立することになる。

c　合同行為

合同行為とは、相対立しない複数当事者が同一方向・目的の意思表示を合致させることによって成立する法律行為である。社団法人の設立がその例である。

複数の意思表示が合致して成立する点では、契約と共通するが、契約の場合には、2つの意思表示の方向が対立しているのに対して、合同行為では意思表示は同一方向に向けられている。社団法人である会社を設立する場合に、当事者は会社設立という同一目的に向けた意思表示をしている。そして、当事者の一方があるものを手放し、他方がそれを取得するという関係ではなく、むしろ、全員が会社の設立のために約束した財産〔例えば土地や金銭〕を出資するのである。また、当事者の1人の意思表示が無効であった場合には、契約であれば、その全体の効力が失われるが、合同行為の場合は残余者の意思表示が有効であれば、可能な限り所期の目的通りの効果を発生させるべきであるとされる。

2　意思表示の形式による分類—要式行為・不要式行為—

意思表示や法律行為が、一定の方式（例えば、書面の作成）を必要とするものが要式行為であり、そのような要式を必要としないものが不要式行為である。

近代法における契約自由の原則は、契約の締結について方式を要求せずに、単なる合意に拘束力を認める。したがって、書面で契約を締結しなくても、合意だけで契約の拘束力を認めるといわれる。契約自由の原則の内容の1つである方式の自由の現れであり、合意だけで成立する契約を諾成契約という。

しかし、(1) 特に慎重に行為をさせるため、(2) 法律行為の存在を明瞭にするため、または (3) 権利の範囲を明瞭にさせるために、要式行為とされる場合も少なくない。遺言、婚姻、定款作成などがその例である。また、保証契約も、2004年の改正によって書面方式を要することとなった（446条2項）。要式行為においては要求されている方式を充たしていない場合には、その行為は不成立ないし無効となる。

なお、贈与の場合には、書面で契約しないといつでも解除できるが（550条本文）、当事者の合意があれば契約は成立するのであるから、要式行為ではない。

3　生前行為・死後行為（死因行為）

行為者の死亡によって効力の発生するもの（遺言、死因贈与（554条）等）は、死後行為または死因行為と呼ばれ、その他の行為、すなわち生前行為と区別される。

4　財産行為・身分行為

法律行為によって変動させられる法律関係が財産関係であるか、身分関係かであるかによる区別である。売買や賃貸借契約は、財産行為であり、婚姻や養子縁組は、身分行為である。

5　発生する効果の種類による分類―債権行為・処分行為―

a　債権行為

債権債務の発生を目的とする法律行為である。贈与・売買・賃貸借などの契約はいずれもこれに属する。当事者が発生した債務を履行してはじめて法律行為の目的が達成されるものである。

b　処分行為

処分行為には、物権行為と準物権行為がある。

ア）物権行為　物権の発生・変更・消滅を生じさせる法律行為である。ある物の売買をした場合に、売買契約という債権行為からは、売主には買主に目的物の所有権を移転させる債務と買主には売主に所有権の移転を請求するという債権が発生する。そして、所有権を売主から買主に移転する行為を物権行為という。もっとも、民法では物権変動が「意思表示」のみで生じると定めているので（176条）、特に、不動産の売買について、売買契約以外に独自の物権行為（物権行為の独自性）を認めるか否かについては争いがある。物権法で詳述される。

イ）準物権行為　債権譲渡・債務免除などがその例である。物権以外の権利の変更、消滅を生じさせる行為であって、履行という問題を残さない、一種の処分行為である。

6　有因行為・無因行為

財産の給付行為がその原因関係の効力に影響されるか、否かによって分類するものである。

Case ❽

AがBにその所有する土地を売却する契約をした。しかし、この契約はBがAを強迫して締結したものであったので、Aは強迫（96条1項）を理由に取消しをした。ところが、Bは既にこの土地をCに転売していた。

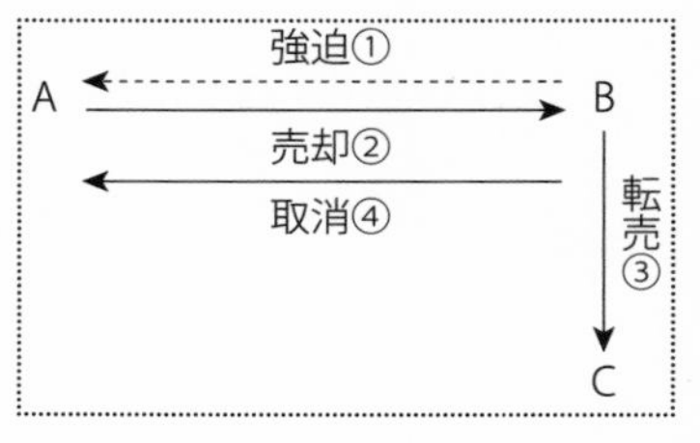

A・B間の売買契約が取り消されたことによって、売買契約が無効となったときは、A・B間の所有権移転行為も影響を受けて、無効となるというのが有因行為である。すなわち、所有権移転行為（給付行為）の原因となっている売買契約（原因関係）の効力の影響を受ける場合に、その法律行為（所有権移転行為）を有因行為という。したがって、有因行為であるとすると、A→Bの所有権移転は生じていないので、Cは所有権を取得することはできない。

これに対して、法律行為（所有権移転行為）がその原因関係の効力に左右されない場合は、その法律行為を無因行為という。すなわち、A・B間の売買契約が取り消されても、A→Bという所有権移転は有効に行われており、したがってCに所有権が移転する。

ドイツ民法は物権行為を無因と定めているが、わが国では争いがある。物権法で詳述される。

第2節　法律行為が有効であるための要件

法律行為が有効に成立するための要件としては、伝統的に次の4つのものが挙げられてきた。すなわち、(1) 法律行為の目的・内容が確定していること（確定性）、(2) 法律行為の目的・内容が実現可能であること（実現可能性）、(3) 法律行為の目的・内容が適法であること（適法性）、および (4) 法律行為の目的・内容が社会的にみて妥当であること（社会的妥当性）である。以下、この要件について説明を行う。

I　法律行為の解釈―確定性―

1　内容の確定

法律行為が有効に成立するためには。その内容が有効に確定されていなければならない。内容が不確定な法律行為は、当事者に法律行為の効果を帰属させるのは不適当であるから、無効とされる。例えば、多数の乗用車を所有するAがBに「自分の所有する乗用車をBに売却する」という売買契約をしても、どの乗用車を売買の目的としているかが契約の解釈によっても確定できないときは、売買契約は無効である。

しかし、契約書などの文言が明確でなくても、契約の解釈をして、当該法律行為の意味・内容を確定し、どのような法律効果を与えるべきかを確定する必要がある。これが法律行為の解釈である。

2　当事者意思の探求

解釈によって内容を確定するにあたっては、当事者がどのような意図をもって法律行為をしたのか、すなわち当事者の意思を探求しなければならない。

解釈とは、ある「表示」の意味を確定する作業であるといわれる。法律行為の解釈は、契約や遺言において、私人が行った表示の意味を確定する作業である。法律行為をする者は、契約をする場合に法律の条文の文言にしたがった表現をするわけではなく、また行為者の生活する地域によっても表現が異なる場合もあるが、これら文言や表現等の曖昧さを明瞭なものにして、意味を明確にすることが、法律行為の解釈ということになる。また、非法律的表現を法律的表現に構成し直すことも法律行為の解釈の任務の一つであるとされる。

3　客観的解釈

法律行為の解釈に当たっては、当事者がどのようなことを企図していたのかを明確にすること〔当事者意思〕の探求が重要である。しかし、当事者の表示の主観的な意味が不明瞭であったり、両当事者の主張が食い違っている場合には、法律行為において表示された文言に拘束されずに、法律行為において当事者が意図した経済的・社会的目的等から、その法律行為の客観的な意味を合理的に判断しなければならない。

例えば、借金をした者がその所有家屋を担保の目的で貸主に無償譲渡し、その建物を金銭の借主が再度賃借し、賃料を60回滞りなく支払ったときは、その家屋を借主に返還するという契約は「全体不可分ノ取引トシテ観察」すると売渡担保というか、譲渡担保いうかにかかわらず「目的物ハ則チ其ノ用語ノ示ス如ク経済的ニハ一ノ担保物ニ外ナラズ」として客観的にみると家屋の所有権譲渡ではなく、担保であると判断されている（大判昭8・12・19民集12巻2680頁）。

ちなみに、ドイツ民法133条（意思表示の解釈）は、「意思表示を解釈する場合には、真の意思を探求すべきであり、かつ表示上の文言に拘泥すべきではない。」と定めている。

4　例文解釈

Case ❾

BはAから建物を賃借することにした。その賃貸借契約書には、賃料を1回でも延滞したときは、無催告で解除できる旨の特約が印刷してあった。Bはその契約条項をよく読みもしないで、契約書に署名・捺印した。その後、Bは賃料の支払いを1回滞らせたので、Aは直ちに契約を解除し、建物の明渡しを請求してきた。

不動産の賃貸借契約書などのように書面化された契約の一部の条項が、単なる「例文」に過ぎず、当事者はそれに拘束される意思がないことを理由に、その条項の拘束力を否定する解釈方法を例文解釈という。このような条項は多くの場合、当事者一方の意思を押しつけるものであって、その拘束力を認めるのは当事者の合理的意思に反するからである。例えば、1921年（大正10年）の旧借地法の制定前において、建物所有を目的とする借地契約について5年という短期の存続期間を定めた条項は、例文であって、地代の据置期間と解釈した下級審判例がある（東京控判大8・12・5評論8巻民1328頁）。たった5年が経過しただけで、借地上の建物を取り壊して土地を明け渡すという意思で借地契約を結んだと解釈するのは合理的ではないからである。

また、上記事例のような場合について、「特約条項は全部が印刷のされたものである。ところで世人がかような用紙を用いて証書を作成しこれをさし入れるにあたっての当事者の意思はたんに貸借について証言を作るというだけであって、その記載内容中、当事者の具体的意識にのぼるのはその用紙に書入れをしなければ意味のない部分にかぎられその他の印刷のみの記載内容は全く問題としていないのが通例であり、したがってかかる場合には、その調印し、さし入れた証書にハッキリと印刷してあるに拘らず、たんに例文にすぎず、当事者においてこれに拘束せられる意思を有しないものと解するのが相当である」としている（東京高判昭31・8・17下民集7巻8号2213頁）。

Caseでは、「賃料を1回でも延滞したときは、無催告で解除できる」とする特約は例文であって、賃借人による賃料の不支払いが継続していて、賃貸人と賃借人との間の信頼関係が破壊されて催告せずに解除しても不合理と認められない事情があるときは、催告なしに解除できると解されている（最判昭43・11・21民集22巻12号2741頁）。

5　補充的解釈とその標準

法律行為の意味を確定することが、当事者の表示やそれに関する事情からは導き出せないときは、表示の空白部分を補充して解釈しなければならない。

その解釈をする場合に、補充的解釈について慣習や任意規定が存在するときは、それを適用し、存在しない場合には条理〔信義則〕が標準とされるべきである。

a　慣習

法令中の公の秩序に関しない規定（任意規定）と異なる慣習がある場合に、当事者がその慣習による意思を有しているものと認められるときは、その慣習に従って法律行為は解釈されるべきことになる（92条）。

この慣習は、公の秩序に関する規定（強行規定）に反するものであってはならない。しかし、任意規定と慣習が異なる場合には、慣習が優先して補充的解釈の標準となる。慣習は任意規定よりも当事者にとって身近な行動規準だからである。

ア）　慣習による意思を有している　　慣習によって解釈をするためには、当事者がその慣習による意思を有しているものと認められるときである。この規定は、当事者がその慣習による意思を積極的に表示していなければならないようにも読めそうであるが、通常は、その慣習による意思をもって取引をなすべき地位にあって取引をする者は、特に反対の意思を表示しない限りは、慣習による意思を有するものと推定される（大判大3・10・27民録20輯818頁、大判大10・6・2民録27輯1038頁、百選Ⅰ－19)。

積極的な表示をした場合には、慣習は意思表示の内容となり、91条の適用の問題となる。すなわち、表示を要すると解したときは、92条は無用の規定になる。当事者は最も身近な慣習をもとにして行為をするから、慣習を積極的に排除しない限りは、慣習に従う意思を有するとするのが適切である。

慣習は、経済・取引社会が作り出すものであるから必ずしも当事者にとって合理的・公平なものであるとは限らない。力の強い一方の利益に偏して、他方に押しつけられる慣習も多い。そこで、判例は、そのような慣習の適用を否定する場合には、慣習の存在を否定する。例えば、借地契約期間の満了時に特約がないのに賃貸人の請求があれば当然に賃借人に契約更新のための更新料の支払い義務が生ずるという商慣習ないし事実たる慣習の存在は認められないとしている（最判昭51・10・1判時835号63頁)。賃貸人から賃借人に一方的に押しつけて形成された慣習だからである。

イ） 92条と法の適用に関する通則法3条との関係　92条では法律行為の解釈の標準としての慣習を規定しているが、法の適用に関する通則法3条では「慣習は、法令の規定により認められたもの又は法令に規定されていない事項に関するものに限り、法律と同一の効力を有する。」と定めて、法規範としての慣習を認めている。そこで、これらの慣習の関係が問題となる。すなわち、民法92条にいう慣習は任意規定に優先するが、法の適用に関する通則法3条の慣習は任意規定に劣後すると定めており、この2つの規定は矛盾することを定めているからである。

従来の通説は、法の適用に関する通則法3条の慣習は、社会の法的確信を得た「慣習法」であるのに対し、92条の慣習は法的確信を得ていない、単なる慣行としての「事実たる慣習」であるとして、両者を区別していた。

ところが、通説に従って優先順位を付けると、次のようになる。

事実たる慣習＞任意規定＞慣習法

すなわち、規範性が強いはずの慣習法よりも事実たる慣習のほうが優先順位が高いということになり、ますます矛盾は大きくなる。そこで近時は、92条も法の適用に関する通則法3条も単に慣習と規定しているだけであり、慣習に区別はないと解している。つまり、法の適用に関する通則法3条は、法令に規定のない事項に関する慣習は法律と同一の効力を認められると定めているだけである。これに対して、92条は法令に規定のある事項に関する慣習であっても当事者がそれに従う意思を有すると認められる場合には、慣習によって法律行為の補充的解釈をしようとする規定であると解すべきであるとされる。

この見解によれば、法の適用に関する通則法3条は制定法の空白部分（法令に規定されていない事項または法令によって認められたもの）について慣習がそれを補充する効力を認めたものであり、92条は当事者の意思が任意規定に優先する私的自治の認められる分野で慣習が任意規定に優先して法律行為の解釈、特に補充的解釈の標準となることを認めたものであるということになる。

b　任意規定

公の秩序に関しない規定を任意規定というが、当事者が、任意規定と異なる意思を表示したときは、任意規定の適用は排除される（91条）。任意規定よりも当事者の意思が優先するという意味では、91条は私的自治の原則を表現しているものといえる。

任意規定は、当事者の意思表示の空白部分を補充的に解釈するために適用される。例えば、売買契約において、代金の支払場所を指定しなかった場合には、債権者（売主）の「現在の住所」が支払場所となる（484条1項）。また、意思表示が曖昧である場合に、それを明瞭にする解釈のために適用される場合もある。例えば、売買契約において買主が売主に手付を交付したが、その性質が契約上では明らかでなかった場合には、解約手付と推定される（557条1項、最判昭29・1・21民集8巻1号64頁）。

c 条理

当事者の意思も明確ではなく、慣習、任意規定もないような場合には、条理〔信義則〕を用いて裁判をすることとなる。

Ⅱ 実現可能性

伝統的学説は、法律行為の目的・内容が実現可能でなければ、法律行為は成立しない、と説明していた。実現の可能性のないことを、「不能」という。民法では、主として法律行為の目的・内容が不能である場合が論じられる。不能については、法律行為をした時に既に不能になっていた場合と、法律行為をした後、それによって生じた債務の履行期前に不能となった場合で区別される。前者を原始的不能といい、後者を後発的不能という。

1 原始的不能

Case ⑩

Aが B に6月10日に伊豆にある A 所有の別荘を売却する契約を締結した。ところが、その別荘は、落雷によって火事が発生し6月9日に全焼していた。Bは Aに損害賠償などを請求できるだろうか。

契約締結前に目的物が滅失してしまっている場合を「原始的不能」と呼ぶのである。改正前の判例・学説では、この場合は、法律行為は無効とされていた（大判大8・11・19民録25輯2172頁）。法律行為が有効であるならば、国家が最終的にはその目的の実現に助力することになるが、実現不可能なものに助力しても可能になるわけではなく、法律行為の効力を認めても無駄であると考えられていた。したがって、法律行為は無効とされるのである。法律行為は成立していないのであるから、原則として、BはAに対して別荘の引渡しに代わる損害賠償などは請求できないことになる。

改正法では、債務の履行が契約成立時に不能であったとしても、債務者に帰責事由がある場合には、その履行不能によって生じた損害の賠償を415条の規定によって請求することを妨げない、と定める（412条2第2項)。すなわち、建物は焼失しているから、Aは債務の履行として建物の引渡しをすることはできず、また、BもAにその引渡しは請求できないが（412条の2第1項)、Aが建物の中にたばこの吸い殻を捨てたために火事になったように、建物の引渡しをすることができなくなったことについてAに帰責事由がある場合には、Bは、履行に代わる損害賠償（建物の価格分）を請求することができることになる。

さて、それでは履行に代わる損害賠償が請求できるということは、原始的不能でも契約は有効に成立し、したがってAには履行義務がありそれが不履行になったから履行に代わる損害、すなわち履行利益の賠償を請求することができるということであろうか。この点は、改正法では明らかにされていない。2002年に改正されたドイツ民法では、履行が原始的不能であっても契約は無効とはならないことを明確にしている（ドイツ民法311条a)。売買契約の効力が生じていないと、Aに建物の引渡債務が生じない。ところが、建物が焼失しているからBはAに建物の引渡しという債務の履行を請求することができないが（412条の2第1項)、債務の履行に代わる損害賠償は損害賠償を請求できる。債務の履行が原始的に不能であっても、契約は有効に成立しているのであると、解するのが素直な解釈であろう。

2　後発的不能

Case ⓫

AがBに6月10日に伊豆にあるA所有の別荘を売却する契約を締結し、別荘の移転登記・引渡し期限を6月20日とした。ところが、6月15日に、火事でこの別荘が全焼してしまった。AとBの法律関係はどのようになるであろうか。

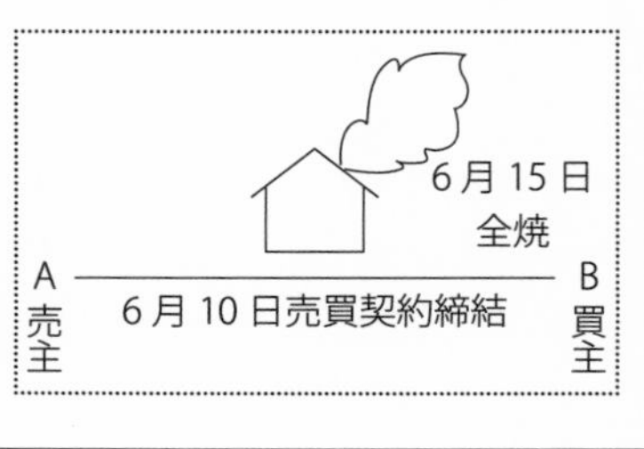

契約成立時には、目的・内容は実現可能であったが、履行期限前に目的・内容が実現不可能になった場合を「後発的不能」という。

契約を締結した6月10日には法律行為の目的・内容は実現可能であったから、契約は有効に成立している。したがって、AとBには何らかの法律関係が継続していることになる。それはどのようなものであろうか。

a　火事の発生にAの帰責事由がある場合

例えば、Aが別荘内でタバコを吸い、その不始末から火事になった場合には、債務不履行（履行不能）の問題となり、BはAに履行利益の賠償を請求することができる（415条）が、この場合には、Bは契約を維持していても、無駄であるから、Bは契約を解除することもできる（542条）。これによってBが代金債務を免れて、さらにAに損害賠償を請求することできる（545条4項）。

b　火事の発生についてAに帰責事由がない場合

例えば、近所で火事が発生し、それに類焼して別荘が消失してしまったような場合であって、Aに帰責事由がない場合には、危険負担の問題となる。改正前の危険負担債務者主義の原則によれば、別荘は焼失しているのであるから、AはBに別荘を引き渡すことができず、自己に帰責事由がないのであるから、損害賠償義務も負わないが、他方、AはBから代金を受け取る権利も失った（旧536条1項、ただし、別荘のような特定物の売買については別荘の引渡債権を有する買主（債権者）は別荘焼失の危険を負担し、代金支払債務を免れないとする債権者主義がとられていた（旧534条））。

改正法では、Aは代金を受け取る権利を失わないが、AからBに代金請求があったときは、Bは代金の支払いを拒むことができる、とする危険負担制度を設けている（536条1項）。これによれば、AがBに代金請求をしたときに、Bが代金支払拒まずに、支払うと、Aはそれを受け取る権利を有することになる。そこで、BはAからの代金請求を免れたい場合には、別荘の売買契約を解除することになる（542条1項）。改正法では、Aに帰責事由がない場合でも、Bは契約を解除することができることになっているから、建物が他所の火事から類焼したときも解除することができる。

Ⅲ　適法性

1　強行規定違反

91条は、私的自治の原則を宣言したものと理解することができるが、私的自治ないし契約の自由といっても無制限に自由であるとはいえない。社会秩序に反する行為は認められないのである。その意味で、90条は公序良俗に反する法律行為は無効であると定め、さらに91条の反対解釈からすると「公の秩序に関する規定（強行規定）」に反する意思が表示された場合には、法律行為は効力を生じないことになる。

2　任意規定と強行規定の区別

法律行為の効力に関わることであるから、ある規定が任意規定か、強行規定かを区別することは重要な問題となる。

a　規定の文言による区別

法文に当事者の意思を尊重する文言がある場合、例えば、「別段の意思表示がないときは」または「その意思に従う」等の文言がある場合は、任意規定である（127条3項、417条、484条等）。これに対して、その規定に反する内容を有する法律行為の効力を認めない旨の文言、例えば「することができない」、「無効とする」等の文言があれば強行規定である（146条、175条、利息1条1項、借地借家9条等）。

b　規定の趣旨による区別

法文の文言からは区別できないときは、その趣旨から判断するほかはない。一般に次のような趣旨のものが強行規定であるとされる。

（1）基本的な社会秩序に関する規定（親族法、相続法、物権法に関する規定の中に多い）、（2）私的自治の前提ないし枠組みに関する規定（権利能力を付与する規定、行為能力に関する規定、意思表示・法律行為に関する規定）、（3）基本的自由を保障する規定（678条。債権法の規定は契約自由の原則が適用されるから、多くは任意規定であるが、民法678条は組合員の脱退の自由を保障する規定であるから強行規定だとされる（最判平11・2・23民集53巻2号193頁、百選Ⅰ－17））、（4）第三者の信頼や取引の安全を保護する規定（即時取得（192条）、表見代理（109条、110条、112条））、対抗要件に関する規定（177条、178条、467条））、(5) 経済的弱者を保護するための規定（借地借家法、利息制限法、消費者契約法等）である。

3　行政的取締規定

a　取締規定と効力規定

強行規定には、2つの種類がある。(1) 1つは、私法上の法律行為の効力を規定する強行規定で、任意規定と対比されるものである（狭義の強行規定）。(2) もう1つは、行政的な取締りを目的とする規定であるが、この目的を達するために一定の行為を制限ないし禁止する規定を置き、あるいは違反行為に対する罰則が置かれている場合もある。

後者の規定を取締規定と呼ぶ。取締規定の中には、それに違反した取引行為が行われた場合に、罰則を科すものがある。それでは、この取締規定に対する違反行為は、私法上の効力にも影響を与えるものであろうか。

取締規定は、次の2つに区別される。

(1) その規定に違反する行為の私法上の効力には影響を与えない「単なる取締規定」と、(2) 違反行為の私法上の効力にも影響を及ぼして、その行為を無効とする「効力規定」とに区別されている。

単なる取締規定と効力規定をどのように区別するかは、違反行為の私法上の効力にかかわるから、重要な問題である。

b　取締規定と効力規定の区別

規定の文言から明らかとなる場合がある。例えば、農地法3条7項は、農地の所有権移転等をするについては農業委員会の許可を得ないでした場合には、効力を生じないと定めている。このような場合には、規定の文言から効力規定であることが明らかとなっている。しかし、実際にはこのような場合は少ないから、規定の趣旨によって判断することになる。その判断は、規定が禁止している目的、違反行為の悪性の程度、当事者間における信義・公平・第三者や取引社会に及ぼす影響などを総合して判断すべきだとされている。

例えば、食品衛生法による食肉販売の許可を得ずに精肉の販売する行為について、判例は、この販売行為が食品衛生法違反だとしても、食品衛生法は単なる取締規定だとして売買契約の効力を認めている（最判昭35・3・18民集14巻4号483頁、百選Ⅰ−16）。すなわち、一定の資格者以外の営業を禁じる趣旨は、政策的見地から営業を営む者を制限するものにすぎず、取引の相手方の期待まで裏切って無資格者の行為を禁圧しようとする趣旨ではないからであると解されている。

しかし、取締規定の保護法益が公益的色彩の強い場合、資格を有しない者がした取引行為であっても、無効とされる。例えば、弁護士の資格を有しない者が、弁護士法72条本文前段に違反するいわゆる非弁活動に該当する委任契約は無効とされた（最判昭38・6・13民集17巻5号744頁）。

先に述べたところでは、食品衛生法を単なる取締規定としたが、この法律違反であっても、行為の悪性が強い場合には、法律行為が無効とされる場合がある。例えば、食品衛生法上使用が禁止されている有毒性物質が混入していることを知りながらあえてこれを製造の上、その販売取引を継続した場合には、「一般大衆の購買のルートに乗せたものと認められ、その結果公衆衛生を害するに至るであろうことはみやすき道理であるから、そのような取引は民法90条に抵触し無効のものと解するを相当とする。」とされている（最判昭39・1・23民集18巻1号37頁）。有毒物質の混入した食品の流通を防ぐという社会に対する必要性が強いから、取締法規違反だけではなく、90条も加味して無効と判断している。

4　脱法行為

脱法行為とは、強行規定に直接触れない方法でその禁止していることを回避し、強行規定が禁止している手段によって達成されると同一の目的を他の手段で達成しようとする行為である。例えば、恩給法11条は、恩給を担保に入れることを禁止しているが、債権者に恩給の取立委任をして、取立の代理権を授与することによって担保に入れたのと同様の結果となる場合には、取立委任は、脱法行為として無効とされる（大判昭16・8・26民集20巻1108頁）。また、利息制限法のように、明文で脱法行為を禁止している場合もある（利息制限法2条、3条）。

脱法行為とみえる行為も、社会および取引の合理的な要請と、法の不備からそのような行為も認められるべきである場合には、脱法行為だとして無効にすべきではない。

例えば、動産の譲渡担保が脱法行為でないかが、問題となった。すなわち、動産の約定担保は民法では質権のみであり、その規定では、質物を債権者に占有改定で引き渡すことを禁じ（345条）、また流質を禁止している（349条）。これに対して、譲渡担保は、形式的には債務者から債権者に担保の目的で担保物の所有権を移転する契約をするが、目的物の占有は債務者の下に留まり、債務不履行があると担保物の所有権は確定的に債権者に帰属するのであるから、345条・349条を脱法するものとみえるが、判例は、これを脱法行為ではないとして、経済的要請に応えている（345条について大判大5・9・20民録22輯1821頁、349条について大判大8・7・9民録25輯1373頁）。

Ⅳ　社会的妥当性

法律行為の内容が個々の強行規定に反しない場合でも「公の秩序又は善良の風俗」（公序良俗）に反するときは、その法律行為は無効である（90条）。「公の秩序」とは国家社会の一般利益を意味し、「善良の風俗」とは社会一般の道徳観念を意味すると考えられていたが、現在では、これを区別する実益はなく、両者を合わせて「公序良俗」と呼び、社会的妥当性を意味するものと理解されている。

さて、90条は「公序良俗違反」を法律要件として、効果として法律行為の無効を導くのであるが、「公序良俗違反」という要件は内容が極めて広く、それを特定することは困難である。そこで、どのような場合に90条が適用されるかを明らかにするために、一般的には、違反行為の類型化が試みられている。以下で、一般的な類型化にしたがって説明をして行くことにする。

1　人倫に反する行為

性道徳や家族秩序に反する行為など基本的な人の倫理観念に反する法律行為は公序良俗違反とされる。

(1) 配偶者のある者との間で、その者が婚姻を解消した場合には、婚姻するという婚姻予約をし、婚姻、入籍までは扶養料を給与する旨の契約（大判大9・5・28民録26輯773頁）、(2) 私通関係（愛人関係）を解消することを条件に金銭を支払う旨の契約（大判大12・12・12民集2巻668頁）、(3) 私通関係が存続する限り、貸主は貸金の返還を請求しない旨の消費貸借（大判昭9・10・23新聞3784号8頁）等は公序良俗に反して無効であるとされる。

これに対し、妻子ある男性が不倫関係にあった別の女性の生活を保全するために、自己の死亡後妻子の生活を害しない程度の遺贈をすること（全財産の3分の1）は、公序良俗に反せず有効であるとされる（最判昭61・11・20民集40巻7号1167頁、百選Ⅰ−12）。この判決では、男性と妻との婚姻関係が事実上破綻していること、遺贈が不倫関係の維持継続を目的としてものではなく、女性の生活を保全する目的であるから、公序良俗に反しないとしたのである。

2　正義の観念に反する行為

犯罪その他不正行為を勧誘し、またはこれに加担する法律行為は、当然に無効である。例えば、窃盗の犯人からその盗品を他に売却することを委託を受ける契約は、無効とされる（大判大8・11・19刑録25輯1133頁）。また、競争入札などに際して、不正な申し合わせをするいわゆる談合行為も刑法上の犯罪（刑96条の6）であるから、無効とされる（大判大5・6・29民集22輯1294頁）。さらには、賭博に負けたら金銭を支払うという契約や、賭博に負けて負担した債務の弁済のための金銭を貸与する契約も無効である（大判昭13・3・30民集17巻578頁）。

3　個人の自由を極度に制限する行為

個人の自由を極度に制限する行為の例としては、芸娼妓契約と呼ばれるものが代表的である。

Case ⓬

父親AはCから多額の借金をし、Aの娘BがCの営業する料理屋で酌婦として働き、そこで受け取る報酬からこの借金を天引きして返済する契約をし、完済前にBが逃げたときは、高額の違約金を支払うという特約がなされている。

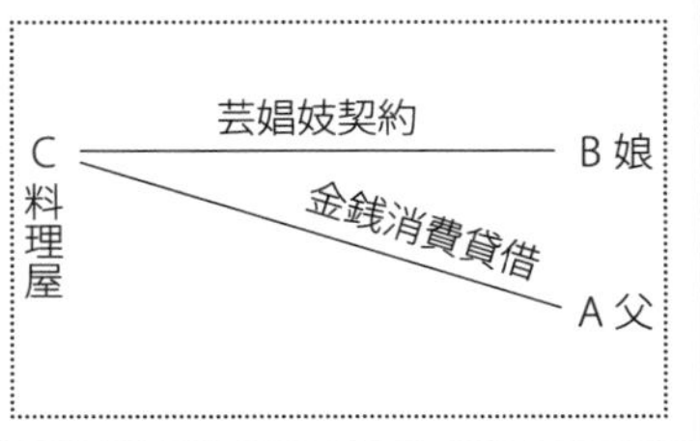

A・C間の消費貸借契約とB・C間の酌婦としての稼働契約（芸娼妓契約）とが存在する。戦前の判例は、この2つの契約を分けることができる場合には、稼働契約部分は無効だが、消費貸借は有効だとしてきた（大判大10・9・29民録27輯1774頁）。

しかし、消費貸借を有効とすると、借金の返済のために実際にはBは酌婦として働かざるを得ない状況がもたらされ、Bは借金返済まで長期間Cの下に拘束されるのであるから、実質的な人身売買となり得たのであった。そこで判例は、CはBの「酌婦としての稼働の結果を目当てとし」て金銭をAに貸与しているのだから、A・C間の消費貸借とB・C間の稼働契約とが「密接に関連して互に不可分の関係にあるものと認められ」るとして両者の契約ともに無効と判示した（最判昭30・10・7民集9巻11号1616頁）。さらに、Aに対する金銭の給付は公序良俗に反する無効な消費貸借、すなわち「不法な原因」で給付されているが、708条を適用して、Cからの貸金返還請求も認めなかった。

また、従業員と使用者との間において従業員が特定の労働組合に所属し続けることを義務づける合意がされた場合に、労働組合から脱退する権利を行使しないことを義務づけ、脱退の効力を生じさせないとする合意部分は、公序良俗に反して無効とされる（最判平19・2・2民集61巻1号86頁）。

4　憲法の認める基本的価値に反する行為

憲法が定めている価値を私法の領域でどのように実現するかが問題となった場合に、憲法の規定は私人間の行為に直接適用されないというのが一般的解釈である。しかし、私人間の行為によって憲法で認められている価値が否定される場合には、その価値を実現するために90条を適用する場合がある。

例えば、男女で異なる定年退職年齢を定めた就業規則は、「性別のみによる不合理な差別を定めたものとして」90条により無効であるとされた（憲14条参照、最判昭56・3・24民集35巻2号300頁、百選Ⅰ－14。なお「男女雇用機会均等法」6条4号が定年退職解雇について差別的取扱いを禁止している）。また、入会集団の会則で、入会権者の資格要件を原則として男子に限るとした部分を無効としている（最判平18・3・17民集60巻3号773頁）。

5　経済的自由を制限する行為

営業活動の自由、労働の自由等を過度に制限する法律行為は、公序良俗に反する。例えば、学習塾の講師をしていた者が、退職後、そこで得たノウハウを利用して同種の学習塾を営まないという義務（競業避止義務）を負わせる契約を塾と講師との間で結ぶ場合である。もっとも、営業避止義務を負う地域と期間が限定されている場合には、過度に経済的自由を制限したものではないから、公序良俗に反しない、とされる（大判昭7・10・29民集11巻1947頁、最判昭44・10・7判時575号35頁）。

6　暴利行為 Wucher

ドイツ民法は、暴利行為を公序良俗違反の1類型として規定する。すなわち、相手方の窮迫、無経験、判断能力の欠如、著しい意思能力の減退に乗じて、顕著な不均衡がある給付を約束した場合には、暴利行為があり、公序良俗に反して無効と定めている（ドイツ民法138条2項）。

わが国の判例も、暴利行為とは、他人の「窮迫、軽率もしくは無経験を利用し、著しく過当な利益の獲得を目的とした」行為であるとしており（大判昭9・5・1民集13巻875頁、百選Ⅰ－15、最判昭32・9・5民集11巻9号1479頁）、債務不履行による損害賠償について過大な賠償額を予定するのは無効であるとしている（大判昭19・3・14民集23巻147頁）。

7　著しく不公正な取引方法による法律行為

相手方の無知・無経験に乗じて、商品取引の知識のない主婦を著しく不公正な方法で勧誘し、引き込んだ先物取引の委託契約は公序良俗に反して無効であるとされる（最判昭61・5・29判時1196号102頁）。

8　動機の不法

Case ⓭

Bが賭博をする目的でAから100万円を借りることにし、AがBに現金100万円を交付したが、AはBが賭博のために金を借りにきたことを知らなかった。そこで、返済期限が到来したときに、AはBに返済を求めたところ、Bはこの消費貸借は公序良俗に反し無効であり、不法原因給付（708条）だから返済をしないと主張できるか。

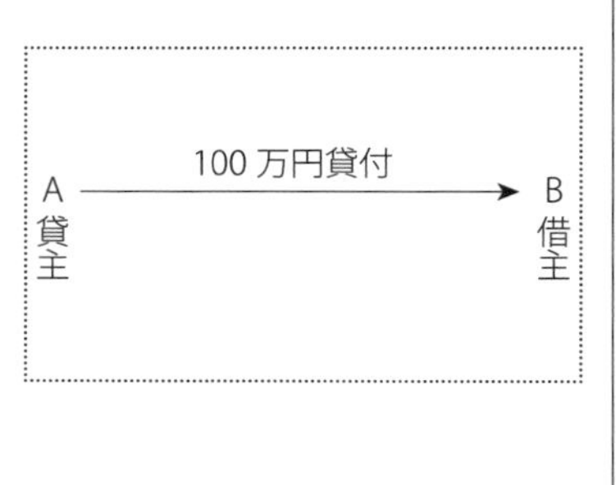

法律行為の内容が公序良俗に反するのではなく、法律行為をする動機に不法性がある場合にも、その法律行為は無効となるかが問題となる。例えば、賭博に負けて負担した債務を弁済するため、あるいはこれから賭博をするための金銭消費貸借契約（前掲大判昭13・3・30、最判昭61・9・4判時1215号47頁）がその典型である。金銭消費貸借自体だけをみれば、公序良俗に反するとはみえないが、しかしこれを有効と認めると賭博による金銭の移動が行われ、結局、賭博を有効と認める結果を導く。したがって、動機が不法であることに着目して、法律行為を公序良俗違反によって無効とするのである。

判例は、動機に不法性があった場合に、常に無効とするわけではなく、「金銭が賭博の用に供されるものであることを知ってする金銭消費貸借契約は公序良俗に違反し無効である」としている（前掲最判昭61・9・4）。

9　公序良俗違反の判定時期

契約成立時とその契約上の債務の履行時とで公序良俗違反の判断基準が変化した場合に、どう考えるべきであろうか。

最高裁は、「法律行為が公序に反することを目的とするものであるとして無効になるかどうかは，法律行為がされた時点の公序に照らして判断すべきである。けだし，民事上の法律行為の効力は，特別の規定がない限り，行為当時の法令に照らして判定すべきものであるがこの理は，公序が法律行為の後に変化した場合においても」同様に考えるべきであり，法律行為の後の経緯によって公序の内容が変化した場合であっても，行為時に有効であった法律行為が無効になったり，無効であった法律行為が有効になったりすることは相当でないからである。」として（最判平 15・4・18 民集 57 巻 4 号 366 頁)、法律行為時を基準として公序良俗違反か否かを判断すべきだとしている。

したがって、契約成立時にそれが公序良俗に反していたが、当事者が履行の請求をした時には公序良俗違反の判断基準の変化によって公序良俗に反しないこととなっても、原則としてこの契約は無効である。なぜならば、いったん無効とされた契約が当然には有効とならないからである。

また、契約成立時には公序良俗に反していなかったが、判断基準の変化によって公序良俗に反することとなったときでも、契約は有効である。

10　公序良俗違反の効果

公序良俗に反する法律行為は、無効である（90 条)。この無効は、法律行為全体を無効とするというのが、従来の解釈であった。例えば、100 万円の貸金債権の担保として 1,000 万円の不動産について代物弁済の予約をしていた場合に、債務不履行があったときは、債権額の 10 倍の不動産を債権者が取得できるというのは、暴利行為であるから、代物弁済予約全体を無効であるといえそうであるが、しかし債権額の 100 万円分は有効とし、債権額を超える 900 万円について無効として（一部無効)、これを債務者に返還することで問題を解決すべきであろう（これは、判例が清算金の返還を認め、仮登記担保法が返還義務を定めて、法的に解決されている)。さらに、過大な賠償額の予定が合意されている場合に、不相当に過大な部分のみを無効とすべきである。

第3節 意思表示 Willenserklärung 総論

Ⅰ 意思表示の意義

意思表示とは、ある一定の法律効果の発生を企図する意思の表明である。ある年度の新型モデルの乗用車を200万円で買うという意思を表明するような場合である。

Ⅱ 意思表示の構造

ドイツ法的な理解に従うと、意思表示とは、私法上の法律効果の発生に直接的に向けられた意思の表明であると定義される。

伝統的な意思表示の理論に従うと、意思表示の構造は、次のように説明される。すなわち、一定の法律行為を行おうとする「動機」に導かれて法律効果を意欲する「〔内心の〕効果意思」が形成されて、それを相手方に伝えようとする意思「表示意思ないし表示意識」を媒介として効果意思を実際に表示する「表示行為」が行われるという構造をとる。

動機→（内心の）効果意思→表示意思→表示行為

Case ⑭

①Aは父の日が近いので、父親にネクタイを買ってプレゼントしようと思った。そこで、デパートのネクタイ売り場で、有名ブランドの表示があるネクタイがあったので、②それを買うことに決めて、③それをネクタイラックからはずして手に取り、④店員に「これを下さい」といった。

①の部分が「動機」であり、②の段階が内心の「効果意思」すなわちこのネクタイについて売買契約をして所有権を取得しようとする意思が生じている。③の段階ではネクタイを特定して「これを下さい」という意思を表明し

ようとしている段階になる。④は「表示行為」ということになる。

ただし、表示行為は、明示的に行われるだけではなく、市場における競り売りの場合のように、手振り・身振りで表示行為が行われる場合もあり、また沈黙していても黙示の表示行為があったと認められる場合もある。

Ⅲ　意思主義と表示主義

意思表示の要素のうち、意思、特に内心の効果意思を重視する「意思主義」と表示行為を重視する「表示主義」とに、意思表示のとらえ方が分かれる。

意思主義は、意思表示の本体は表意者が法律効果の発生を意欲して形成する内心的効果意思である、と理解する。

これに対して、表示主義は、取引の安全を前面に押し出して、意思表示の本体を表示行為とするものである。したがって、表示行為から推断される意思を効果意思と捉え、その観点から表示意思ないし表示意識を意思表示からはずすのである。

Case ⑮

Aが客として遊興上親しくなったホステスBの歓心を得ようとして、贈与するつもりはないのに、将来独立して店を営業するようになった場合には、AはBに100万円を贈与すると約束し、その旨を記載した書面を作成した。Bが独立営業することになったときは、BはAに100万円を贈与するように請求できるであろうか。

この場合には、AはBの歓心を買うことだけを目的にしており、「贈与するつもりはない」というのが真の意思であった。意思主義を貫くと、「内心の効果意思」は存在しないから、意思表示は成立しないことになり、Bの請求を認めないことになる。

これに対して、表示主義を徹底すると、「100万円を贈与する」旨の書面による意思表示まであるのだから、その表示から「贈与する」という効果意思が推断される効果意思があるものとして、贈与契約の成立を認め、Bは100万円を請求できることになる。

しかし、いずれの結論も極端である。現在では、いずれを重視するかは立場の相違というよりも政策的な問題とされる。実際の民法では、意思主義を基本としつつ折衷主義をとっている。すなわち、原則としては、内心の態様によって意思表示の効力を決定している。内心の効果意思が存在しない場合（心裡留保（93条）、虚偽表示（94条））には、無効とし、効果意思が存在するが、その意思の形成過程に瑕疵がある場合（錯誤（95条）、詐欺・強迫（96条））には、取消しとしている。この部分は、表意者の意思を尊重している意思主義の規定である。しかし、93条ただし書および同条2項、94条2項、95条4項、96条3項は、表示を信頼した相手方もしくは第三者に対しては表意者を保護しないとする、表示主義の政策をとっている。

意思主義に重きを置くか、表示主義に重きを置くかは単純な問題ではないが、意思表示の成立に関していずれの立場からも承認されている価値があり、その価値を衡量して、問題の解決が図られることになる。基本的な価値としては、次の4つのものが挙げられる。

1　自己決定

自己決定とは、自己に関する法律関係は自己の意思によって決めるということである。すなわち、自らの意思によらない法律関係については責任を負わないということである。意思主義では、自己決定を重視するが、表示主義では軽視される。

2　取引の安全

取引の安全とは、取引社会の秩序が乱されないようにすることである。意思表示は、取引のための意思の伝達手段であるから、取引の安全は保護されなければならない。表示された意思が内心の効果意思と異なるということで、表示上の効果意思が覆されるのでは、取引の安全の保護は十分に図れないこととなるので、表示主義では取引の安全を重視することになるが、意思主義では相対的に軽視される。

3　相手方の信頼の保護

相手方の信頼の保護とは、相手方が表示に対して有するに至った信頼を裏切って、不利益を被らせるべきではないということである。

表示主義では信頼保護を重視することになるが、意思主義ではこれを相対的に軽視する。

4　帰責事由の必要性

ある人に不利益を負担させるためには、不利益を負担してもやむを得ないという事情がその者にあることが必要である。これを帰責事由という。意思表示によって表意者が義務や責任を負う場合には、帰責事由があることが必要である。これは、意思主義からも、表示主義からも承認されている。

Ⅳ　意思表示の成立・内容・効力

上に述べたように、意思表示は「動機」に導かれ、「(内心の) 効果意思」「表示意思」「表示行為」によって成立する。

意思表示が成立したと認められると、意思表示の内容の確定、すなわち意思表示の解釈がなされることになる。具体的には、契約書に書かれた文言や契約締結の際に発せられた言葉などの表示行為から推断して、そこに現れた「効果意思」を明らかにする。この効果意思を「表示上の効果意思」という。表示上の効果意思は、あくまでも表示行為から推測される効果意思であるから、表意者の内心の効果意思と異なることがある。この効果意思の食い違いが大きい場合には、意思表示の効力が否定される。食い違いの大きさによって、無効とされる場合と取消しの場合がある。

1　意思の不存在（民法の現代語化前は、「意思の欠缺」と呼ばれていた）

「表示行為」に対応する「内心の効果意思」が存在しない場合をいう。心裡留保 (93条)、虚偽表示 (94条) がこれに当たることは既に述べた。この場合には、意思表示は無効となる。

2　瑕疵ある意思表示

「表示行為」に対応する「内心の効果意思」が存在するが、内心の効果意思を形成する際に動機に他人の詐欺や強迫が作用したために、意思の形成過程に瑕疵が生じているので、意思表示の効力を維持するのは適当でないと考えられるものである。表意者は、このような瑕疵ある意思表示を取り消すことができる（95条・96条）。

錯誤は、改正前は「意思の不存在」と位置付けられていたが（改正前101条1項参照）、改正によって意思の不存在の類型に入る「表示錯誤」と瑕疵ある意思表示の類型になる「動機錯誤」が混在することによって、錯誤は「瑕疵ある意思表示」に入れられることになった（120条2項を見よ）。

第4節　意思の不存在

Ⅰ　心裡留保 Geheimer Vorbehalt

1　意義

Case ⑯

Aは、絵画のオークションで競争相手のBが無競争である絵画を競り落とす状況になったのを知り、Bをからかうつもりで、買う意思はないのに、高い指し値を表示したところ、案に相違して、この絵画を競り落としてしまった。

表意者が、表示行為に対応する内心の効果意思がないことを認識しながらした意思表示を心裡留保という（93条）。Aは、絵画を購入するという内心の効果意思はないのに、「絵画を購入する」という表示行為をしてしまったのであるから、心裡留保による意思表示をしたことになる。

2　効果

a　原則

心裡留保による意思表示は、原則として有効である（「その効力を妨げられない」93条本文）。心裡留保は、表示行為に対応する内心の効果意思がないから、意思主義の理論からすると、無効になるはずである。しかし、表意者は内心の効果意思に対応していないことを認識しながら表示行為を行っているのであるから、帰責事由が非常に重く、表意者を保護する必要性は少ない。また相手方の信頼を保護する必要性もあるから、原則として有効とされるのである。

b　例外

相手方が、表意者が真意でないことを表示していることを知り（悪意）、またはそれを知ることができたのに知らなかったとき（善意有過失）は、心裡留保による意思表示は無効となる（93条1項ただし書）。

心裡留保による意思表示を、原則、有効としているのは、上に述べたように相手方の信頼を保護するためである。悪意の相手方は表示行為を信頼していないのであるから、信頼を保護する基礎がないといえる。また、善意有過失の相手方には、信頼保護の理論からすると、その信頼を保護すべき正当性が欠けると考えられる。信頼を保護すると、表意者に責任を負わせることになるから、それを正当化する信頼がなければならないのである。過失があった場合は、その正当性が欠如しているといえる。

c　第三者に対する無効の対抗

Case ⑰

Ａが所有するマンションの１室を、売却する意思がないのに、Ｂに「売却したい」と申込み、ＢはＡが売却する意思がないことを知りながら、これに承諾した。そして、ＡからＢへ移転登記がなされた。Ｂはこのマンションを善意のＣに転売したが、その後、ＡはＣにマンションの返還を請求してきた。

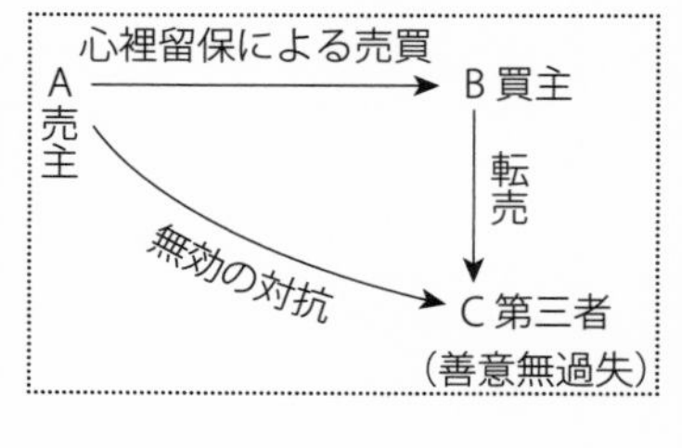

93条には、94条2項のような善意の第三者を保護する規定が置かれていなかったが、改正によって93条2項が新設され善意の第三者は保護されることとなった。すなわち、AとBの売買契約は、Bが、Aはマンションを売る意思のないことを知っているから、無効であるが（93条1項ただし書）、このことについて善意であるCに転売した場合には、Aは売買契約の無効をCには対抗することができない（同条2項）。したがって、AはCにマンションの返還を請求することができず、Cは有効にマンションの所有権を取得することができる。

3　93条の適用範囲

93条は、契約だけではなく、意思表示全般に関する規定であるから、単独行為・合同行為に適用され、相手方のない単独行為（例えば、広告、遺言等）にも適用されると解されている。

これに対して、家族法上の行為（婚姻、離婚、養子縁組等）は、法律行為であるといっても、表意者本人の真意を尊重すべきであるから、93条の適用はない。すなわち、真意に基づかない身分行為は常に無効となる。

Ⅱ　虚偽表示 Scheingeschäft

1　意義

Case ⓲

Sは、債権者Gにその所有する甲土地を差し押さえられるおそれが出てきたので、これを免れるために、Aと協議して甲土地所有権をAに移転する仮装の売買契約を締結することにし、契約書を作成した。Aはこの契約に基づいてSに対して甲土地の引渡し、移転登記を請求することができるか。

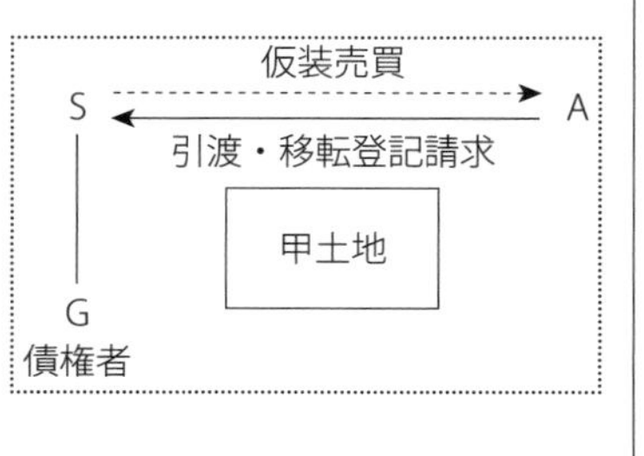

相手方と通じて（通謀して）行った真意ではない意思表示を虚偽表示という。表意者が、真意ではないことを認識している点では、心裡留保と共通す

るが、意思表示を相手方の了解のうえで行っている点が異なる。

2　要件

(1)　意思表示が外観上存在すること

契約書あるいは公正証書等の作成や登記などによって、第三者からみて意思表示と認識される価値のある外形が作られることである。

(2)　表示から推断される意思（表示上の効果意思）と真意（内心の効果意思）が符合していないこと。

(3)　表意者が真意と表示が符合していないことを認識していること。

(4)　真意と異なる表示をすることについて相手方と通謀していること。

3　効果

a　原則

虚偽表示は、無効である（94条1項）。Sは、Aに所有権を移転する意思はなく、Aもそれを了解している。すなわち表示どおりの法律効果を発生させないことについて合意しているといえる。このような意思表示に法律効果を認める必要はない。

S・A間の売買契約が無効となった結果、各当事者は、法律行為の有効を前提とする法的主張はできないことになるから、AはSに対して甲土地の引渡しや、移転登記を請求できないことになる。他方、各当事者は無効を理由に、表示行為によって形成された虚偽の法的外形の除去を請求することができる。すなわち、SがAに甲土地の引渡しをし、もしくは移転登記がなされていた場合には、SはAに甲土地の返還もしくは移転登記の抹消を請求することができる。

b　例外

ア）　無効を対抗することができないとは　　善意の第三者に対しては、無効を対抗することができない（94条2項）。

Case ⑲

Sは、債権者Gにその所有する甲土地を差し押さえられるおそれが出てきたので、これを免れるために、Aと協議して甲土地所有権をAに移転する仮装の売買契約を締結し、移転登記を済ませた。Aが善意のBに甲土地を転売し、引渡しをしたが、移転登記はまだしていない場合に、SはBに対してS・A間の土地売買契約が無効であるとして、甲地の返還を請求できるであろうか。

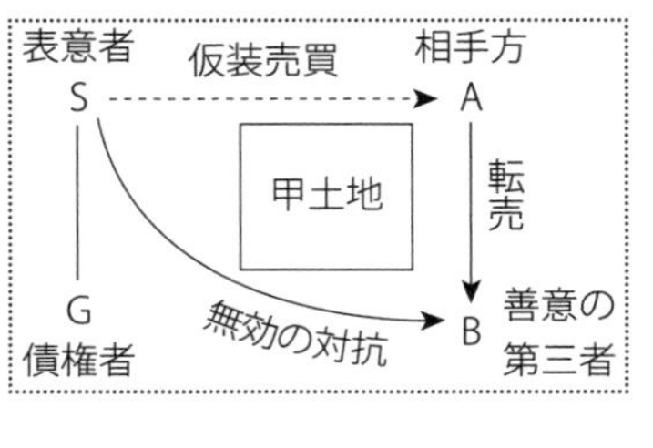

「対抗」することができるとは、存在する法律効果や事実を主張することができることである。したがって、虚偽表示の無効を善意の第三者に「対抗することができない」とは、虚偽表示の無効を第三者に主張することができないことである。SはBに対して無効を主張することができないから、甲土地の返還は請求できないことになる。

これに対して、善意の第三者の側から無効を主張することは妨げられない。すなわち、無効という効果は生じているのであって、善意の第三者が主張することは制限されていないからである。

このように、善意の第三者保護の結果としてBに権利取得を認めるためには、真意と異なる意思表示をして虚偽の法律状態を作り出したのであるから、その権利を喪失してもやむを得ないという事情（帰責事由）が権利者Sに存在しなければならない。他方において、第三者Bにはこの虚偽の法律状態を信じて取引関係に入ったという事情が存しなければならない（保護事由）。94条2項の趣旨は以上のように解されるべきであり、これを権利外観法理、または表見法理とも呼ぶ。

イ）　第三者の権利取得の法的構成　　善意の第三者Bは、甲土地の所有権をSから取得するのか、Aから取得するのかが、問題となる。考え方は、三つある。第1は、①S→A→Bと甲土地の所有権が移転して、BはAから所有権を取得したとする考え方である。第2は、②S→Bと所有権が移転する、すなわち、SからBは直接所有権を取得するという考え方である。最後は、③SがBに無効を対抗することができない結果として、Bが甲土地所有権を原始取得するという考え方である。

①説は、SはAとの売買契約の無効をBに対抗することができないから、Bとの関係ではS・A間の売買契約は有効とする。すなわち、売買契約や所有権移転はS・A間では無効であるが、Bとの関係においては有効になると相対的に構成し、したがって、Bは、Aから有効に所有権を承継取得すると考える。なお、A・B間の売買契約は、94条2項に関係なく債権契約として有効である。

②説は、Bが善意である場合に94条2項によってS・A間の売買契約が治癒されて有効になるわけではないから、BはSから直接甲土地の所有権を承継取得すると考えることもできる。A・B間の売買契約は有効であっても、Aは所有権を有しておらず、所有者はSのままであるから、AからBに所有権は移転しない。しかし、94条2項によってSがBに売買契約の無効を対抗できない結果、BはSに対して所有権の取得を主張することができるから、SからBに直接所有権が移転したと構成するのである。

③説も、②説と同様にBが善意である場合に、94条2項によってAが所有権を取得するわけではない。所有者は依然としてSであり、BはAからは所有権を承継取得することはできない。BとSとの間には取引関係がないから、SがBに所有権を主張することができない結果、Bは94条2項によって甲土地の所有権を法定的に原始取得すると構成するのである。

さて、どの説が妥当であろうか。例えば、Bが所有権の譲り受けではなく、甲土地に抵当権の設定を受けた場合には、抵当権設定者を甲土地の所有権限を有しないAとするのは、おかしい。SとAとの間ではSが所有者であって、Aは無権利者であるから、抵当権設定という処分行為をAがすることはできないからである。この点では、①説は妥当ではないと考える。

さらに、例えば、Sが甲土地にCのために抵当権の設定をしていた場合には、Bが甲土地所有権を原始取得すると、Bが原始取得した瞬間にCの抵当権が消滅することになる。原始取得をした者は、前主のもとにあった抵当権の負担を承継しないからである。しかし、Cの抵当権の登記のほうがBの所有権取得の登記より先であれば、CはBに抵当権を対抗できるはずであるから、③説のように原始取得と構成するのも妥当ではない。

したがって、②説のS→Bと所有権が承継移転されるとする構成が妥当である。

ウ）　第三者　　94条2項の「第三者」とは、虚偽表示の当事者およびその包括承継人（例えば、相続人）以外の者であって、虚偽の表示の目的について法律上の利害関係を有するに至った者である（大判大9・7・23民録26輯1171頁、最判昭45・7・24民集24巻7号1116頁）。法律上の利害関係とは、虚偽表示の無効を認められると権利の取得が認められなくなり、または義務を負う地位をいう。

しかし、どのような者が法律上の利害関係を有するかは、個別具体的に判断すべきことになる。

i）　第三者に該当する例

①仮装譲受人Aから譲り受けたB　　Bは代表的な94条2項の第三者に該当する（最判昭28・10・1民集7巻10号1019頁）。虚偽表示の無効の主張が認められると、Bは所有権を失うからである。さらに、Bから譲り受けた転得者Cも第三者である（前掲最判昭45・7・24）。

②Aが虚偽表示によって譲り受けた甲土地上に抵当権の設定を受けたHも第三者である（大判大4・12・17民録21輯2124頁）。

③差押債権者　　Aが虚偽表示で取得した甲土地を、Aに対して融資をしている金銭債権者Fが差し押さえた場合には、Fは第三者とされる（大判昭

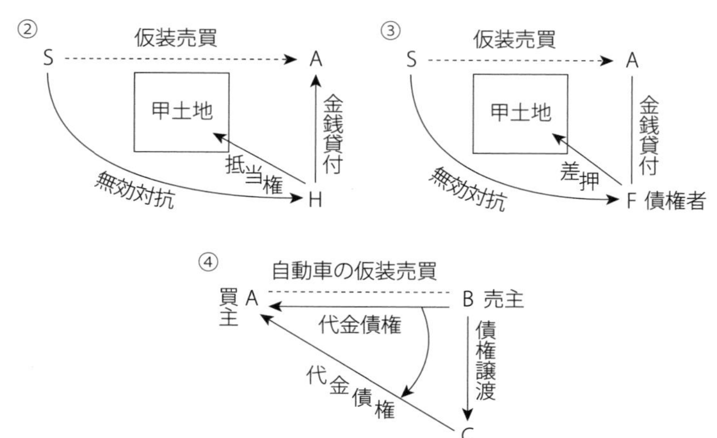

8・12・19 民集 12 巻 2882 頁)。F は、ただ単に金銭債権を有しているだけでは、第三者とはならない。

④仮装債権の譲受人　例えば、B が A に虚偽表示で自動車を代金 100 万円で売り渡す契約をし、B がその売買代金債権を C に譲渡した場合に、C は A に 100 万円の支払いを請求できるかという問題である。判例は、C も第三者であるしている（大判昭 3・10・4 新聞 2912 号 13 頁)。

ii）　第三者に該当しない例

①一般債権者　上で述べたように、虚偽表示の目的物を差し押さえていない一般債権者は第三者ではない。この場合の F は、甲土地に対して何らの権利を取得したわけでもなく、虚偽表示の目的につき法律上の利害関係を有していないからである。また、虚偽表示の無効によって A が土地所有権を取得できなくなっても、債権の回収が困難になるであろうが、債権そのものは消滅するわけではないからである。

②仮装譲受人 A が甲土地上に建物を建築し、その建物を賃貸した場合の賃借人 E

A がこの建物を E に賃貸した場合には、E は第三者ではないとされる（最判昭 57・6・7 判時 1049 号 36 頁)。土地と建物は独立別個の不動産であるから、建物賃借人 E は土地については法律上の関係はなく、事実上の関係しか有しないというのが理由のようである。

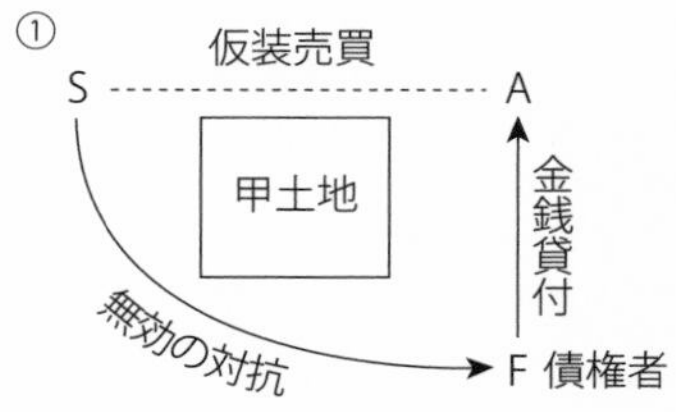

しかし、建物の存立は土地の所有権や利用権を前提とするのであるから、A が土地所有権を失うことによって、建物存立の法律上の前提が失われ、そのために E の建物利用権が喪失することになるのである。したがって、E には法律上に利害関係があると解するべきである。

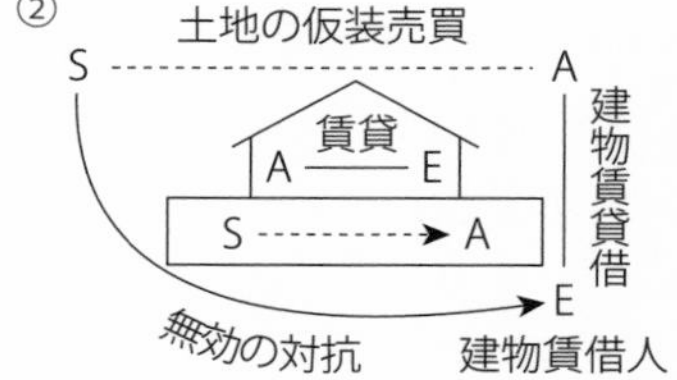

ウ）　善意　94 条 2 項の保護を受けるためには、第三者は善意でなければならない。善意であるかどうかの判断時期は、第三者が利害関係を有するに至った時点であ

る（最判昭55・9・11民集34巻5号683頁）。すなわち、AとBが契約をした時に、Bが善意であれば、その後に虚偽表示があったという事情をBが知っても、契約成立後の権利をBは行使するのであるから、BはSに対して移転登記や引渡しを請求できる。

第三者は、無過失であることも要求されるであろうか。94条2項は、「善意」としか定めていない。判例も、「善意」だけでよく、無過失を要しないとしている（大判昭12・8・10新聞4181号9頁）。学説の多くも、94条2項が「善意」しか要求していないこと、および虚偽の法律状態を作出した真の権利者の帰責性が重いので、第三者に無過失を要求する必要はないとして、判例を支持する。これに対して、第三者の信頼が保護に値するものでなければならないという理由から、無過失を要求する説も有力である。

なお、第三者が民法第94条2項の保護をうけるためには、自己が善意であったことを立証しなければならない（最判昭35・2・2民集14巻1号36頁、最判昭41・12・22民集20巻10号2168頁）。94条2項の適用により、第三者に有利な法律効果が発生するからである。

エ）　善意の第三者が保護を受けるためには登記が必要か

ｉ）　虚偽表示者Sと第三者Bとの間において

Case ⑳

SとAは、S所有の甲土地の虚偽表示によって仮装売買を行い、仮装譲受人Aに移転登記をした。Aは甲土地をさらに善意のBに譲渡する契約をしたが、登記はBに移転されていなかった。

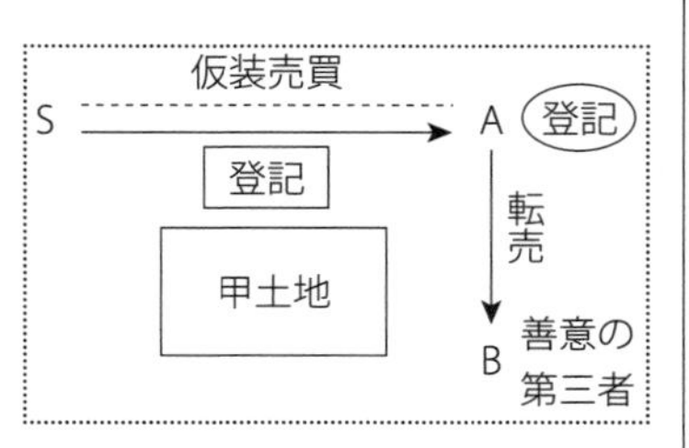

94条2項が適用されると、虚偽表示をしたSは、善意の第三者Bに対して無効を対抗できなくなるが、その結果、Bは権利を有効に取得したことをSに対して主張できることになる。ところで、民法は、不動産物権の取得については登記をしなければ第三者に対抗することができないと定める（177条）。そこで、Bは善意であっても、登記を備えていなければ、甲土地所有

権の取得を他人に対抗できないのではないか、すなわち94条2項による保護を受けられないのではないか、という問題が生じる。

判例は、「仮装行為者としては、右第三者の登記の欠缺を主張して、該物権変動の効果を否定することはできない」とする（最判昭44・5・27民集23巻6号998頁）。すなわち、「3b イ」」（103頁）で述べたように、94条2項によって所有権はS→Bと移転すると解するから、SとBは当事者の関係に立ち、BがSに対して権利取得を主張するためには、対抗要件としての登記を必要しないとする。

もっとも、94条2項の保護を受けるためには「対抗要件」としての登記ではなく、94条2項による保護を受けるための要件、すなわち、「権利保護資格要件」としての登記を備えるべきだとする見解がある。すなわち、Sは虚偽表示の無効をBに対抗できない結果、権利を失うという重大な不利益を被るのであり、このような重大な不利益の上において保護される第三者は自分の権利を守るためにそれなりの努力をすべきであるというのである。

これに対しては、虚偽表示をしたSの帰責性は極めて重いから、Bは登記を具備していなくても保護されるべきだと反論できる。

ii）　第三者Bがさらに転得者Cに所有権を譲渡した場合

Case ㉑

SとAは、虚偽表示によってS所有の甲土地の仮装売買契約を行い、仮装譲受人Aに移転登記をした。Aは甲土地をさらにBに売却する契約をし、さらにBはCに売却する契約を締結した。

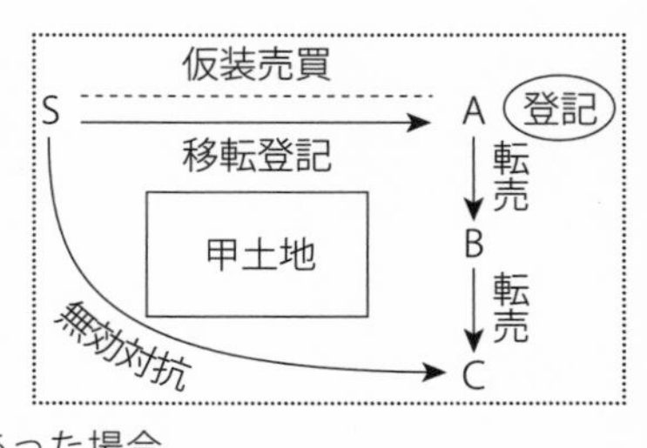

① Bは悪意であったが、Cは善意であった場合。
② Bは善意であったが、Cが悪意であった場合。

①の場合には、既に述べたように（3, b, ウ, ｉ, ①）（104頁）第三者Bからの転得者Cも94条2項の第三者に含まれるとするのが判例である（前掲最判昭45・7・24）。Sは、虚偽の登記の抹消等をすることによって虚偽の権利状態を除去できたのに、それを放置していたことに帰責事由があるが、それは第

三者がBからCに変更しても変わりがないからである。したがって、Bが悪意であって、Cが善意である場合にも、Cは94条2項の適用によって保護されるべきことになる。

②の場合には、どのような結果になるであろうか。Cも94条2項の第三者であるとするならば、Sは、悪意のCに対しては虚偽表示の無効を対抗できると解することができそうである。すなわち、第三者になった者ごとに善意・悪意を判断して無効を対抗できるか否かを決定することになる。第三者ごとに虚偽表示の効力を相対的に判断するので、このような解釈は「相対的構成」と呼ばれる。

これに対して、判例は、善意者Bは確定的に権利を取得するのであるから、その後の転得者CはそのBの地位を承継するので、善意悪意を問わず、その権利取得は認められる、としている（大判大3・7・9刑録20輯1475頁、大判昭6・10・24新聞3334号4頁）。この判例によると、善意者Bのところで権利関係が絶対的に確定するので、「絶対的構成」と呼ばれる。

相対的構成を支持する説からは、絶対的構成をとると、悪意者Cが直接Aから権利を買い受けると無効を対抗されるので、間に善意者Bをわら人形Strohmannとして挟み込むという策を弄して、悪意者CがBから確定的に権利を取得することになり、妥当ではない、と批判される。この批判に対して、絶対的構成の側からは、Bがわら人形のときは、Cが所有権の取得を主張するのは権利濫用である（1条3項）として、その主張を認めないか、あるいはBは形式的なものにすぎず、実質的・直接的な第三者はCであるとして、Bの第三者性を否定すればよいとする解釈が提案されている。

また、絶対的構成を支持する説からは、相対的構成をとると、Sに甲土地を取り戻されたCは、564条によってB・C間の売買契約を解除（542条）し、代金の返還をBに請求することができ、また、損害賠償の請求もできることになり（415条）、善意者Bを保護する意味がなくなる、と批判される。しかし、564条は他人の権利を売買した場合に、売主がその権利を買主に移転できなかったときに関する規定であるが、Bは権利を取得しているのであるから、自己の権利をCに移転しているのであって、その後CはSから返還請求を受けているからといって564条が適用される場面ではないと解される。

絶対的構成の支持者も、Bがわら人形であったときについては結論的には悪意のCは保護しない場合を認めているから、絶対的構成と相対的構成の差はそれ程大きくはないであろう。

4　94条2項の類推適用

94条2項は、虚偽表示によって作出された虚偽の権利状態を信頼した第三者を保護する規定であるが、虚偽表示によらないで意識的に虚偽の権利状態、すなわち外形が作り出され、その虚偽の権利状態の外形を信頼した第三者を保護するために、94条2項を類推適用することが考えられる。

94条2項の類推適用において重要なことは、虚偽の権利状態を作出するについて、「通謀性」の要件が緩和されていることである。しかし、通謀性の要件を緩和するとしても、虚偽の外形作出について、基本的要件である「帰責性」までも不要とすることができない。判例は、帰責性について、きめの細かい規範を定立して、虚偽の外形作出につき、真正権利者の通謀性は要求しないが、その状態を自ら作り出すという「意思」、あるいはさらに進んで他人が作り出した虚偽の外形を容認するという「意思」を重視する。すなわち、真正権利者が虚偽の外形作出について「意思的関与」があればよいとしている。以下では、類型に従って説明しよう。

a　意思外形対応型

意思外形対応型では、虚偽の外形を真正権利者自身が作出した場合〔外形自己作出型〕と、他人が作出したのを承認している場合〔外形他人作出型〕とがある。

ア）　外形自己作出型

Case ㉓

Bは A から甲建物を買い受けたが、税金対策のために、息子Cと相談して、CがAから直接甲建物を買い受けたことにして、A→Cという移転登記をした。その後、Cは多額の負債に苦しみ、たまたま登記名義がCになっているのを利用して、甲建物をDに売却してしまった。B

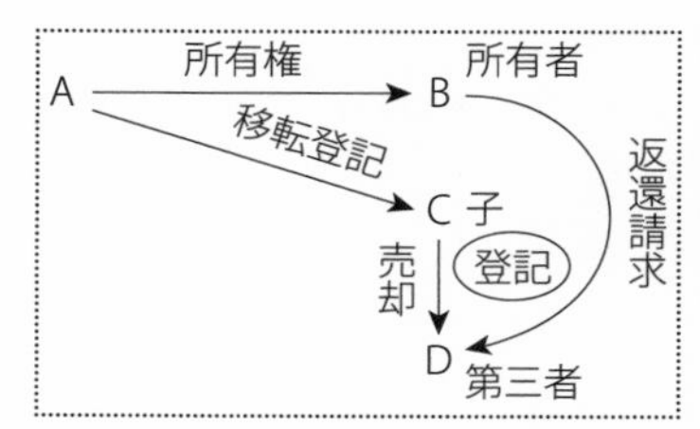

は、Dに対して甲建物の返還を請求することができるか。

真正権利者B自らが、登記名義を自分の息子C名義にして、あたかもCが所有者であるかのような虚偽の外観を作出している。

このような場合に、第三者Dがこの登記を真正な登記と信頼した場合には、Dは権利を取得できるであろうか。判例は、「不実の登記の存在が真実の所有者の意思に基づくものである以上、右94条2項の法意に照らし」、同条項を類推適用すべきもの判示している（前掲最判昭45・7・24）。この場合には、真正権利者が不実（虚偽）の登記をしているという積極的な「意思的関与」が確認されるのである。

また、注目すべきことは、わが国の登記には公信力が付与されていないにもかかわらず、公信力（真の権利状態と異なる登記を信頼した者に対して登記通りの権利を認めること）を認めたのと同様の効果が発生することである。すなわち、登記に公信力がないときは、虚偽の登記を信頼して不動産の譲渡を受けても、譲渡人が無権利者である場合には、譲受人は、所有権を取得することができないのが原則である（無権利の法理）。しかし、94条2項の類推適用によって、虚偽の登記を信頼した者は、権利を取得することができるから、登記に公信力が認められたのと同様の結果が発生することになる。

イ）　外形他人作出型

Case ㉔

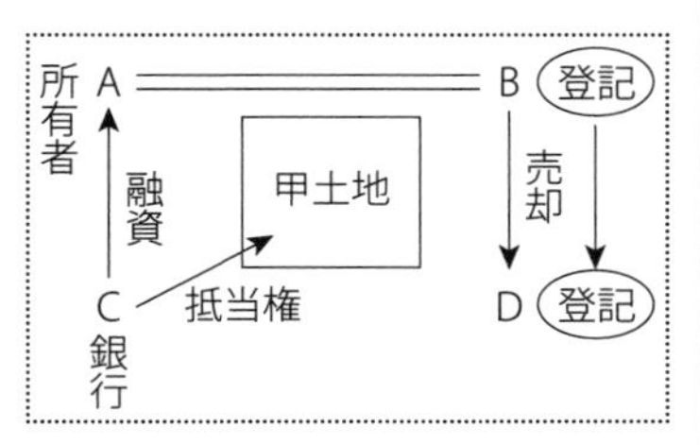

Aの内縁の夫BがA所有の甲土地について無断で登記をB名義に移転した。Aはそれに気付き、自己名義の登記に戻そうとしたが、登記費用を調達できず断念した。その後、AはBと正式に結婚して5年を経過した。その間に、AはC銀行より融資を受けたが、その際にB名義のまま抵当権を設定している。その後、Bは甲土地を善意のDに売却し、移転登記をしてしまった。AはDに対して土地の返還を請求することができるか。

この場合も、無権利者Bの登記があるから、虚偽の外形が存在することになる（最判昭45・9・22民集24巻10号1424頁、百選Ⅰ-21）。ただし、虚偽の外形を作出したのは、権利者ではない他人のBである。この場合にも善意のDは、甲土地の所有権を取得するであろうか。

外形他人作出型の場合には、外形を作出したのは真正権利者ではないにもかかわらず、善意の第三者が保護され、すなわち所有権を取得し、真正権利者は権利を失うとされる。真正の権利者の意思的関与をどこに見いだすのであろうか。

判例は、「所有者が右不実の登記のされていることを知りながら、これを存続せしめることを明示または黙示に承認していた」（前掲最判昭45・9・22）ことに94条2項類推適用の根拠を求める。すなわち、明示または黙示の「承認」というかたちで「意思的関与」があり、そこに虚偽の外形作出に対する帰責の根拠を求めるわけである。したがって、他人が作出した虚偽の外形を真正権利者が承認していない場合には、94条2項の類推適用はできないことになる。

ウ）　第三者の善意　　94条2項の類推適用によって第三者が保護されるためには、その保護要件として善意でなければならないが、無過失まで要求されるであろうか。判例は、「善意の第三者」に対抗できないとして（前掲最判昭45・7・24、前掲最判昭45・9・22）、無過失を要求していない。意思外形対応型の場合には、真正権利者が自分で外形を作り出し、もしくは作出された外形を承認しているから、94条2項を直接適用する場合と同様に、その帰責性が重いので、第三者には無過失を要しないとされるのである。

外形自己作出型は、いわば心裡留保にも近い帰責性があるが、しかし、それに比して外形他人作出型は真正権利者の帰責性は軽い。したがって、外形自己作出型の場合には、善意に無過失を要求しないが、外形他人作出型の場合には、善意無過失を要求することが望ましいと考える。

b　意思外形非対応型

Case ㉕

Aが友人Bから、個人名義の財産がないと取引先の信用を得られないから、A所有の土地の１つである甲土地の名義だけ貸してくれ、と頼まれた。そこで、A

はBと、甲土地について仮装の売買予約をすることにし、予約に基づいて仮登記をしたところ、Bは、Aの委任状を偽造して、この仮登記を本登記にしたうえで、甲土地をCに売却してしまった。Cは、B名義の登記を信頼していた。

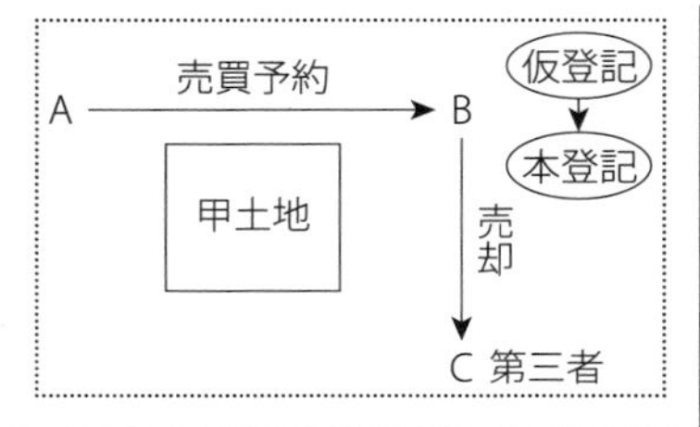

Cは無権利者Bが勝手にしたB名義の登記を信頼しているが、Aが承認していた虚偽の外形は、甲土地の所有権移転請求権保全の仮登記（不登105条2項）である。虚偽の仮登記の作出については、Aの意思的関与がある。仮登記は、売買予約が本契約になったときに備えて、本登記の順位を保全するために行われるものであって、仮登記の段階では、所有権はAにあり、この時点では登記もA名義であった。

ところが、Bが勝手に自己名義の本登記をしているから、Aは虚偽の本登記の作出には意思的関与をしていないとみることもできる。

判例は、「このような場合、仮登記の外観を仮装した者がその外観に基づいてされた本登記を信頼した善意無過失の第三者に対して、責に任ずべきことは、民法94条2項、同法110条の法意に照らし、外観尊重および取引保護の要請というべきだからである。」（最判昭43・10・17民集22巻10号2188頁）として、Cを保護している。すなわち、Aが虚偽の仮登記をしたのが原因で、Bは虚偽の本登記をしたのであり、そこにはAの意思的関与が認められるとするのである。すなわち、判例が「外観上の仮登記義務者は、その本登記の無効をもって善意無過失の第三者に対抗できない」とするのは、虚偽の仮登記をしたことに意思的関与を認め、言い換えるならば、帰責性を認めているのである。

ただし、意思外形非対応型では、真正権利者Aの帰責性が軽いので、判例は、「民法94条2項、同法110条の法意に照らし」善意無過失の第三者を保護するとしている。判例の立場からすると、94条2項の第三者には無過失を要求しないので、無過失を導き出すために110条の法意も併用したのである。また、Bは代理行為をしているわけではないので、110条の類推はできないから、「法意」としたのであろう。この場合には、上に述べた意思外形対応型の外形他人作出型よりも真正権利者の帰責性はより軽いので、第三者が無過失まで主張・立証すべきであると解すべきであろう。

さらには、A が所有不動産の登記済証〔登記識別情報〕を A 所有の不動産の管理を委せていた B に預けたままにし、B に印鑑証明書を交付し、B が面前で登記申請書に押捺するのを A が漫然と見ていたなど A の余りにも不注意な行為によって A から B への移転登記がされ、B はさらに善意無過失の第三者 C に転売をした場合に、虚偽の外観を A が作出したわけではないが、しかし「自ら外観の作出に積極的に関与した場合やこれを知りながらあえて放置した場合と同視し得る」ほどに A の帰責性が重く、C が善意無過失のとき、「94 条 2 項、110 条の類推適用により」A は C に無効を対抗できないとされる（最判平 18・2・23 民集 60 巻 2 号 546 頁、百選 I −22)。

Case ㉕の場合と同様に、A が虚偽の外観作出に意思的に関与はしていない、すなわち B が勝手に A から B に登記名義を移転する行為を漫然と見ていただけであって、A の意思を超えた部分で B の行為によって B の登記名義という虚偽の外観が作出されている。しかし、判決は B が不動産を「ほしいままに処分」し「かねない状況を生じさせていたにもかかわらず，これを顧みることなく」また B に登記名義を移転するのを「漫然とこれを見ていたというのである。」という事情からすると、実質的に「帰責性の程度は，自ら外観の作出に積極的に関与した場合やこれを知りながらあえて放置した場合と同視し得るほど重いものというべきである。」として、A の帰責性を認めている。

本件では、B は自己の所有物として甲土地を C に売却しているから、B の行為は代理行為とはいえないが、B が A の土地の管理を委され、代理行為もしていたから 110 条を類推することができた、と解される。もっとも、先に述べたように、B は、代理行為として甲土地の売却をしているわけではないことに注意しよう。

第5節　瑕疵ある意思表示

Ⅰ　錯誤 Irrtum

1　錯誤の意義

錯誤とは、表意者の誤認識または誤判断によって表示から推測される意思と真意（動機を含む）とに食い違いが生じ、しかもそのことを表意者自身が知らないことをいう。改正前の民法では、錯誤は、表意者が内心の効果意思とは異なる表示をし、そのことを表意者が知らない場合をいうと定義され、「意思の不存在」の1類型と位置付けられていた。また、その規定も「法律行為の要素に錯誤があったときは、無効にする」（旧95条）と定めるのみで、効果も「無効」として、シンプルであった。

改正民法95条では、従来の判例を分析して、内心の効果意思と表示が一致しない表示錯誤のみではなく（旧法では、これだけを規定していた）、旧民法では規定していなかった内心の形成過程において瑕疵があって内心と表示は一致している動機錯誤も含む詳細な規定を設けている。したがって、錯誤は、民法上「瑕疵ある意思表示」に分類され（101条2項参照）、その効果も「取消し」に変更されている。

錯誤は、二つに分類される。

①　意思表示に対応する意思を欠く錯誤（95条1項1号）＝表示錯誤

②　表意者が法律行為の基礎とした事情についてのその認識が真実に反する錯誤（95条1項2号）＝動機錯誤

①の類型は、従来「意思の不存在」の一つとされていた表示錯誤である。②の類型は、従来「動機錯誤」とされていた錯誤の類型である。

どのような錯誤でも取消し得るとすると、相手方がいつ取消しの主張をされるか分からず、不安定な立場におかれるので、民法は、錯誤を理由に取消しをすることができる場合を、「法律行為の目的及び取引上の社会通念に照らして重要なものである」ことが必要である、と定めた（95条1項柱書き）。

2　意思の不存在としての錯誤（95条1項1号表示錯誤）

内心の効果意思と表示が一致していない錯誤を「表示錯誤」とよぶが、この錯誤については、どの部分に錯誤が存在するかによって区別がなされている。

a　表示上の錯誤

例えば、土地を5,000万円で売却するつもりであったのに、契約書には500万円で売却する旨の表示をしてしまったというように、表示自体を誤った場合を表示上の錯誤という。

意思の主体と表示者が異なる場合にも、意思と表示の不一致が生じる場合がある。例えば、表示者が使者である場合に、本人の意思と使者の表示したこととの間に齟齬が生じた場合である。例えば、本人は5,000万円で土地を売却する意思であったのに、使者が相手方に500万円で売却すると表示した場合である。使者は、意思を伝達するだけの機関であって、意思決定権を有しないから、表示上の錯誤と類似した状況にあるので、錯誤の規定を適用してもよいと解される。

b　内容の錯誤

例えば、ドイツでは「アイスコーヒー」とは温いコーヒーにアイスクリームを乗せたものをいうが、日本に来たドイツ人が喫茶店でドイツ風のアイスコーヒーを注文するつもりで「アイスコーヒーを下さい。」とウエイトレスに言ったら、氷の入った冷えたいわゆる日本式の「アイスコーヒー」が出てきた場合、あるいは、アメリカドルとオーストラリアドルが同価値と思って、100アメリカドルと書くべきところを100オーストラリアドルと書いたような場合である。このように、表意者が、相手方または一般の者が理解するのと異なる意味を自分の表示行為に結びつけていた場合である。

3　動機錯誤 Motivirrtum

伝統的な説明によれば、動機の錯誤は、表示行為から推断される効果意思と内心の効果意思との間に不一致はないが、内心の効果意思と動機の間に齟齬があった場合をいうとされる。

例えば、ミレーの絵だと思って絵画を買ったところ、それが偽物であった場合、「ミレーの絵だから買おう」という動機の部分に錯誤があるが、「この絵を買おう」という内心の効果意思と「この絵を下さい」という表示との間には齟齬はないとされてきた。このような場合を動機の錯誤という。

従来は、動機の錯誤は、内心の効果意思と表示から推断される効果意思の間に不一致がないので、意思の不存在とはいえないとされてきた。したがって、動機の錯誤があっても法律行為は有効であるとすべきなのか、あるいは法律行為の要素〔改正法では、「重要なもの」〕の錯誤として無効とすべきかが争われてきた。しかし、動機の錯誤は法律行為の要素の錯誤とはいえないとすると、錯誤の認められる場面が著しく狭くなり、錯誤に陥った表意者の保護が十分ではなくなるので、一定の要件の下で動機の錯誤も、法律行為の要素の錯誤になるとされてきたのである（大判大3・12・15民録20輯1101頁）。

動機の錯誤は、次の2つの類型に分類される。

a　性状の錯誤

意思表示の対象である人や物の性状についての錯誤である。目的物の品質、真偽に関する錯誤である。例えば、絵画を購入する際にその絵画をミレーの真作だと思っていたが、贋作であった場合とか、住宅建設用に土地を購入したが、その土地の地下は有害物質で汚染されていたが、それを買主は知らなかった場合である。

ちなみに、ドイツ法の解釈では、性状について明示的もしくは黙示的な合意がなされている場合には、内容の錯誤であり、合意がない場合には、動機錯誤であるとされる。

わが国の場合にも、性状についての錯誤が表示錯誤か、動機錯誤かは、議論が分かれる（後述する）。また、性状について合意していた場合には、例えば土地の売買契約において土壌汚染がされていない土地を給付すると合意していたときは、「契約の内容に適合しないもの」を給付したことになって562条以下の売主の責任を問う規定を適用すべきか、錯誤の規定を適用すべきかが問題になる。

近隣に北海道新幹線の駅が新設され土地の値段が上がるだろうと思って北海道の土地を購入したら、新駅は全く別の場所に設置され、地価は上がらなかった場合は、そのような投機目的のリスクは表意者が引き受けるものである。錯誤の問題にすべきではないと考えられる。ドイツ法では、市場で形成される市場価値は性状ではないと解されている。

b　その他の事情の錯誤

例えば、他にも保証人がいるから、保証人となっても安心だと思って、債権者と保証契約を締結したところ、実際には、他に保証人は存在せず、自分だけが保証人であった場合が、これに当たる。この場合も、保証人になろうと思って、保証契約を締結しているから、内心の効果意思と表示上の効果意思との間に不一致はないが、他に保証人がいるから、自分の負担は軽いであろうと思っていた、保証人になろうと決意する理由の部分に錯誤がある場合である（最判昭32・12・19民集11巻13号2299頁）。

c　動機の錯誤の要件（法律行為の基礎とした事情についての錯誤）

ア）　要件概説　例えば、ミレーの作品だと思って甲絵を購入したが、ミレーの真作ではなく贋作だった場合は、買主の内心の効果意思は「甲絵を買う」というものであり、表示も「甲絵を買う」というものだから、意思と表示は一致している。動機の錯誤は「買う」という意思決定をする前の動機において錯誤がある。実際の錯誤の紛争が生じる事例では動機の錯誤レベルのものが多いといわれ、これを錯誤から除外すると錯誤者を救済する範囲が狭まってしまい、妥当ではないといわれる。しかし、あらゆる動機の錯誤の場合も、動機の錯誤による意思表示を取り消すことができるとすると、どのような動機で意思表示がされたかは相手方には分からないから、突然取り消すといわれたら、意思表示の有効性を信じていた相手方は不意打ちを受けることになり、妥当ではない。

そのために民法は、動機錯誤による意思表示の効力を否定するための特別の要件を設けている。すなわち、「その事情が法律行為の基礎とされていることが表示されたときに限り」動機錯誤による表意者は取消しをすることができると定める（95条2項）。

この規定については、二つの見解がある。

第一は、①この規定は、動機が表示されて、意思表示の内容となることを要求していると解する説であり、第二は、②動機が表示されて法律行為の内容となることを要求していると解する説である。

95条2項の規定は、動機錯誤に関する判例法理を明文化したものであるといわれている。判例には、「動機は表意者が当該意思表示の内容としてこれを相手方に表示した場合でない限り法律行為の要素とはならない」(最判昭29・11・26民集8巻11号2087頁）とするものと「意思表示の動機の錯誤が法律行為の要素の錯誤としてその無効をきたすためには、その動機が相手方に表示されて法律行為の内容となり、もし錯誤がなかったならば表意者がその意思表示をしなかったであろうと認められる場合であることを要する」(最判平元・9・14判時1336号93頁）とするものがあった。さらに近時は「意思表示における動機の錯誤が法律行為の要素に錯誤があるものとしてその無効を来すためには，その動機が相手方に表示されて法律行為の内容となり，もし錯誤がなかったならば表意者がその意思表示をしなかったであろうと認められる場合であることを要する。そして，動機は，たとえそれが表示されても，当事者の意思解釈上，それが法律行為の内容とされたものと認められない限り，表意者の意思表示に要素の錯誤はないと解するのが相当である。」とする判決が現れている（最判平28・1・12民集70巻1号1頁、百選Ⅰ-24)。

最高裁は、平成になってからの判決では、「動機が相手方に表示されて法律行為の内容と」なることを要求しているから、95条2項も動機が表示されて法律行為の内容になっていることを意味しているとも読めそうである。他方、「その事情が法律行為の基礎とされていることが表示されたときに限り」としか定めておらず、法律行為の内容化までは要求していないとも読めそうであるが、ここでは判例に従って動機が表示されて法律行為の内容となることまで要求されると解しよう。

どのような事情が「法律行為の基礎とされ」た事情かは、難しい判断が要求されるであろう。具体的には、次のように解されている。

イ）　性状の錯誤　かつての判例は、物の性状は法律行為の動機にすぎないとしていた。この考え方は、旧570条による瑕疵担保責任においては、例えば、ミレーの作品で絵の売買のような特定物売買では目的物を現状のままで引き渡せばよいから（483条）、その絵が贋作あったときも、それを引き渡せば売主は債務を履行したことになった（特定物ドグマ）。しかし、民法改正によって、特定物ドグマは否定され、目的物の性状が契約で合意された内容に適合しないときは（562条）、買主は売主に債務不履行責任を追及することができることになったから（564条）、ミレーの絵ではない贋作の引渡しを受けた買主は、売主に履行利益の損害賠償を請求することができることになる（詳しくは、債権各論で説明される）。

これに対して、売主も買主もミレーの作品であることを前提に取引をしたとすれば、それが贋作であったときは、真作と信じていたところに錯誤があるといえる。この場合に、①絵の売買契約をするための意思表示の形成過程に錯誤（動機錯誤）があったということもできそうであるが、②当事者間に性状に関する明示もしくは黙示の合意があった場合には、ドイツ民法における解釈と同様に内容の錯誤、すなわち95条1項1号の錯誤とみることもできる（最判昭45・3・26民集24巻3号151頁は、油絵の売買について「両者の間の売買契約においては本件油絵がいずれも真作であることを意思表示の要素としたものであつて、Aの意思表示の要素に錯誤があり、右売買契約は要素に錯誤があるものとして無効で」ある、として動機の錯誤ではなく、表示錯誤として扱っているように読める）。

性状について、合意はないが、ミレーの絵だから購入するという表示があったときは、動機の錯誤になる余地もある。

ウ）その他の事情　他にも保証人がいると思って保証契約をしたら実際には保証人はいなかったから、保証人になった者の責任が重くなった場合も、保証人と債権者との間の保証契約においては、他に保証人がいるという事情は契約外の前提事情であるから、動機の錯誤であり、動機の表示がないときは、錯誤の主張はできないとされている（最判昭32・12・19民集11巻13号2299頁）。同様に、信用保証契約において、主債務者が反社会的勢力ではないという債務者の属性について保証人に錯誤があった場合も、反社会的勢力ではないということが信用保証契約の前提事情であるから、その事情が表示され法律行為の内容となっていなければ、錯誤の主張は認められないとされた（前掲最判平28・1・12）。

離婚に際して、夫が妻に土地を財産分与しても自分には課税されないと思っていたら、夫に多額の譲渡所得税が課せられた場合も、課税されないという前提事情の錯誤があり、この事情を明示ではなく黙示に表示していたときも、錯誤の主張を認められている（前掲最判平元・9・14）。

4　錯誤による意思表示の効力

錯誤による意思表示をすべて取消すことができるとすると、相手方に及ぼす影響が大きいから、民法は、「法律行為の目的及び取引上の社会通念に照らして重要な」ことに錯誤があった場合にのみ取消しをすることができる定めている（95条1項柱書き）。すなわち、些細な錯誤では、意思表示の効力に影響を与えないのであって、法律行為の重要な部分に錯誤があった場合に取消しをすることができるとするのである。

また、表意者に「重過失」がない場合に、取消しの主張が認められる（95条3項柱書き）。重過失のある表意者の帰責性が重く、保護することは不適切だからである。ただし、表意者に重過失があっても、相手方が表意者に錯誤があることを知り、または重大な過失によって知らなかったとき（95条3項1号）、または、相手方と表意者とが同一の錯誤に陥っていたとき（共通錯誤、同項2号）は、取り消すことができる。

a　法律行為の目的および取引上の社会通念に照らして重要なものの錯誤

錯誤は、「法律行為の目的及び取引上の社会通念に照らして重要なもの」に関するものでなければならない。この要件は、意思表示を取り消すことができる場合を限定し、表意者の保護と相手方の保護の調和を図る趣旨である。

意思表示の内容について錯誤があればすべて取り消すことができるわけではなく、法律行為の重要部分について錯誤がある場合に、法律行為は取り消すことができるのである。従来の判例は、旧95条の「法律行為の要素」とは、「法律行為ノ主要部分」であって、①その点について錯誤がなかったならば、そのような意思表示をせず（主観的因果関係）、かつ②意思表示をしないことが一般取引上の通念に照らして正当と認められること（客観的な重要性）であるという規準を立てていた（前掲大判大7・10・3）。95条1項の柱書き「法律行為の目的及び取引上の社会通念に照らして重要なものであるとき」は、上記判例の判断枠組みを変更していない。

この規準のうち、客観的な重要性が重視される。すなわち、主観的因果関係の規準は最低の規準であって、この規準だけでは無効を主張できる範囲が広がるおそれがあるからである。例えば、インターネットの通販でブルーの携帯電話を注文したが、注文者が思っていたよりも薄い色の水色の携帯電話が届いた場合に、無効だと主張させるべきであろうか。電話の機能が異なっていた場合には、主要部分について錯誤があるといえるが、色が異なる程度では錯誤無効とまで主張させるべきではないであろう。むしろ、「客観的な重要性」の規準を錯誤があったか否かの判断規準として重視すべきであろう。一般人が意思表示しないと考えられる場合には、表意者も、意思表示しないのが通常だからである。

b　表意者の重過失の不存在

ア）　重過失が存在した場合　　表意者に重大な過失があるときは、表意者は、自らその取消しをすることができない（95条3項柱書）。重過失のある表意者を保護する必要はないからである。重過失とは、通常人なら注意義務を尽くして錯誤に陥ることがなかったであろうが、著しく注意を欠いていたために錯誤に陥ったということである（大判大6・11・8民録23輯1758頁）。

重過失があることの証明責任は、錯誤取消しの消極的要件であるから、相手方にある（大判大7・12・3民録24輯2284頁）。

イ）　共通錯誤

Case ㉖

Bは A 画廊からミレーの種撒く人のデッサンだと思ってデッサン画を買ったが、実際にはそれは贋作であった。しかし、Aもこのデッサン画をミレーの真作だと信じていた場合に、Bはこの売買契約は錯誤だから取り消すと主張できるか。

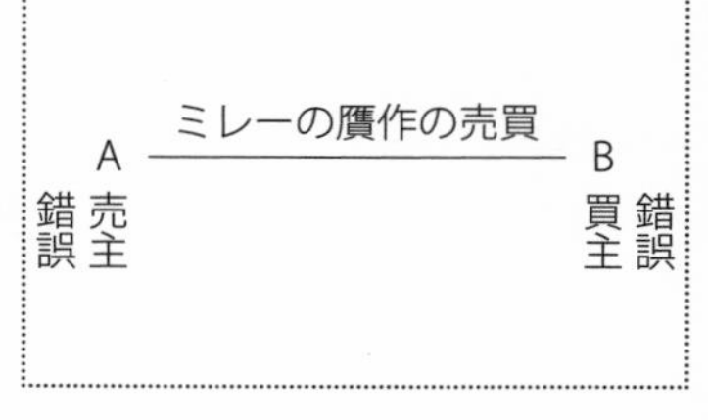

AもBも同一の動機の錯誤に陥っているが、これを「共通錯誤」という。この場合には、Bは取消し錯誤による重過失があっても主張できる（95条3

項2号)。AもBもミレーの真作であることを意思表示の内容として契約を締結しているから、動機の錯誤であったとしても、要素の錯誤であるといえるからである。また、表意者Bに重大な過失があったとしても、相手方Aも錯誤に陥っているのであるから、相手方に配慮して取消しの主張を制限する必要はないので、表意者に重過失があっても、錯誤取消しを主張することができる。

ウ）　相手方の悪意または重過失　　表意者に重過失があっても、相手方が表意者に錯誤があることを知り、または重過失によって知らなかったときは、表意者は意思表示を取り消すことができる（95条3項1号)。錯誤によって取消しがされると、有効と信じていた相手方には予想外の損害が生じるから、その信頼を保護するために、相手方が錯誤を認識していたか、認識可能性があった場合にのみ、取消しの主張を認めればよいからである。

5　錯誤による意思表示の効力否定

表意者は、錯誤による意思表示を取り消すことができる（95条1項柱書き)。旧95条では無効と定めていたが、判例は、無効の主張をすることができる者を表意者に限定する等、取消しに近い取扱いをしていた。また、学説も錯誤による無効は「取消的無効」と解すべきだと主張していた。そこで、改正法は、錯誤の効果を「無効」から「取消し」に変更した。ドイツ法でも錯誤の効果は「取消し」と規定している（ドイツ民法119条)。

6　第三者の保護

Case ㉗

Aが錯誤によってその所有する甲土地をBに売却する契約を締結し、Bに登記も移転した。その後、Bは、甲土地を善意無過失のCに転売し、移転登記も済ませた。Aは、A・B間の売買は錯誤により取り消したとして、Cに対して甲土地の返還を請求することができるか。

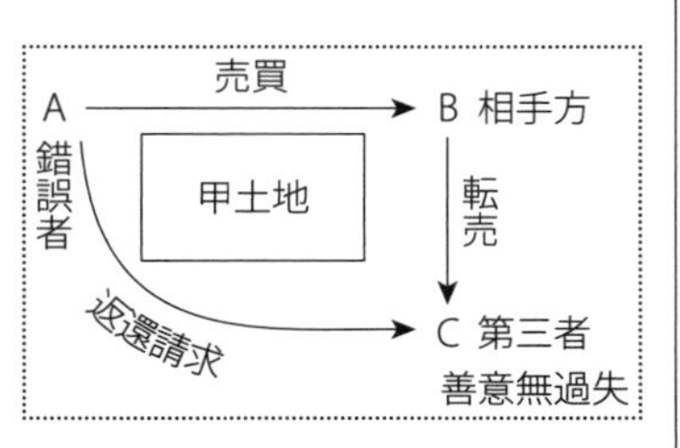

改正前は、錯誤による無効は、96条3項のような善意の第三者を保護する規定がなかったから、法文からすると錯誤無効は相手方から権利を取得した第三者、すなわち、Caseにおける B から甲土地を買い受けた C に対して C が善意無過失であっても、A は、A・B 間の売買契約が錯誤によって無効であることを C に対抗することができ、C に対して甲土地の返還を請求できた。

民法改正によって、錯誤による「意思表示の取消しは、善意でかつ過失がない第三者に対抗することができない。」と定められたから（95条4項）、C は錯誤があったことについて知らず、かつ過失がないときは、A は錯誤を理由に A・B 間の売買契約を取り消しても、C にその取消しを対抗できなくなり、C に甲土地の返還を請求することはできない。

ところで、95条4項は、A が意思表示を取り消した後に、B が C に転売し、登記名義も C に移転した場合も適用すべきかが問題となる。

判例によると、詐欺に関する96条3項の規定は、取消しの遡及効によって影響を受けるべき第三者すなわち取消し前に利害関係を有するに至った第三者に限るとされる。したがって、取消し後に利害関係を有するに至った第三者は、96条3項の「第三者」に含まれないと解される。

取消し後に現れた第三者と錯誤者との優劣関係は登記の有無によって決せられることになる。それは、A が取消しをした場合には、取消しによって B → A という復帰的物権変動が生じ、その後登記がなお B 名義のままであったので、B が C に甲土地を転売したときは、B → C という物権変動が生じ、あたかも物権の二重譲渡があったと同様の関係が発生するから、177条が適用されて、登記を先に具備した者が権利取得を対抗できることになる（詐欺の場合について、大判昭17・9・30民集21巻911頁）。登記名義が C に移転していれば、C は A に所有権取得を対抗でき、A は C に甲地の返還を請求することができないことになる。

このような結果は、妥当であろうか。C が取消し前に甲土地を買い受けた場合には、善意無過失でなければ、A の返還請求に応じなければならないが、177条が適用される場合の第三者は悪意の第三者も含まれるから（最判昭32・9・19民集11巻9号1574頁）、取消し後に買い受けた C は登記を具備すれば、悪意であっても、返還請求に応じる必要はないことになる。取消しの前後によってこのような均衡を失する法状態が生じても良いであろうか。さらに、判例は、取消しに前については、取消しによって初めから所有権は買主に移転しなかったことになるという「無権利の法理」(無から有は生じない)が適用されるのに対し、取消し後であれば、B → A と所有権が復帰する構成する。移転していなかった所有権がなぜ移転したことになり、復帰するのか、判例法理には理論の整合性がないといえる。

民法は、95条4項において、善意無過失という第三者の正当な信頼を保護し、取引の安全を図っているのであるから、取消しの前後を問わず、第三者に対する関係では95条4項が適用される、と解すべきであろう。悪意の第三者まで保護する必要はないのである。

7　95条の適用範囲

a　身分行為

身分行為には、95条の適用はない。婚姻や養子縁組には、人違いについてのみ錯誤によって無効となる(742条1号、802条1号)。人違いをしたことについて、重過失があった場合も、婚姻や養子縁組の無効を主張できると解される。

b　電子消費者契約における特例

電子消費者契約における錯誤について、「電子消費者契約に関する民法の特例に関する法律」3条は、次に2つの場合に95条3項の適用を排除している。

①　消費者がコンピュータから送信した時に電子消費者契約の申込みまたは承諾の意思表示を行う意思がなかったとき(同法同条1号)。

②　消費者がコンピュータから送信した時に電子消費者契約の申込みまたは承諾の意思表示と異なる内容の意思表示を行う意思があったとき(同法同条2号)。

電子取引では、消費者がコンピュータの画像上のボタンを押して意思表示を行う際に、「承諾する」つもりがないのに、間違えて「承諾する」とか「購入する」というボタンをクリックする危険性が大きいので、そのような事態に対処した規定である。ボタンのクリックの間違えは、錯誤に当たるが、消費者に重過失があっても、この特例法によって錯誤取消しの主張が常に認められることになる。コンピュータの誤操作の危険を消費者に負担させないようにしたものである。

しかし、事業者が消費者の申込みまたは承諾の意思表示を行う「意思の確認を求める措置を講じた」場合には、原則に戻って95条3項が適用されることになり、消費者は重過失があると、取消しを主張できなくなる（同法3条ただし書）。

II　詐欺 Täuschung による意思表示

1　詐欺の意義

詐欺とは、人を欺罔して錯誤に陥らせる行為である。この場合の錯誤は、内心の効果意思と表示は一致しているのであるから、動機の錯誤である。従来の考え方によると、動機の錯誤は、原則として意思表示の効力に影響を与えないと考えられていたから、詐欺による法律行為は原則として有効になるが（改正により動機の錯誤でも取消しをすることができることが明確になった）、表意者は違法な欺罔行為によって意思表示をしているという点を考慮して、その錯誤が法律行為の重要なものについてあったかを問わず、取消しをすることができるものとしていると説明される。詐欺を理由に取り消すためには、次の要件が必要である。

2　要件

a　詐欺者の故意

詐欺者には、二段の故意があることが必要である。すなわち、①相手方を欺罔して錯誤に陥れようとする故意と、②錯誤によって意思表示をさせようとする故意である（大判大6・9・6民録23輯1319頁）。

b　違法な欺罔行為

Case ㉘

A はBから中古車を買い受ける契約を締結したが、この中古車は数年前に重大な交通事故で損傷し、修繕したものであった。しかし、Bはこの事故のことを知りながら、隠していた。このことを後に知ったAは、売買契約を取り消すことができるか。

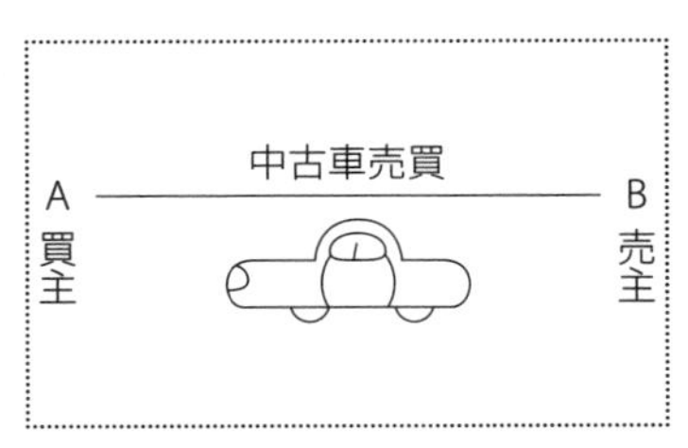

欺罔行為とは、真実でない事実を真実だと表示する行為である。虚偽の事実を積極的に述べる場合と、真実の事実を隠蔽する場合がある。また、沈黙も、相手方の不知を利用して動機の錯誤に陥れ、または動機の錯誤に陥っているのを沈黙でさらにその程度を深めるような場合には、欺罔行為となる。Aは事故車ではないと思っているのであろうから、Bの沈黙は欺罔行為になる。

ただし、すべての欺罔行為が詐欺の要件を充たすわけではない。欺罔行為が、社会通念上許される限度を超えた場合に違法な欺罔行為となり、詐欺の要件を充たすことになる。

c　欺罔行為によって動機の錯誤に陥ること

欺罔行為が原因で表意者は動機の錯誤に陥り、意思表示をしたことが必要である。欺罔行為と動機の錯誤の間に因果関係があること、すなわち欺罔行為がなかったならば、動機の錯誤に陥らなかったという関係があることが要件となっている。ただし、すでに動機の錯誤に陥っている者の錯誤の程度を欺罔行為がさらに深める場合でもよい。

d　動機の錯誤による意思表示

動機の錯誤に陥ったことによって意思表示をしたことが必要である。そのような錯誤がなくても意思表示をしたであろうというように、動機の錯誤と意思表示の間に因果関係がない場合には、詐欺を理由とする取消しは認められない。この因果関係は、表意者自身について存在すれば足り、一般人もまたそのような動機の錯誤がなかったならば、意思表示をしなかったであろうという関係は、必要ではない。

3　第三者による詐欺の場合における相手方の悪意

Case ㉙

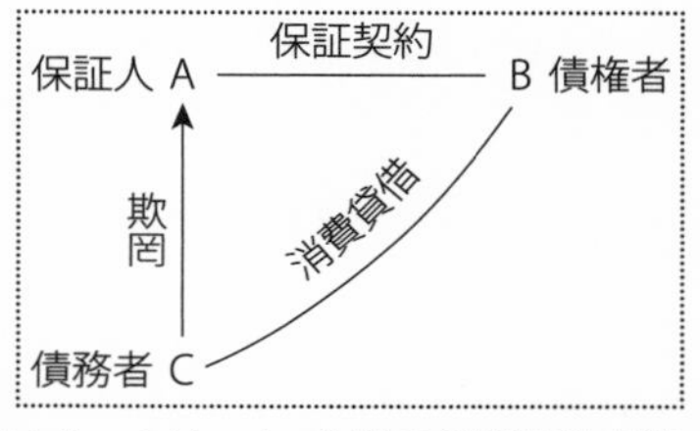

Cは資金に困窮し、Bから金を借りることにしたが、Bは保証人がいなければ、貸すことができないという。そこで、CはAに保証人になることを頼んだ。その際、Cはほとんど資力がないのに、十分に資力があるから、迷惑はかけないと、Aを欺罔した。AはBと保証契約を締結したが、その後Cに欺されたことに気が付いた。Aは、A・B間の保証契約を取り消すことができるか。

第三者が表意者に対して詐欺を行った場合には、相手方がその詐欺の事実を知り、または知ることができたときに限り、意思表示を取り消すことができる（96条2項）から、CがAに詐欺を行った事実をBが知っている場合、または過失によって知らなかった場合には、Aは、A・B間の保証契約を取り消すことができることになる。

Aは、Bに欺罔されたか、Cに欺罔されたかにかかわらず、詐欺によって行った瑕疵ある意思表示をしている。しかし、96条2項が、第三者Cの詐欺による場合についてAの取消権を制限している。これは、相手方Bの悪性にも注目したからだとされている。すなわち、相手方B自身が詐欺を行ったのであれば、Bに悪性があるから、契約を取り消されても仕方がないであろう。これに対して、第三者Cが詐欺を行ったときは、Bには悪性がないので、A・B間の法律行為には原則としてこの詐欺は影響を及ぼすべきではないが、Bが詐欺の事実を知っているまたは知らなかったことについて過失がある場合には、取消しを認めてもよいと考えられる。ドイツ民法123条2項にも同様の規定がある。

Case ㉚

Bは住宅を建築するために土地を購入する代理権をCに与えて、CはAとA所有の甲土地の売買について交渉を行ってきた。ところが、CはAに詐欺を行って、市場価格より著しく安い値段でAからBのために甲土地を買い受ける契約をした。Cの詐欺に気付いたAは、A・B間の土地売買契約を取り消すと主張できるか。

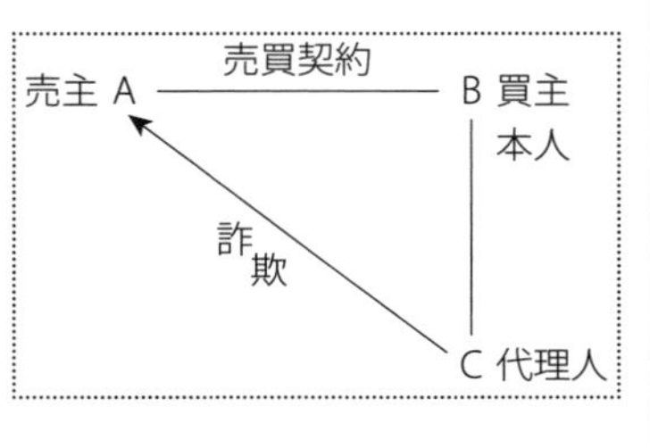

この場合に、代理人Cは96条2項にいう「第三者」に当たるであろうかが、問題となる。Cは、第三者に含まれず、96条1項によってAはCによる詐欺について善意無過失でも意思表示を取り消すことができる（後述、第7章6節Ⅳ2参照）（173頁・174頁）。

なお、代理人Cが本人Bを欺して、Aとの契約を締結させた場合は、第三者の詐欺による場合として、Aが詐欺の事実を知っている場合には、Bは取り消すことができる（東京高判昭46・7・20東高時報22巻7号119頁）。

4　善意の第三者の保護

a　96条3項の意義

Case ㉛

AがBに欺されて、その所有する甲土地をBに売却し、登記もBに移転した。Bは甲土地をさらにCに転売した。Cは甲土地の引渡しを受けたが、登記はまだCに移転していない。その後、AがBとの売買契約を取り消した場合にも、Aは、Cに甲土地の返還を請求することができるか。Cは詐欺の事実をBとの契約時に知らなかった。

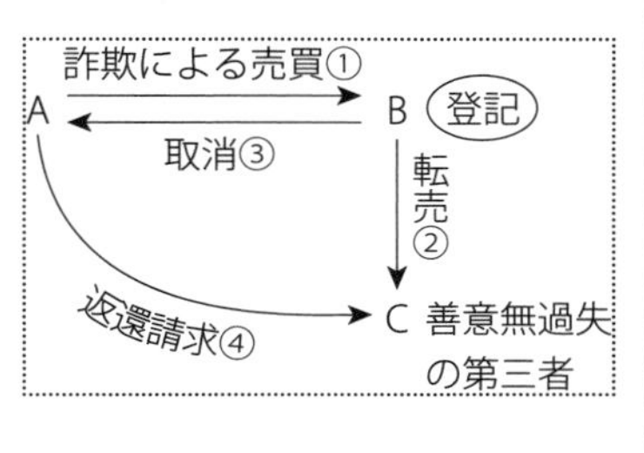

詐欺による意思表示は、原則として取り消すことができる（96条1項）。取り消されると、意思表示は初めに遡って無効となる（遡及的無効、121条）。し

たがって、A から B に甲土地の所有権は移転しなかったことになり、C も B から所有権を取得せず、A のもとに所有権は留まったままであるから、A は、C に返還を請求することができることになる。

しかし、詐欺による表意者は、取消しの効果を、善意無過失の第三者には対抗することができない（96 条 3 項)。

詐欺には、善意の第三者保護規定があるのは、強迫とは異なり、欺される表意者も悪いという考え方に基づくものである。

b　善意無過失の第三者とは

「善意無過失」とは、第三者となる地位を取得した時点で、詐欺による意思表示であることを知らずそのことについて過失がないことである。旧 96 条 3 項では 94 条 2 項と同様に第三者保護の要件として「善意」としか定めていなかったが、しかし、詐欺によって意思表示をした者の帰責性は、虚偽表示の場合に比べて、軽いと考えられる。したがって、改正によって第三者が保護されるための要件は、94 条 2 項における場合よりも重いもの、すなわち「善意無過失」を要件とすることとなった。

96 条 3 項にいう「善意無過失の第三者」とは、詐欺の当事者およびその包括承継人以外の者であって、詐欺による意思表示であることについて善意無過失で、詐欺による法律行為に基づいて取得された権利関係について新たな利害関係を有するようになった者であるということができる。

さて、善意無過失の第三者 C が 96 条 3 項によって所有権を取得したと主張するためには、登記が必要であろうか。177 条によると、不動産物権を取得した者は、第三者にその権利を対抗するためには、登記を必要とすると規定されている。

A・B 間の契約によって A から B に所有権が移転しているのであるから B・C 間の契約による B → C の物権変動があることになり、その後に取消しによって B → A の物権変動があった、つまり不動産所有権の二重譲渡があったとみるならば、C が A に所有権を対抗するためには、登記をしていなければならないと解される。

これに対して、A が意思表示を取り消したことによって、A・B 間の売買契約は遡及的に無効となり、B には権利が移転していないが、96 条 3 項によって善意無過失の第三者CにAは取消しを対抗できないから、Cが権利を原始取得し、その結果Aは権利を失う。したがって、無権利者であるAに対しては、Cは登記がなくても所有権を対抗できると構成することもできる。

あるいは、AがCに取消しを善意無過失のCに対抗することができない結果、Aから直接Cに法定的に所有権が移転すると構成することも考えられる。このように解すると、AとCは当事者の関係になるから、CがAに権利を対抗するには登記は必要ないことになる。Cに対して取消しを対抗できないとしても、A・B間の売買契約は取消によって無効になっているから、AからBに権利移転があるわけではないから、A→B→Cと権利が移転すると構成することはできない。

判例は、96条3項は詐欺による「意思表示の有効なことを信頼して新たに利害関係を有するに至った者の地位を保護しようとする趣旨の規定である」から、第三者を「対抗要件を備えた者に限定しなければならない理由は、見出し難い」（最判昭49・9・26民集28巻6号1213頁、百選I−23）としている。しかし、本件では、農地売買について農業委員会の許可を条件とする仮登記がされ、第三者については仮登記の付記登記がされていたから、第三者としては本登記はできないが、なすべきことをすべてなしていると評価できる事案であった。したがって、本判決が登記不要とする先例と読むべきかについては、論争がある。

近時、AとCは対抗関係にないとしても、したがって対抗要件としての登記は不要だがCが96条3項の保護を受けるためには、権利保護資格要件としての登記が必要ではないか、という議論がなされる。取消しをCに対抗できない結果、Aが権利を失うという不利益を被り、他方でCの利益が保護されるのであるから、保護を受ける者の側でも権利を守るためにできる限りの努力をすべきだとされるのである。

c　詐欺による取消しと第三者の利害関係取得時期

Case ㉜

①AがBに欺されて、A所有の甲土地をBに売却し、登記もBに移転した。Bは甲土地をCに転売した後に、AはBの詐欺に気付いてBとの売買契約を取り消し、Cに対して甲土地の返還を求めた。Aの請求は認められるか。【取消し前の第三者】

②AがBに欺されて、A所有の甲土地をBに売却し、登記もBに移転した。AはBの詐欺に気付いてBとの売買契約を取り消したが、Bから登記を取り戻していなかった。そこで、Bは甲土地をCに売却し、登記も移転した。AはCに対して甲土地の返還を求めたが、Aの請求は認められるか。【取消し後の第三者】

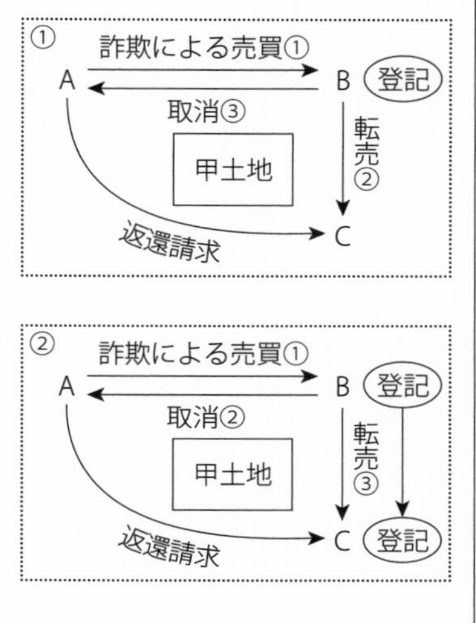

ア）　問題点　　いつまでに利害関係を取得した者が、96 条 3 項の保護を受けることができるのであろうか。

判例は、96 条 3 項は取消しの遡及効を制限する趣旨で定められたのであるから、取消しの遡及効によって影響を受ける第三者、すなわち「取消し前の第三者」に限って適用されるとする（大判昭 17・9・30 民集 21 巻 911 頁）。したがって、A が取り消す前に、B から転売を受けた C がこれに当たり、善意無過失であるならば、96 条 3 項によって保護され、A の返還請求は認められないことになる（Case ①）。

それでは、A の取消し後に、B から転売を受けた C は、どのように扱われるであろう（Case ②）。前掲判例（大判昭 17・9・30）によると、取消しによって、B → A の所有権の復帰があり、その後 B → C の所有権譲渡があったとみて、A と C の間には 177 条の適用される対抗関係が発生するので、登記を先に備えたほうが勝つとしている。

しかし、判例の理論構成は、大きな問題がある。

第 1 は、取消しの効果の構成である。取消前に第三者が現れた場合について、取消しによってA→Bの物権変動は遡及的に無効となるとし、Bには権利が移転しなかったと構成した上で、善意（無過失）の第三者Cに対する関係で取消しの主張を96条3項によって制限している。これに対し、取消後の第三者に対する関係では、いったんA→Bの所有権移転があり、その後取消しによってB→Aの復帰的物権変動があり、その後にB→Cの物権変動があったと構成するのである。取消し前の第三者に対する関係（Case ①）では、取消しの遡及効によってBに所有権が移転していないと有因的構成をするのに対し、取消後の第三者に対する関係（Case ②）では、Bに所有権が移転するとして、遡及的無効という取消しの効果を否定し、物権行為の独自性を認め、無因的に構成している。法的構成に一貫性が欠けているといわざるを得ない。

第2は、取消し前の第三者は善意無過失でなければ保護されない（96条3項）のに対して、取消後の第三者Cは登記をしていると、判例によると悪意であってもAに対抗できることになるのは（最判昭32・9・19民集11巻9号1574頁）、バランスがとれないのではないかということである。

イ）　解釈論　　この問題については、2つの解釈が主張されている。

i）　遡及効徹底説　　この説は、取消しの効果である遡及的無効を徹底させる見解である。この説によると、取消し前においては一応A・B間の売買契約は有効であり、善意無過失のCがBと売買契約をした時点では、Cは有効に所有権を取得しているが、取消しがなされた途端にAからBへの所有権移転は無効となり、Bは無権利者となるからCへの所有権移転もなかったことになる。原則としては、Aに所有権が最初からとどまっていたことになるから、Cは無権利者であり、Aの返還請求に応じなければならない。しかし、Cが取消し原因があることについて知らずかつ無過失であるときは、Cを保護すべきであるから、96条3項は、Aは取消しをCに対抗することができないとして、Cを保護している。取消しがなされた後は、Bが無権利者であるのにB名義の登記がされているから、この登記は虚偽の外観である。虚偽の外観を信じたCは、94条2項の類推適用によって保護されるとする。

しかし、94条2項を類推すると過失のあるCも保護され、96条3項を適用した場合で均衡を失すると考えるので、詐欺の場合には、取消し後に利害関係を有するようになった第三者に対しても96条3項を適用する、と解すべきであろう。すなわち、96条3項は、取消しの前後を問わず適用される、と解する。

ii）**復帰的物権変動徹底説**　この説は、復帰的物権変動を徹底させる見解である。すなわち、取消前であっても、取消後であっても、177条の対抗問題として処理するというのである。ただし、第三者Cは登記をしていても、取消前においては取消原因のあることを知っていた場合、また取消後においては取消しがなされたことを知っていた場合には、背信的悪意者であるから、Aに対抗できないとする。また、善意でも重過失がある場合には、背信的悪意者と同視されるとしている。

もっとも、取消し前に、Aは、Bから登記を取り戻すことはできないから、Aに登記を取り戻しておくべきだったとは要求できない。したがって、取消しをすることができるようになるまでに、Cに登記が移転した場合には、Aは取消しをすることができる状態になった後、遅滞なく取消しをして、Cから登記を取り戻す法的手段をとり、Cに対して177条の適用の基礎が欠けていたと主張して、登記なしにAはCに対抗できると主張される。この場合にのみ、96条3項が適用されると解されている。

Ⅲ　強迫 Drohung による意思表示

1　強迫の意義

強迫とは、他人に、違法に害悪を示して畏怖（恐怖）を与えて、その畏怖によって意思表示をさせようとする行為である。

2　要件

a　強迫者の故意

強迫行為によって、①相手方に畏怖〔恐怖〕を生じさせる故意と、②その畏怖によって意思表示をさせようとする、詐欺と同様に2段の故意を必要とする（大判昭11・11・21民集15巻2072頁）。

b　違法な強迫行為

すべての強迫行為が96条1項の強迫になるわけではなく、強迫が社会通念上許される限度を超えた違法性を有するものでなければならない（ドイツ民法123条1項は、違法な強迫であることを明文で定めている）。違法性の有無は、その行為の目的が正しいか否か、また、その手段がそれ自体として許されたものであるか否かを相関的に考量して判断する。

正当な権利行使であっても、目的が違法な場合に違法性が認められる。例えば、取締役の不正行為を告発すると通知して、無価値な株を不当に高く買わせた場合（大判大6・9・20民録23輯1360頁）である。

目的が正当であっても、手段が不適切であって、違法性が認められる場合もある。例えば、債権の取り立てのために、債務者に身体的危害を加える旨の言動をして、債務者の妻に重畳的債務引受をさせ、債務者の両親に連帯保証をさせた場合（神戸地判昭62・7・7判タ665号172頁）がある。

c　強迫行為による畏怖（因果関係）

強迫行為によって相手方に畏怖を生じさせることが必要である。この畏怖は、主観的なもので足り、一般人は畏怖を感じない場合でも、「表意者において畏怖した事実があり」、畏怖と意思表示の間に主観的な因果関係があれば足りるとされ、表意者が完全に選択の自由を失ったことを必要としない（最判昭33・7・1民集12巻11号1601頁）。

3　効果

強迫による意思表示は、取り消すことができる（96条1項）。取消された場合には、法律行為は遡及的に無効となる（121条）。第三者が強迫をし、相手方が強迫の事実を知らなかった場合にも、表意者は取消しをすることができる（96条2項の反対解釈）。詐欺をされた者よりも、強迫を受けた者の要保護性のほうが高いという考え方に基づくものである。

Case ㉞

Aが Bに強迫されて、A所有の甲地をBに売却し、登記も移転した。Bは、甲地を善意のCに転売した。その後、Aが強迫を理由にA・B間の売買契約を取り消し、AはCに甲地の返還を請求してきた。Cは善意であるから、返還請求に応じないと主張できるか。

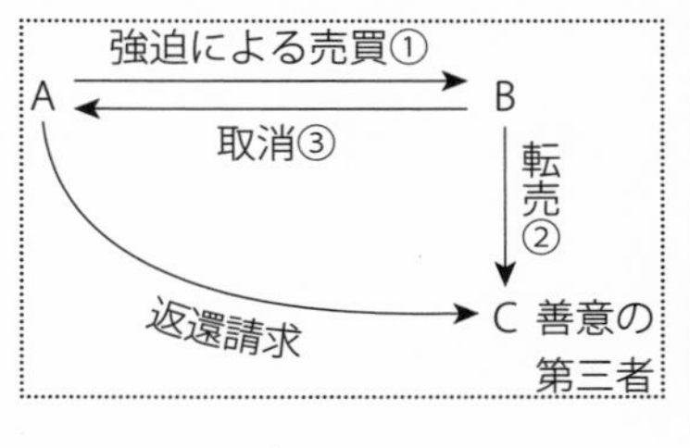

強迫については、詐欺とは異なり、96条には善意の第三者を保護する規定がない。したがって、判例は、96条3項の反対解釈から、Bが取消しの前にCに転売していたときは、Aは善意の第三者Cに対して取消しによる無効を対抗することができるとする（大判明39・12・13刑録12輯1360頁）。強迫によって意思表示をした者をより強く保護すべきだとする考え方に基づくとされる。

これに対して、取消後にBがCに甲土地を転売していた場合には、BからCへの物権変動とBからAへの復帰的物権変動があったと扱うので、AとCの間の関係は177条によって決せられることになるであろう。すなわち、Cが背信的悪意者でない限り、Aより先に移転登記を経由していた場合には、CがAに優先することになる。

しかし、詐欺による場合と強迫による場合をこのように区別するのは、立法論上問題であることはすでに有力に指摘されており、信頼保護の法理からすると、強迫の場合に善意の第三者を全く保護しないとすべきではないと考えられる。取引の目的が動産である場合には、即時取得の規定（192条）によって善意無過失のCは保護される。不動産の場合には、取消前については96条3項の類推適用により、また取消し後については94条2項の類推適用によって善意の第三者Cの保護を図ることができると解すべきであろう。

強迫の程度が極めて強く、表意者の意思決定の自由が全く奪われていた場合には、その意思表示は、表示に対応する内心の意思が存在しないのであるから、意思表示は無効である（前掲最判昭33・7・1）。

Ⅳ　消費者契約法における特別規定

1　消費者契約法の意義

消費者契約法（2000（平成12）年法61号）は、消費者と事業者との間の情報の質および量の格差に鑑みて、事業者に一定の行為により消費者が「誤認」または「困惑」した場合には、契約の申込または承諾の意思表示を取り消すことができるとして（消費契約1条）、意思表示に瑕疵があるとはいえない場合にも、取消しを認めることによって消費者の保護を図ろうとしている。ただし、意思表示に瑕疵が認められる場合には、96条によって取消しをすることができる（消費契約6条）

2　消費者の取消権の発生要件

消費者契約法は、次の2つ場合に消費者は取消しをすることができると定めている。事業者が契約勧誘に際して、①消費者に誤認を生じさせる行為をし、消費者がそれによって意思表示をした場合（消費契約4条1項・2項）、または②消費者に困惑を生じさせる行為をし、消費者がそれによって意思表示をした場合（消費契約4条3項）である。

a　誤認による意思表示

ア）　重要事項に関する不実告知　　事業者が消費者契約の締結を勧誘するに際して、消費者に対して重要事項について事実と異なることを告げ、告げられた内容を消費者が事実であると誤認し、それによって消費者契約の申込みまたは承諾の意思表示をした場合に、消費者は、これを取り消すことができる（消費契約4条1項1号）。

重要事項とは、①物品、権利、役務その他当該消費者契約の目的となるものの質、用途その他の内容、または②物品、権利、役務その他当該消費者契約の目的の対価その他の契約条件に関する事項であって、消費者が消費者契約を締結するか否かの判断に通常影響を及ぼすべきものである（消費契約4条4項）。

不実告知の場合には、事業者の故意は必要ない（消費契約4条2項では、故意・重過失を要件としているが、同条1項は故意を要件としていない)。詐欺の場合には、詐欺を行う者に2段の故意が必要であるとされていたことと対比すると、消費者の救済の範囲は広くなっている。また、事業者が告知した事実が真実ではないことを認識していることも必要ではなく、さらに不実であることを知らないことについて過失がない場合でも、消費者は取消しをすることができると解される。

イ)　断定的判断の提供　事業者が、消費者契約の締結を勧誘するに際して、物品、権利、役務その他消費者契約の目的となるものに関して、将来におけるその価額、将来において当該消費者が受け取るべき金額その他将来における変動が不確実な事項につき断定的判断を消費者に対して提供し、消費者が提供された断定的判断の内容が確実であるとの誤認をし、その誤認に基づいて契約の申込みまたは承諾の意思表示をした場合には、消費者は、これを取り消すことができる(消費契約4条1項2号)。

不動産の価額とか、収益の配当とか、将来どのよう変化するか分からない事項(重要事項に限られない)について、「確実に値上がりする」、「元本割れはしない」というような断定的判断を提供して消費者に誤認を惹起させた場合である。

ウ)　不利益事実の不告知　事業者が、消費者契約の締結を勧誘するに際して、ある重要事項または重要事項に関連する事項について、消費者に利益となる旨を告げ、かつ、その重要事項について消費者に不利益となる事実(当該告知により当該事実が存在しないと消費者が通常考えるべきものに限る)を故意または重大な過失によって告げなかったことにより、消費者が当該不利益事実は存在しないと誤認して契約の申込みまたは承諾の意思表示をしたときは、取り消すことができる(消費契約4条2項)。

この類型では、告知しなかったことによって消費者に取消権が与えられるところに特徴がある。しかし、「重要事項」についての不利益事実であって「故意または重過失による不告知」として要件に絞りをかけている。本条項が広く適用されることを心配したからである。沈黙も詐欺になるのであるから、本条は、消費者救済の範囲を拡大したとはいえない。むしろ、詐欺となる具体例を明示したことに意味があるとされる。

b　困惑行為

ア）　不退去があった場合　　事業者が消費者契約の締結について勧誘するに際して、消費者が事業者にその住所またはその業務を行っている場所から退去すべき旨の意思表示をしたにもかかわらず、退去しないことによって消費者が困惑し、それに基づいて消費者契約の申込みまたは承諾の意思表示をしたときは、消費者は、これを取り消すことができる（消費契約4条3項1号）。

イ）　監禁行為があった場合　　事業者が消費者に対して消費者契約について勧誘するに際して、消費者が事業者に対して勧誘を受けている場所から退去する旨の意思表示をしたにもかかわらず、事業者が消費者をその場所から退去させないことによって消費者が困惑し、それに基づいて消費者契約の申込みまたは承諾の意思表示をした場合にも、消費者は、取り消すことができる（消費契約4条3項2号）。

3　消費者の取消権

上に述べた要件が充たされたときは、消費者は、その意思表示を取り消すことができる。

取消しの方法や効果は、原則として民法の規定による（消費契約11条1項）ただし、取消権は、追認が可能となった時から1年間行わないときは、時効によって消滅する（消費契約7条1項前段）。また契約締結時から5年を経過したときも、時効によって消滅する（同項後段）。また、消費者契約法による取消しは、善意無過失の第三者には対抗することができない（消費契約4条6項）。

V　意思表示の効力発生時期

1　序論

Case ㉟

北海道富良野市に住んでいるAは、東京都渋谷区に住んでいるBに別荘用の土地・建物を売却したい旨の手紙を6月10日に書いた。翌11日にこの手紙を、Aはポストに投函した。この手紙は、6月13日にBの自宅の郵便受けに配達されたが、Bは出張していたので、14日にその手紙を開封して読むことができた。AのBに対する意思表示は、いつから効力を生じるのであろうか。

A	意思表示 →	B
6月10日表白		6月13日到達
6月11日発信		6月14日了知

意思表示は、原則として外部に表白した時点で完了する。したがって、97条3項は、表白した後に、表意者が死亡しても意思表示の効力は妨げられないと規定する。しかし、相手方のある意思表示は、表意者の意思が相手方に伝達されてはじめて意味があるものである。しかも、相手方のある意思表示は、表意者の「意思の表白（手紙の作成）」→「発信（ポストへ投函）」→「到達（郵便受けに手紙が配達された）」→「了知（手紙を読了した）」という過程を経て相手方に伝達される。

では、いつの時期に意思表示の効力は発生するのであろうか。もっとも、この問題が発生するのは、意思の伝達に時間のかかる隔地者間の意思表示であって、距離的には離れていても電話のように伝達が瞬時に行うことができる対話者間の意思表示では問題とならない。

2　到達主義の原則

民法では、意思表示の効力発生時期について、到達主義の原則を採用している（97条1項）。到達とは、意思表示が相手方の勢力圏内にはいること、すなわち社会通念上了知することができる状態になったと認められることである。したがって、郵便受けに配達員が投入したときには、相手方がその意思表示を了知していなくても、到達となる。例えば、たまたま会社の事務室にいた役員の娘が、手紙を受け取って、その役員の机の引き出しに入れてしまって、役員が手紙の存在を知らなかった場合も到達が認められている（最判昭36・4・20民集15巻4号774頁）。

b 例外

意思表示は、その通知が相手方に到達しなければ効力を生じないのが原則である（97条1項）。

しかし、例外として、通知が到達していないが、到達したものとみなされる場合がある。すなわち、相手方が正当な理由なく意思表示の通知が到達することを妨げたときは、その通知は、通常到達すべき時に到達したものとみなされるのである（97条2項）。例えば、判例では、遺留分減殺の意思表示を記載した内容証明郵便が、相手方不在のため配達されなかったが、相手方は、不在配達通知書の記載により、書留郵便（内容証明郵便）が送付されたことを知っていた。しかし、郵便局に受領しに行かず、留置期間の経過によって差出人に返送された場合には、社会通念上、「了知可能な状態に置かれ、遅くとも留置期間が満了した時点で」「到達したものと認める」とされていた（最判平10・6・11民集52巻4号1034頁、百選Ⅰ−25）。このような場合は、正当な理由なく通知の到達するのを妨げた場合に、当たることになる。ただし、郵便の受取りの拒絶が常に正当な理由はないものとされるわけではない。上記判例の場合におけるように通知の内容を推測できる度合いなどの、当事者間における意思表示に関する事情を信義則に照らして総合的に判断して、正当な理由の存否を決するべきであろう。

3 表意者の死亡・意思能力の喪失・行為能力の制限

表意者が意思表示を発信した後、相手方に到達する前に、死亡し、または意思能力を喪失し、または行為能力の制限を受けたときは、これによって意思表示は影響を受けるのであろうか。

意思表示は、相手方に到達しなければ効力は生じないから、表意者が死亡し、または意思能力を喪失し、もしくは行為能力を制限されると、意思表示は到達しても効力は発生しないと考えられそうである。しかし、97条3項は、これらの事由は意思表示の効力に影響を与えないと定める。発信の時にすでに意思表示は成立していると考えるのである。もっとも、意思表示が相手方に到達しなければ、効力は生じないことは、原則通りである。したがって、契約の申込みを受けた者が承諾の通知を発した後に死亡したが、承諾の通知は申込者に到達していた場合には、承諾は有効であるから、承諾者の相続人とその後の法律関係を処理することになる。

契約の申込みについては特則があり、申込者が申込みの通知を発した後に死亡し、意思能力を喪失し、または行為能力の制限を受けた場合には、申込者がその事実が生じたとすればその申込みは効力を有しない旨の意思を表示していたとき、または相手方が承諾の通知を発するまでにその事実の発生を知ったときは、申込みの効力は生じない（526条）。

4　意思表示の受領能力

意思表示が到達すると、その効力が生じるが、これは到達すれば、相手方はその意思表示を了知するであろうことを前提にしている。したがって、了知、すなわち意思表示の内容を理解し、行動できる能力のある者が受領しなければ、真に到達したとはいえない。このような能力を受領能力といい、民法98条の2は、意思能力を有しない者、未成年者および成年被後見人を受領能力のない者とした。すなわち、相手方が、意思表示を受領した時に意思能力を有しない者または未成年者もしくは成年被後見人であった場合には、表意者はその意思表示の効力を相手方に対抗することができない（98条の2本文）。ただし、その法定代理人がその意思表示を知った後（98条2ただし書1号）、または、意思表示の受領者が意思能力を回復し、または行為能力者となった後は（同ただし書2号）、表意者は、意思表示の効力が生じたことを主張することができる。

5　公示による意思表示

到達主義によれば、相手方が変更して誰であるか分からなくなったときや、相手方が分かっていても、その所在が分からないときは、意思表示を到達させることができず、結局、意思表示の効力を発生させることができなくなる。このような不都合を解消するために、民法は、公示による意思表示の制度を設けた（98条1項）。

公示は、公示送達に関する民事訴訟法の規定（民訴111条）に従い、裁判所の掲示場に掲示し、その掲示のあったことを官報に少なくとも1回掲載する（98条2項本文）。ただし、裁判所が相当と認めたときは、市役所、区役所、町村役場またはそれに準ずる施設の掲示場に掲示することによって、官報の掲載に代えることができる（98条2項ただし書）。公示に関する手続の管轄は、相手方を知ることができない場合には、表意者の住所地の簡易裁判所であり、相手方の所在を知ることができない場合には、相手方の最後の住所地の簡易裁判所である（98条4項）。

公示による意思表示は、最後に官報に掲載した日または掲載に代わる掲示を始めた日から2週間を経過した時に、相手方に到達したものとみなされる（98条3項本文）。ただし、表意者が、相手方を知らないこと、またはその所在を知らなかったことについて過失がある場合には、到達の効力は生じない（98条3項ただし書）。

第6章
無効・取消し

第1節　序説

法律行為あるいは意思表示が有効要件を備えていない場合、例えば、行為者が意思能力や行為能力を欠き、または意思表示に瑕疵があるような場合に、それは無効である、もしくは取り消すことができるものとされる。

これまでも、無効となる意思表示・法律行為あるいは取り消すことのできる意思表示・法律行為について折に触れて説明してきたが、ここでは、無効とはどのようなことか、取り消すことができる場合には、どのような事態が生じるかをまとめて説明することにする。

第2節　無効 Nichtigkeit

I　無効の意義

意思表示ないし法律行為が無効である場合は、当事者が意図した法律効果は、最初から当然に発生しない。例えば、無効な売買契約があった場合には、無効な法律行為からは権利・義務は発生しないから、売主が買主に代金の支払いを請求してきても、買主は代金の支払いを拒絶することができる。また、売主がすでに目的物を買主に引き渡している場合には、売主はその返還を請求することができることになる。

Ⅱ　無効の効果

無効は、法律行為の効果がもともと発生しなかったものとして扱うから、無効原因がある場合には、法律上当然に無効という効果が発生する。すなわち、無効の場合には、法律行為の効果の発生を否定するためにあらためて特別な行為をする必要はない。従来から、当然に無効であるから、誰でもが、誰に対しても、いつまでも無効を主張してもよいと説明されてきた。また、無効行為を遡及的に有効にする追認もすることができず、無効であることを知って追認したときは、新たな行為をしたものとみなされる（119条ただし書）。

1　不当利得の規定

法律行為に無効原因がある場合には、当事者が意図した法律効果が最初から発生しないのだから、法律行為がいまだ履行されていないときは、その履行義務は存在しない。したがって、無効な法律行為によって履行義務を負うとされていた者は、履行を拒絶できる。これに対して、すでに履行していた場合には、債務の履行として給付を受けた者は、相手方を原状に復させる義務を負う（121条の2第1項）。この義務を原状回復義務という。

この原状回復義務は、不当利得返還請求権の一類型であるとされる。不当利得法の一般規定である703条は、不当利得者（受益者）は「利益の存する限度」において返還義務を負うと定めている。例外的に、受益者が悪意のときは、受けた利益に利息を付して返還する義務が生じるとされる（704条本文）。

2　有償行為における原状回復義務

例えば、売主Aが買主Bと高級なワインを10万円で売却する契約を締結した。この契約に無効原因があったが、AはワインをBに引き渡し、Bは代金10万円をAに支払っていた場合に、Bが引渡しを受けたワインを全て飲んでしまった。その後、A・B間の売買契約が無効であることが判明した場合には、A は代金 10 万円を B に原状回復として返還しなければならないが、B は悪意でない限り 703 条によれば「利益の存する限度」において返還すればよいから、存在しなくなったワインを返還しなくてよいことになる。それでは有償契約の無効による契約の巻戻し Abwicklung の関係において対価的な均衡が図れないと考えられた。そこで、無効な行為によって債務の履行として給付を受けた者には、無効原因について善意・悪意を問わず相手方を原状に復させる義務があると定められたのである（121 条の 2 第 1 項）。したがって、B は善意であってもワインを返還しなければならない。

3　無償行為における原状回復義務

贈与契約などの無償行為が無効であった場合の原状回復については、債務の履行として給付を受けた者は、給付を受けた当時その行為が無効であることや取り消すことができることを知らなかったときは、その行為によって現に利益を受けている限度において、返還する義務を負う（121 条の 2 第 2 項）。

4　意思無能力でした無効な行為における原状回復

法律行為をした時に意思能力を有しなかった者は、その法律行為が有償行為であっても、現に利益を受ける限度において、返還義務を負う（121 条の 2 第 3 項前段）。苛酷な返還義務を負わせないようにして、意思無能力者を保護するものである。行為能力を制限されている者の返還義務も同様とされる（同項後段）。

Ⅲ　無効行為の追認

Case ㊱

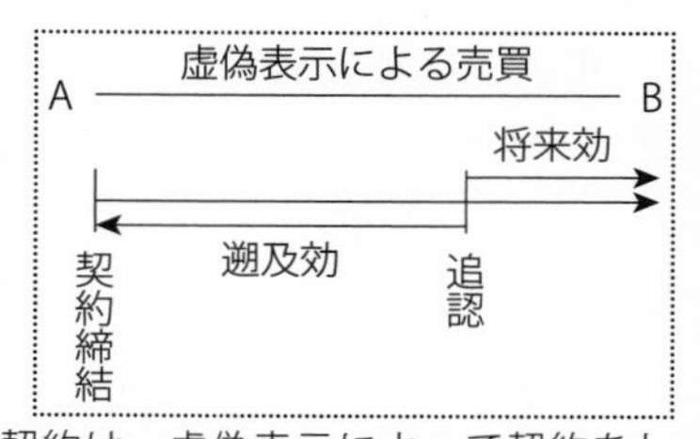

A は B と通謀して自分の所有するマンションを B に売却する仮装の契約をした。しかし、契約条件が A にとって悪いものではなかったので、無効の主張をしてマンションを取り戻さずに、B との間の契約を有効にしたいと考え、追認の意思表示をした。A・B 間の売買契約は、虚偽表示によって契約をし

た時点まで遡って有効となるか。

無効な法律行為は、初めから効果は発生していないのであるから、追認によって遡及的に有効にすること（遡及的追認）はできない。すなわち、最初から発生していなかったものを、当事者の意思や表意者の意思で最初から、すなわち、無効な契約をした時点から効力が生じていたものとすることはできないのである。このことを119条本文は、「無効な行為は、追認によっても、その効力を生じない。」と定めているのである。

しかし、無効な行為をしたAが、売買契約の追認した場合には、あらためて売買契約を締結すると捉えれば、追認の意思表示をした時から新たな契約が成立するとすることは可能である（非遡及的追認、119条ただし書）。もっとも、Aはその行為が無効であることを知っていなければならない。

Ⅳ　一部無効

Case 37

AはBに100万円を貸し渡す契約をし、利息を年5割とした。このような高額の利息約定は、利息制限法に違反することを理由に、Bは消費貸借契約全体の無効を主張するがこのようなBの主張は認められるか。

利息制限法は、元本が100万円以上である場合には、利息の利率を年1割5分に制限している（利息1条3号）。しかし、この制限を超えた利率を約定した場合に、100万円の消費貸借全体が無効になるわけではなく、年1割5分を超える部分について無効となるのである（利息1条柱書）。したがって、制限を超過する年3割5分については無効となり、利率年1割5分とする100万円の消費貸借が成立していることになる。このような無効を「一部無効」という。

契約において無効となる部分と有効である部分が、分離可能である場合には、利息制限法のような明文規定がない場合でも、有効な部分の効力を維持するのが当事者の意思に沿う場合が多いから、一部無効の理論を用いるべきだと解される。

しかし、公序良俗違反を説明したところで現れた「芸娼妓契約」のように、芸娼妓契約は無効であるが、金銭消費貸借は有効だとすると、芸娼妓契約を無効としたことの目的を達することができない。このような場合は、全部無効とすべきである。

V　無効行為の転換

ある類型の法律行為としては無効であっても、他の類型の法律行為の要件を満たしている場合には、直ちに無効としないで、後者の法律行為として有効にすることを「無効行為の転換」という。民法でも、971 条のように無効行為の転換を認める規定がある。

無効行為の転換が認められるためには、①無効な法律行為が他の法律行為の要件を充たしていること、および②無効行為の転換が当事者の意思に沿うであろうことが必要である。

判例上、無効行為の転換が問題となっているのは、家族法上の要式行為への転換である。例えば、他人の子を養子とする意図を有しているが、いきなり嫡出子として出生届を出した場合、その届出は無効であるが、届出人の実質的な意図を考慮して養子縁組へ転換できないかということである。判例は、養子縁組の要式性を理由に転換を否定する（大判昭 11・11・4 民集 15 巻 1946 頁、最判昭 25・12・28 民集 4 巻 13 号 701 頁）。しかし、愛人との間でできた子を嫡出子として届け出た場合には、認知の効力が認められている（大判大 15・10・11 民集 5 巻 703 頁、最判昭 53・2・24 民集 32 巻 1 号 110 頁）。

第 3 節　取消し Anfechtung

I　取消しの意義

取消しとは、いったん有効に発生した意思表示・法律行為を、取消権者が取消しの意思表示をすることによって、遡及的に無効にする単独行為である。取消しがされるまでは、法律行為は有効に成立しているから、法律行為の当事者は、互いに相手方に対し債務の履行を請求することができ、受領した目的物を返還する必要はない。しかし、取消しがなされると、法律行為は初めから無効であったものとみなされるから（121条）、法律行為から発生していた法律関係も遡及的に消滅する。したがって、当事者は相手方に債務の履行を請求することができなくなり、また受領した目的物は原状回復義務があるので返還しなければならなくなる（121条の2、第2節Ⅱの説明参照）。

Ⅱ　取消権者

1　行為能力の制限に違反した場合

行為能力の制限に違反する法律行為がなされた場合に、取消権を有するのは、制限行為能力者またはその代理人、承継人もしくは同意権者である（120条1項）。

制限行為能力者は、行為能力を制限する原因がなお存在する場合でも、単独で取消しをすることができ、法定代理人等の同意がなくても、その取消しは取り消すことのできる行為ではない。すなわち、取消しは、行為能力の制限に違反しない状態に戻す行為であって、制限行為能力者にとって不利とはならないからである。

代理人とは、未成年者の法定代理人（親権者、未成年後見人）、成年後見人である。

同意権者とは、保佐人と同意権を付与された補助人である。

承継人とは、制限行為能力者の包括承継人（相続人、包括受遺者）だけではなく、制限行為能力者から契約上の地位を承継した特定承継人も含まれる。例えば、未成年者AがBから自動車を買い受ける契約を法定代理人の同意を得ずに締結した場合、Aから買主としての地位（売買契約から生じる一切の権利義務）を引き受けた（539条の2）Cは特定承継人であるが、取消しをすることができる。しかし、Aから自動車をさらに買い受けたDは特定承継人であって、自動車の所有権のみを取得したにすぎず、契約上の地位まで承継していないから、取消しをすることはできない。

2　瑕疵ある意思表示の場合

瑕疵ある意思表示がなされたときは、瑕疵ある意思表示をした者（錯誤によって意思表示をした者、詐欺または強迫を受けて意思表示をした者）、およびその代理人もしくは承継人が取消しをすることができる（120条2項）。

代理人とは、表意者の法定代理人および取消権行使の代理権を付与された任意代理人である。

承継人については、制限行為能力者について説明した通りである。

Ⅲ　取消しの方法

取消しは、取消権者が一方的に相手方に対する意思表示をすることによって行われる（123条）。すなわち、取消しは、単独行為である。

例えば、AがBの詐欺によって自己所有の土地をBに売却する契約をした。その後、Bはこの土地をCに転売した場合に、Aは取消しの意思表示をB・Cいずれに対して行うべきであろうか。判例・通説によると、取消しの意思表示は直接の相手方Bに対して行い、その後に現在の権利者であるCに対して取消しの効果を主張して、土地の返還を請求すべきであるとされる（債権譲渡について、大判昭6・6・22民集10巻440頁）。

Ⅳ　取消しの効果

1　原則

取り消された法律行為は、初めから無効であったものとみなされる（121条）。つまり、いったん生じた債権・債務は発生しなかったことになり、履行していない債務については履行の問題が生じなくなる。既に債務が履行されている場合には、履行として給付を受領した者はそれを原状回復として返還しなければならなくなる（121条の2第1項）。

2　制限行為能力者の返還義務の特則

Case ㊳

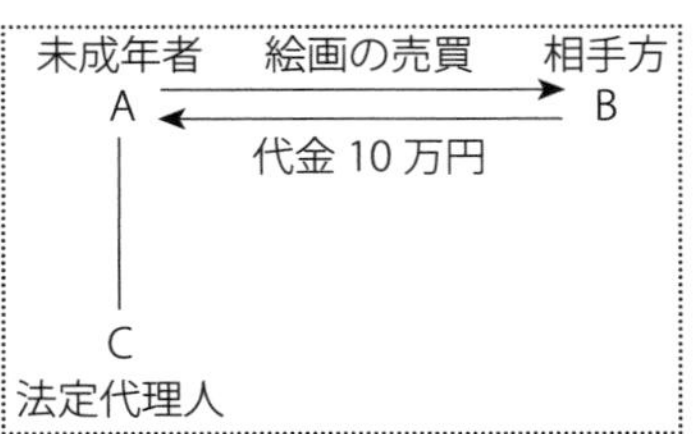

17 歳の学生 A は、死亡した父親から高価な絵画を相続した。この絵画を A は、法定代理人である母親 C の同意を得ずに B に 10 万円で売却し、この 10 万のうち 5 万円をパチンコにつぎ込んで使ってしまった。しかし、その後、その絵画が実際には 300 万円程度の値打ちがあることを知らされた A は、この絵画を取り戻そうと思って、売買契約を取り消した。しかし、A は手元に 5 万円のお金しか持っていない。B は契約を取り消すのであれば、10 万円を返還してほしいというが、A は C に無断で絵画を売却したので、C に 5 万円出してほしいということはできない。A は 10 万円返還しなければならないか。

121 条の 2 第 3 項後段は、行為の時に制限行為能力者であった者についても現に利益を受けている限度において、返還の義務を負うと定めて、制限行為能力者の原状回復の範囲を縮減している。制限行為能力者を保護するための規定である。現に利益を受けている限度とは、現存利益といわれるものであって、すでに失踪宣告のところで説明をしているので、その説明を参照してもらいたい（第 3 章第 3 節 Ⅳ 4b ウ）。結論的には、A のところにある現存利益は、5 万円であるから、A は、B に 5 万円を返還すればよい。これに対して、B は A に絵画を返還しなければならないことになる（最判昭 50・6・27 金判 485 号 20 頁は、準禁治産者（現行法の被保佐人）が賭博に浪費した利益は現存しないとする）。

Ⅴ　取り消すことができる行為を有効な行為として確定する事由

1　追認

a　追認の意義

取り消すことができる法律行為は、取消権者が追認をしたときは、以後、取り消すことができなくなる（122 条）。

ア）　要件

ⅰ）　取消しの原因となっていた状況の消滅後　　追認をすることができるのは、120条に定める取消権者である。制限行為能力者および瑕疵ある意思表示をした者は、取消しの原因となっていた状況が消滅し、かつ、取消権を有することを知った後に追認をしなければ、追認の効力を生じない（124条1項）。例えば、未成年者は成年に達した後に、また詐欺による意思表示の場合には、その後に表意者が詐欺によって錯誤に陥って意思表示をしたことに気が付いた後であって、かつ、取消権があること知った後でなければ、追認の効力は生じない。

ⅱ）　取消の原因となっていた状況消滅前：例外　　法定代理人、保佐人もしくは補助人が追認をする場合については、取消しの原因となっていた状況が消滅していなくても追認することができる（124条2項1号）。すなわち、制限行為能力者や瑕疵ある意思表示をした者について、取消しの原因となった状況消滅していなくとも、法定代理人等はその影響を受けていないから、その状況の消滅前であっても、追認をすることができる。また、成年被後見人以外の制限行為能力者は、法定代理人、保佐人または補助人の同意を得て追認するときは、取消原因となっていた状況が消滅していなくてもよい（124条2項2号）。

イ）　追認の効果

Case ㊴

被保佐人Aが保佐人の同意を得ずに、所有する甲地をBに売却する契約をしたが、登記名義はAのままであった。さらに、Aは保佐人の同意を得て甲地をCに譲渡する契約をした。その後、保佐開始の審判が取り消され、AはBとの間の売買契約を追認し、登記もBに移転した。CはBに対して所有権は自分に移転していると主張できるか。

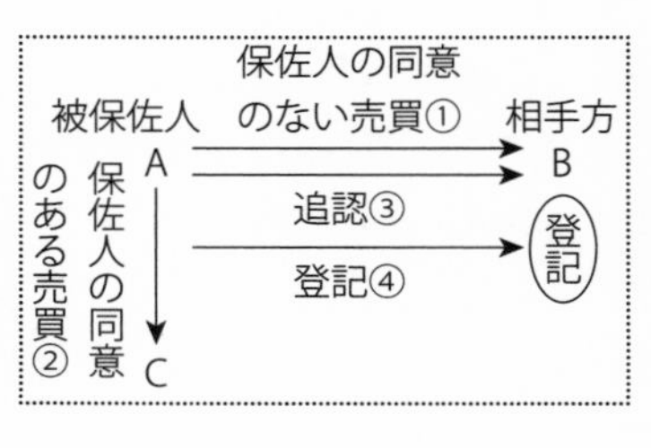

追認をしたときは、以後、取消しをすることができなくなるから（122

条)、法律行為は有効であったことに確定する。

すなわち、Aが追認することによってA・B間の売買契約は取り消すことができなくなり、有効と確定する。つまり、追認されたことによってA・B間でも有効な売買契約が締結され、A・C間でも有効な売買契約が締結されていることになる。すなわち、A→BとA→Cの所有権の二重譲渡状態が生じていることになるから、BとCとの優劣関係は、B・Cいずれが先に対抗要件を備えたか、つまり登記名義を得たかによって決せられることになる(177条)。改正前には「ただし、追認によって第三者の権利を害することはできない。」とする規定があったが（旧122条ただし書)、上述のように、追認によって有効に確定した場合における第三者との関係は、対抗要件具備の先後等によって決せられるべきであるから、従来から不要な規定であるとされていた。この度の改正によってこの規定は削除された。

b　法定追認

追認をすることができる時以後は、125条各号に定められている一定の行為をしたときには、追認したものとみなされる。

①全部または一部の履行、②履行の請求、③更改、④担保の供与、⑤取り消すことができる行為によって取得した権利の全部または一部の譲渡、⑥強制執行のいずれかの行為があったときである。例えば、詐欺をされて安く絵画を売却した売主が、詐欺にあったことに気が付いたが、買主に代金を請求した場合は、履行の請求した場合（125条2号）に当たり、追認したとみなされ、取消しをすることができなくなる。売主が代金請求することは黙示の追認があると通常は考えられる行為であるが、買主は、売主から代金を請求されたときに、追認されたと思うであろう。この相手方の信頼を保護するとともに、法律関係の早期安定を図るために追認の意思の有無を問うことなく、追認を擬制したのである。

これらの行為は追認できる者が行ったことが必要であるが、制限行為能力者が法定代理人等の同意を得て行った場合も含まれる。

判例は、法定追認の場合には、取消権の発生を知らずに法定追認事由に該当する行為をした場合にも、追認があったとみなされるとしていた（大判大12・6・11民集2巻396頁)。すなわち、法定追認の制度は、相手方の信頼の保護と法律関係の早期安定のために、取消権発生の認識の有無や追認の意思の有無を問うことなく、追認を擬制するものであると理解していた。

改正前は「取消しの原因となっていた状況が消滅し」た後であれば、追認できると規定していたが（旧124条）、改正によって、追認をするためには「取消しの原因となっていた状況が消滅し」たことに加えて「取消権を有することを知った」ことが必要となった（124条）。

さらに、法定追認については、改正前は「前条の規定により追認することができる時以後に」と定めていたが、改正後は「前条の規定により」という文言を削除して「追認することができる時以後に」と改めた。そのために、法定追認については、「前条の規定により」という文言が削除されているのであるから、取消権の発生の認識がなくても、125条に列挙されている事実があれば、法定追認は認められるとする見解がある。

他方、改正後の125条柱書は「追認することができる時以後に」と定めている。124条1項は、「取消しの原因となっていた状況が消滅し」たことと「取消権を有することを知った」ことが必要であると定めているから、法定追認においても取消権発生の認識も必要だと解することも可能である。

取消権者が異議を留めたときは、例えば、債務を履行するときに、取消権を留保する旨を表示したときは、追認があったとはみなされない（125条ただし書）。

c　取消権の消滅

法律行為がいつまでも取消し可能であるとすると、法律関係が不安定な状態におかれる。そこで、民法は、取消権の行使期間を制限して、できるだけ早期に法律関係が安定するようにした。126条は、短期と長期の2種類の期間制限を定め、いずれか早く満了する期間によって取消権が消滅するとしている。この期間の性質は、取消権のような形成権については、更新を考える余地がないので、除斥期間とされている。

ア）　短期の期間制限　追認できる時から5年間取消権を行使しないときは、取消権は消滅する（126条前段）。追認できる時とは、124条に定める「取消しの原因となっていた状況が消滅し」、かつ、「取消権を有することを知った」時以後である。例えば、未成年者は成年に達し、取消権発生を認識した時から5年である。しかし、法定代理人については、取消の原因となった状況が消滅した時から計算すべきであろう。このように解すると、法定代理人の取消権が既に5年の期間制限にかかって消滅しているが、制限行為能力者の取消権はまだ期間制限にかからないという場合が考えられるが、取消権の期間制限ができるだけ早く法律関係を安定させることを目的とする制度であるから、いずれかの取消権が期間制限によって消滅した場合には、他方の取消権も消滅すると解すべきである。

イ）　長期の期間制限　　行為の時から20年経過したときも、取消権は消滅する（126条後段）。制限行為能力者の行為能力が回復せず、法定代理人等も選任されないままでいる場合には、いつまでも取消し可能な状態が続くのは法律状態の安定を害することになるので、行為の時から20年経過したときは、取消権を消滅させて法律関係を安定化させようとするものである。

第 7 章

代理 Vertretung

第 1 節　代理の意義と存在理由

I　意義

Case ㊵

Aは、宅地用の土地を購入したいと思い、そのための代理権をBに授与した。BはCと交渉してC所有の甲地のを買い受ける契約をAのためにCとの間で締結した。A・B・C間の法律関係はどのようなものか。

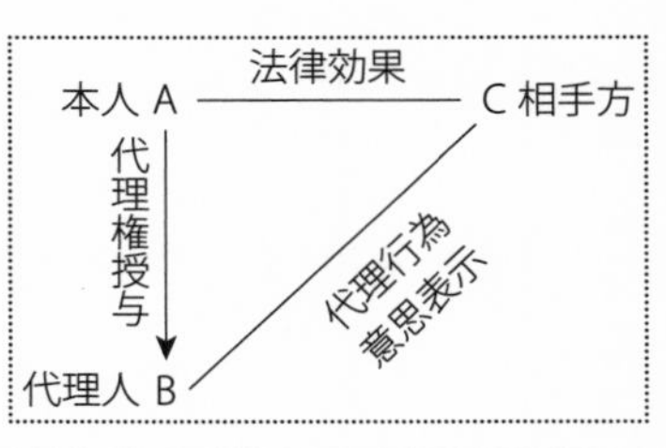

代理とは、代理人Bが本人Aのために意思表示をすることによって、その効果を直接本人に帰属させる制度である。すなわち、Caseにおいては、代理人Bが相手方Cと甲地の売買契約を締結する意思表示をしたが、売買契約上の効果、すなわちAには買主としての権利義務が帰属し、Cには売主としての権利義務が帰属することになるから、甲土地の所有権は、C→B→Aと移転するのではなく、C→Aと移転することになる。

Ⅱ　存在理由

代理制度の存在理由は、一般に次のように説明されている。

1　私的自治の拡張

私的自治の原則からすると、契約を締結するための申込みや承諾などの意思表示は、効果の帰属する本人が意思決定をして、意思表示をするのが原則である。しかし、それではその行動範囲は極めて限られた範囲になってしまう。事業や取引の範囲が拡張してきた場合には、本人の信任する者（従業員や代理店）を選んで、意思決定を委ね、取引を行えば、広範な地域で、多量の取引を行うことができることになる。このように私的自治の範囲を拡張するための制度として代理は機能するのである。この場面では、任意代理が用いられる。

2　私的自治の補充

未成年者や成年被後見人のように行為能力を制限されている者は、原則として、単独では取引行為をすることができない。その意味で、本人の私的自治は制限されている。そこで、これらの者に代わって取引行為を行ってくれる者、すなわち代理人が必要となる。この場面では、代理人は、本人の制限されている私的自治を補充する役割を果たす。通常は、法定代理が用いられる。

第2節　代理の分類

Ⅰ　能働代理と受働代理

代理は、他人である代理人が本人に代わって意思表示を行い、また意思表示を受け取り、それによって発生する法律効果は直接本人に発生する制度であるが、このうち意思表示を本人に代わって行うものを能働代理という（99条1項）。これに対して、代理人が相手方からの意思表示を本人に代わって受領する場合を、受働代理という（99条2項）。しかし、一般に契約を行う場合は、代理人は意思表示を行う一方で相手方の意思表示も受領するから、能働代理と受働代理の双方が含まれているのが通例である。

Ⅱ　任意代理と法定代理

本人が代理人を選んで代理権を与える場合を、任意代理 gewillkürte Vertretung といい、選ばれて代理人となる者を任意代理人という。民法の法文では「委任による代理」（104条等）と表現がされるが、これは任意代理のことを指している。民法制定当時は、代理権は本人と代理人との委任契約によって発生すると考えられており、「委任代理」とよばれていた。しかし、その後、代理権は、委任契約以外に請負契約や雇用契約などでも発生するものであると考えられるようになり、任意代理とよばれるようになった。

法律の規定に基づいて代理人が選ばれる場合を法定代理 gesetzliche Vertretung とよぶ。未成年者の親権者や後見人、成年後見人、代理権の付与された保佐人と補助人、あるいは家庭裁判所が選任した不在者の財産管理人等が、法定代理人である。

第 3 節　代理の法的構造

代理人の行った意思表示の効果が本人に帰属するためには、次の要件が充たされていなければならない。

Ⅰ　顕名

代理人が意思表示をする場合に、その効果は本人に帰属することを相手方に明らかにして（顕名）、しなければならない。99条が「本人のためにすることを示して」と定めているのはこの趣旨である。本来、意思表示の効果は、表意者自身に帰属するものと理解されるのが通常であるから、他人に効果が帰属する内容の意思表示をする場合には、その旨の表示が必要だからである。

Ⅱ　代理権

代理人として行為する者が、本人に代わって行為し、本人に効果を帰属させる行為をする資格を代理権という。代理権を有する者が代理人としてする行為を代理行為という。代理権は代理人が代理行為をする前に授与されていなければならない。

代理人が行った意思表示・法律行為の効果が行為者（代理人）自身に帰属しないで、他人（本人）に帰属することを「他人効」が生じると説明する場合もある。

第4節　代理と類似する制度

代理とは、他人の事務を処理する制度であるが、その効果が本人に帰属するところに特徴がある。しかし、他人の事務を処理する制度は、代理以外にもある。

Ⅰ　間接代理

他人の計算において自己の名でなされる行為を間接代理という。問屋（商551条）や仲買人がそれである。例えば、A（本人）がB証券会社（間接代理人）に株式の購入を委託し、BがC証券会社より株式を購入した場合には、株式はいったんB会社に帰属した後、Aに移転する。すなわち、代理の場合には、C→Aと移転するが、間接代理の場合には、C→B→Aと移転することになる。

Ⅱ　使者

代理では、代理人がその効果意思を決定して、意思表示を行うのであるが、使者は、本人が決定した意思表示（効果意思）をそのまま伝達する者である。

使者は、伝達機関に過ぎないから、意思能力も必要ではないと解されている。これに対して、代理では、意思能力は必要とされるが、法律効果が代理人に帰属するわけではないので行為能力までは必要ではない（102条）。

使者の場合には、意思表示・法律行為の要件を充たしているか否かは、意思表示をした本人について決定をする。これに対して、代理の場合には、原則として、意思の不存在、瑕疵ある意思表示、善意・悪意は、代理人について決せられる（101条）。

例えば、Aが甲土地をCから買い受ける効果意思をもって、使者Bにその旨の意思表示の伝達を依頼したところ、BがCに乙土地を購入したい旨伝達した場合には、本人Aの効果意思と表示が一致していないから、錯誤で取り消すことができると解される。

これに対して、代理の場合には、Aが甲土地の買受けを意図して、Bに甲土地買受けの代理権を与えていたところ、BがCから乙土地を買い受ける契約をした場合には、Bは代理権の範囲を超えた代理行為をしているので、無権代理ということになる。さらに、Cが善意無過失の場合には、表見代理の問題が生じる（110条）。

Ⅲ　法人の代表

法人実在説の立場からは、実在する法人自体の法律行為が想定され、理事等の代表者の行為は法人自身の行為であると捉えて、法人の理事は代理人ではなく、代表機関とする。代理と代表を異なる概念ととらえるのである。

これに対して、近時の学説では、法人の代表といっても、理事は法人に代わって行為をするのであり、その効果が法人に帰属するのであるから、その実質は代理であるとする説も有力となっている。

第5節　代理権

Ⅰ　代理権の意義

代理人の行った意思表示ないし法律行為の効果が本人に帰属するために、代理人にその意思表示について本人を代理する地位ないし資格がなければならない。これを代理権という。

Ⅱ　代理権の発生原因

1　法定代理権の発生原因

法定代理権は、その根拠となる法令の規定に基づいて代理人に与えられる。

(1)　本人に対して一定の地位にある者が法律上当然に代理人になる場合

例えば、未成年者の親権者（818条、819条3項本文）である。

(2)　本人以外の私人の協議・指定によって代理人が定められる場合

例えば、父母の協議によって決まる親権者（819条1項、3項ただし書、4項、824条）、指定未成年後見人（839条）である。

(3)　裁判所が代理人を選任する場合

例えば、家庭裁判所が選任する不在者の財産管理人（25条、26条）、家庭裁判所の決定した親権者（819条2項）、選定未成年後見人（840条）、成年後見人（843条）等である。

2　任意代理権の発生原因

任意代理権は、本人と代理人との間でなされる法律行為（代理権授与行為）によって発生する。

代理権授与行為の性質については学説が分かれている。

(1)　委任契約説

民法の起草者は、任意代理は委任契約から発生すると考えていた。しかし、不動産の仲介契約のように、委任であるが代理権の発生しない場合もあり、また雇用や請負、組合契約などによっても代理権が発生する場合がある。そこで、現在では代理権を与えることを目的とする行為がなされて、代理権が発生すると解されている。

(2)　単独行為説

委任、雇用、請負、組合契約などの債権契約と代理権授与行為（授権行為）を区別して、ドイツ法にならって代理権授与行為は単独行為であると解する説である。代理権は代理人に資格を与えるだけで、義務を負担させるものではないから、代理人の同意を必要としないという理論的な理由と、また委任契約等の無効・取消しがあってもそれは授権行為に影響を及ぼさないという無因的構成をとって取引の安全を図ろうとするのである。この説によると102条に整合する説明ができる。もっとも、この説は、表見代理制度に不備のあるドイツで取引の安全を図るために主張されたものであって、表見代理制度の完備しているわが国では、その必要性が乏しいとされる。

(3)　無名契約説（通説）

単独行為説と同様に、委任契約等の債権契約とは別に授権行為がなされるが、それは、委任に類似した無名契約だとする説がある。そして、通常は代理権授与をする契約と債権契約は有因であるから、委任契約等が無効もしくは取消されたときは、代理授与契約も無効となるとする説である。

(4)　事務処理契約説

委任、雇用、請負、組合契約等の事務処理契約・債権契約と代理権の授与行為を区別せずに、それぞれの事務処理契約から代理権が成立するという学説が、近時、有力になっている。代理関係と事務処理契約は密接不可分であり、当事者も別々の契約と意識していないからだと説明される。

3　代理権授与行為の認定

代理権の授与は、一般には委任状の交付が伴う。委任状には、普通、本人だけが署名捺印をする。単独行為説によれば、委任状の交付が代理権授与行為になる場合もあり得る。これに対して、無名契約説や事務処理契約説では、委任状は契約証書ではないから、代理権を授与したことの証拠の意味しか有しないことになる。委任状が、不完全で代理人欄や委任事項欄など委任状の一部が白紙の状態で代理人に交付される場合もある。これを白紙委任状とよぶ。委任状は交付を受ける者を信頼して交付するのであるが、これを悪用するケースが生じ、109 条の適用が問題となる。

委任状の交付がなくても、特定の取引のために印鑑を交付した場合には、代理権の授与をしたと解される場合もある（最判昭 44・10・17 判時 573 号 56 頁）。

Ⅲ　代理権の範囲

1　法定代理権の範囲

法定代理人の代理権の範囲は、法令の規定に定められている場合が多いから、その規定の解釈により、代理権の範囲も明らかになる。

2　任意代理権の範囲

任意代理権の範囲は、代理権授与行為の解釈によって、与えられた代理権の内容が確定する。

代理権の範囲が、代理権授与行為の解釈によっては明らかにならない場合もあり得る。このように代理権の内容が明らかでない場合について、民法は、103 条に当事者の意思を補充する規定を置いている。

Case ㊶

Ａは、長期の海外駐在員として赴任することになり、その所有する建物の管理をＢに委ねたが、委任状には「建物の管理を委任する」とのみ書いてあり、それ以上のことは何も定めていなかった。Ｂは、代理人としてどのようなことをする権限を有するか。

(1)　保存行為（103 条 1 号）

保存行為とは、財産の現状を維持する行為である。したがって、建物の屋根が損傷して雨漏りがする場合に、B は自分で修繕をしてもよいし、修理業者 C と修繕工事契約を A に代理して締結してもよい。

(2)　利用行為（103 条 2 号）

利用行為とは、収益を図る行為である。B がこの建物を D に賃貸する行為は、利用行為である。ただし、「目的物又は権利の性質を変えない範囲」で利用行為をしなければならないから、建物が居住用であったものを事業用に改築して賃貸することはできない。

(3)　改良行為（103 条 2 号）

改良行為とは、使用価値または交換価値を増加する行為である。例えば、B が建物に造作を付加する行為がこれに当たる。この場合にも、目的物や権利の性質を変えてはならない。

Ⅳ　復代理

1　復代理の意義

代理人は、本人との信任関係に基づいて代理行為をするのであるから、代理して行う法律行為の内容の決定や契約の締結については自ら行わなければならない（自己執行義務）。本人が代理人を信頼して選任をしたのに、代理行為の決定を他人に委ねることができるとするのは、信頼をした意味がなくなるからである。しかし、代理人が重病に陥り、代理行為を自分で執行できなくなったような場合には、別人に代理行為を依頼したほうが本人の利益に適う。そこで代理人は、本人のために別の代理人（復代理人）を選任することができる場合があり、これを復代理と呼ぶ。

2　復代理人の選任

a　任意代理における復代理

任意代理人は、特に本人の信任を得て代理人となっているのであるから、本人の許諾を得たとき、またはやむを得ない事由があるときでなければ、復代理人を選任できない（104 条）。この場合以外において、復代理人を選任することはできず、これに反した復任は無効であり、復任を受けた者が復代理人として行った行為は、無権代理行為となる。

復代理人を選任したときは、代理人は復代理人の行為についてどこまで責任を負うかは、本人と代理人との間で成立した委任契約等の趣旨に照らして、代理人の債務不履行と認められるかによって、決せられる。

b　法定代理における復代理

法定代理人は、自己の責任において自由に復代理人を選任することができる（105条前段）。法定代理人は、法定代理人の能力を見込んだ本人が信頼して選任したものでもなく、またその自己執行義務の範囲も広い。そこで、法定代理人は自由に復代理人を選任し、代理行為をしてもらうことができるようにした。法定代理人は復代理人の行為のすべてについて責任を負うのが原則である。105条前段が「自己の責任で」と定めているのは、この趣旨である。ただし、やむを得ない事由から、復代理人を選任したときは、責任が軽減されて、復代理人の選任および監督についての責任のみを負えばよい（105条後段）。

3　復代理人の地位

Case ㊷

AはCに対する100万円の金銭債権の取立を弁護士Bに委任し代理権を付与した。BはAの許諾を得てこの取立を弁護士Dに依頼した。この依頼に従って、DはCから100万円の金銭を取り立て、受領した。この金銭の引渡しをAがDに請求してきた場合に、Dはその請求に応じなければならないか。

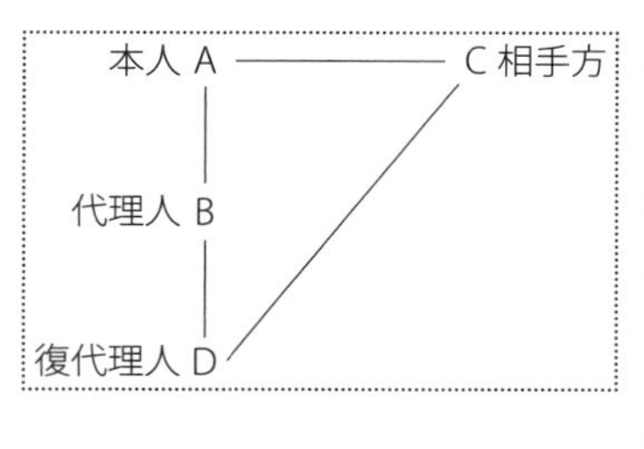

a　代理人と復代理人の関係

代理人Bと復代理人Dの間には代理行為を委託する契約（委任・雇用等）があり、両者の関係はその契約によって規律される。

b　本人と復代理人との関係

復代理人Dが権限内の行為については、本人Aを代理するから（106条1項）、第三者Cに対しても代理人Bと同様の立場に立つ（106条2項）。すなわち、復代理人が権限内の代理行為を第三者と行った場合に、その効果は本人に直接帰属する。

本人と復代理人との間には、直接的な契約関係は存在しないが、106条2項が便宜上復代理人は、その権限の範囲内において、「代理人と同一の権利を有し、義務を負う」と定めている。その結果、Dが100万円をCから受領した場合には、Dは代理人Bに対して引渡し義務を負うほかに、本人Aに対しても引き渡す義務を負う。もし、DがBに100万円を引き渡したときは、Aに引き渡す義務は消滅する（最判昭51・4・9民集30巻3号208頁）。したがって、Bに引き渡す前にAからDに100万円の引渡し請求があった場合には、Dはこの請求に応じてAに引き渡さなければならない。最終的には、Aに受領物を引き渡すことが目的だからである。

V　代理権の制限

代理人は、代理権の範囲内であれば、常に有効に代理をすることができるというわけではなく、代理権の範囲内の事項であっても、代理権の行使が制限される場合がある。

1　自己契約・双方代理の禁止

a　原則

Case ㊸

本人Aは自己所有の甲地の売却をBに依頼し、代理権を授与した。

(1) A・B間の甲土地の売買契約について、Aの代理人Bが自分を買主として、売買契約締結した場合に法律関係はどうなるか。

(2) Bが甲土地をCに売却する契約を締結する際に、BはCからも契約締結の代理権を与えられ、A・C双方の代理人になって売買契約を締結した。このような代理行為は有効か。

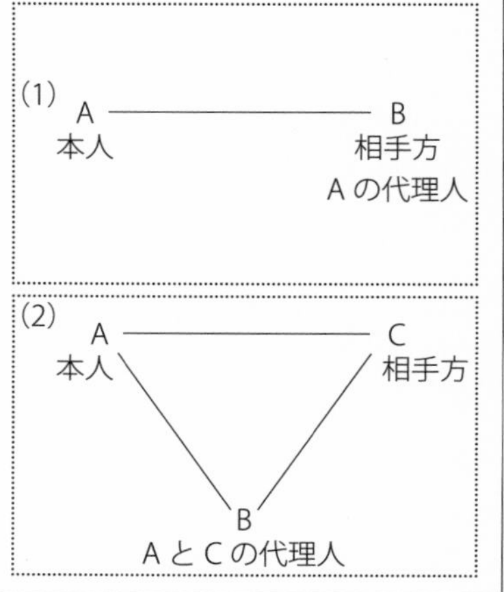

自己契約とは、ある者が契約することについて、その相手方に代理人自身がなって、自分自身と契約を締結することである。Case（1）がこれに該当するが、この場合については「代理権を有しない者がした行為とみなす」（108条1項本文）と定められている。BがAの代理人となることを一般的に禁止しているわけではなく、自己契約について、代理人BのAを代理する権限が制限されるのである。代理人Bは本人Aの利益のために行為をする義務（忠実義務）を負うが、それが全うされないおそれがあるからである。

Case（1）の場合には、Aは高い価格で売却されることに利益があり、Bは安い価格で購入できることに利益があるから、AとBの利益は相反することになる。したがって、BがAの代理人になっている場合には、自己の利益を図って、自分に都合の良い値段を付けて、Aの利益を害するおそれがあるから、Aへの効果帰属が否定されるのである。

双方代理とは、ある契約について、当事者双方の代理人になることである。Case（2）がこれに当たる。この場合には、BがAの利益を図れば、Cの利益が害され、Cの利益を図れば、Aの利益が害されるおそれがあるから、Bの代理行為による効果がAに帰属することを否定するのである（108条1項本文）。

b　禁止違反の効果

上に述べたように、108条は、代理権を制限している規定と捉えるべきであり、これに違反する代理行為は無権代理となる（108条1項本文、大判大12・5・24民集2巻323頁）。

c　例外的許容

自己契約・双方代理の禁止は本人の保護を目的としているから、本人があらかじめ許諾しているときは、自己契約および双方代理は有権代理となって有効である（108条1項ただし書）。したがって、108条は、強行規定ではない。

さらに、例えば、不動産の売買契約が締結された後に、契約の履行行為である所有権の移転登記について、代理人が売主と買主の双方を代理することも許容される（108条1項ただし書）。

2　利益相反行為

自己契約または双方代理に当たらない場合でも、代理人と本人との利益が相反する行為についても、代理権を有しない者がした行為とみなされる(108条2項)。本人の利益が害されるおそれが大きいからである。

例えば、甲土地を所有するAから処分をする代理権を与えられているBが、Bが負っているCに対する1000万円の借入金債務を担保するために甲土地上に抵当権を設定する行為は、自己契約でも、双方代理でもなく、BはAの代理人として行為をしており、代理権限の範囲内の行為をしているが、利益相反行為であるとされる。Aには甲土地に抵当権を負担するという法的不利益が生じ、Bには自己の債務のために担保が供せられるという法的利益を受けることになり、AとBの利益が相反することになるからである。

これに対して、AがBにAのために金銭を借入れることができる代理権と、そのためにA所有の甲土地に担保を設定することもできる代理権を与えていた場合に、遊興費を獲得する目的でBがCからAの名義で1000万円を借り、その担保として甲土地に抵当権を設定した場合は、利益相反行為はないと解される。すなわち、外形的には、Aが金銭債務を負担し、その債務の担保にAの所有の土地を供しただけで、Bは何ら利害関係を有していない。ただ、問題は、Bは内心では自己の利益を図ったということである。この問題は、代理権の濫用の問題となり、CがBの目的を知り、または知ることができたときは、無権代理とみなされる(107条)。

判例は、利益相反であるかの判断は、代理人の動機や意図からではなく、行為の外形から客観的に判断すべきだとしている(826条に関するものであるが、最判昭37・10・2民集16巻10号2059頁、最判昭42・4・18民集21巻3号671頁)。利益相反行為は、無権代理行為とみなされるから(108条2項)、契約は効力を生じないものとされるが(113条1項)、代理人の内心状態を窺い知るのは、相手方にとって困難であり、内心状態で判断するのは適切ではない。相手方が、利益相反であるかを判断できる外形的・客観的事情から利益相反か否かを判断すべきだと解するのである。Bが自己の借入金債務のためにAの甲土地に抵当権を設定するのは、一方ではBの利益になり、他方ではAの不利益となるのだから、適正ではないことは、明らかだからである。

ただし、本人があらかじめ許諾した行為については、この限りではないとされる（同項ただし書）。

3　共同代理

Case 44

Aが、A所有のマンションの1室を売却することについて、BとCに委任をし、代理権を授与した。Bが単独でDとマンションの売買契約を締結した場合に、この売買契約の効果は、Aに帰属するか。

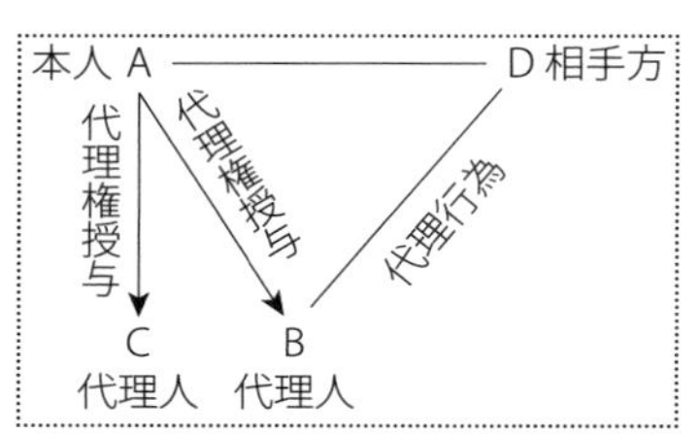

同一の事項について、代理人が複数存在する場合には、各人が単独で代理行為をすることができるのか、共同してしなければならないのかが問題となる。後者の場合が共同代理である。共同代理か否かは、代理権授与の趣旨によっていずれであるかが決まるが、趣旨が明らかでないときは、原則として各代理人は単独で代理行為をすることができる。

これに対し、共同で代理行為をしなければならない趣旨が明らかな場合には、共同代理人の代理権は制限されていることになる。共同代理の例としては、法定代理について親権の共同行使の原則（818条3項本文）がある。任意代理の場合にも、本人が共同代理の趣旨で代理権を授与した場合には、代理人は共同して代理行為をしなければならない。共同代理の定めに反して、代理人の1人が行った行為は無権代理行為となる。

共同代理は、意思表示を慎重に行わせ、あるいは専断的・背信的な行為を回避するためになされる。受働代理の場合には、意思表示を受領するだけであって、このような問題が生じないので、共同代理と定められている場合であっても、代理人の1人に意思表示が到達したときは、意思表示の効力は生じると解されている。また、全ての代理人に対して意思表示をしなければならないというのは、相手方にとっては煩雑であり、酷であることも理由である。

Ⅵ　代理権の消滅

1　法定代理権および任意代理権に共通する消滅原因

法定代理権も任意代理権も、①本人の死亡（例外：商行為を委任することによって生じる代理権は、本人の死亡によって消滅しない（商 506 条））、②代理人の死亡、③代理人についての破産手続開始決定、④代理人についての後見開始の審判によって消滅する（111 条 1 項）。

2　任意代理に特有の消滅原因

代理権授与行為と委任等の代理権授与の基礎となる債権契約とは観念的には区別されるが、民法は、代理権授与と委任契約を区別していなかった民法の旧規定の名残で、「委任の終了によって消滅する」と定めている（111 条 2 項）。この規定は代理権授与の基礎となった債権契約が終了した場合には、代理権も消滅すると定めたものと解される。

第 6 節　代理行為

Ⅰ　代理行為の意義

Case ㊺

Bが買主Aの名前だけを契約書に記載し、自分が代理人であること記載せずに、売買契約をCと締結した場合に、Bの代理行為による売買契約は成立するか。

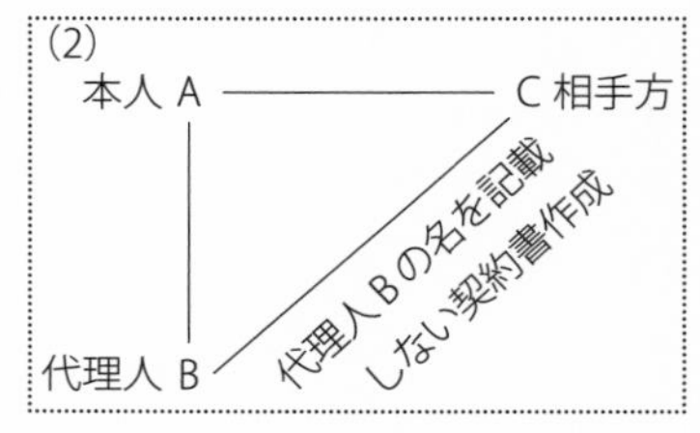

代理行為とは、代理人Bが行う意思表示であって、その効果を他人である本人Aに帰属させる意図を有する意思表示である。そこで、代理人Bによる意思表示の効果が他人である本人Aに帰属することを相手方Cに認識させる必要がある。つまり、Cは、買主がBであるならば、資力もあり、代金の支払いも受けられると考え、売買契約を締結するが、買主がAであるならば、資力に不安があり、代金の支払いを受けられない可能性もあるので契約は締結しなかったであろうという事態があり得るからである。

そこで、民法は、意思表示の効果が他人である「本人」に帰属することが示されていることが必要であるとしている。すなわち、能働代理では、代理人が代理権限内の事項について「本人のためにする」ことを示して意思表示をすることである（99条1項）。また、受働代理においては、相手方が「本人のためにする」ことを示してした意思表示を受領する代理権を有する代理人が受領することである（99条2項）。「本人のためにすることを示」すことを顕名という。

Ⅱ　代理における行為者

代理では、意思表示をするのは代理人であり、その効果は本人に帰属する。それでは、代理における行為者は誰であろうか。一般には、代理における法律行為を行うのは代理人であると解されている（通説）。この説では、代理人が行為をするのであるから、代理人について意思表示の瑕疵がなければ、代理行為は有効に成立する（101条参照）。本人による代理権の授与は、代理行為の成立要件ではなく、代理行為の効果が本人に帰属するための効果帰属要件とされる。

しかし、近時は、行為者を誰であるか決める必要はなく、意思表示の成立・内容、意思表示の瑕疵の有無の問題にすればよいとする見解も有力に主張されている。

Ⅲ　顕名

1　顕名の原則

代理人は、意思表示をする際に、「本人のためにすることを示」す必要がある（99条1項）。顕名の原則は、相手方に契約当事者が誰であるかを明らかにし、契約当事者の誤解から生じる損害を回避しようとするのである。顕名がなされれば、代理人には意思表示の効果が生じない。

受働代理の場合には、相手方が、自己の意思表示は本人に対してするものであることを示してすることになる。

2　顕名の方法

顕名の方法としては、まず、代理人Bが「Aの代理人B」とBが代理人であり、本人がAであることを明確に示す方法がある。しかし、「A会社出張所主任B」というように肩書きに会社の役職を記載した場合（大判明40・3・27民録13輯359頁）も、意思表示の解釈から顕名がなされていると解すべきである。

本人Aの名前だけが署名され、代理人Bの名が現れない場合（署名代理）は問題である。相手方Cからすれば、当事者がAであることが分かるときは、顕名の要件を充たすと解すべきであろうか。しかし、相手方からすると、Aの名前が示されているが、契約交渉で目の前にいるのはBであり、BをAと思い違える場合もありうる。その場合には、人違いで契約をしたという錯誤の問題が発生する。このような場合には、周囲の事情から代理行為者が本人ではないことが分かる場合や本人を害することがない場合には、有効な顕名がなされていると解されるべきである（大判大9・4・27民録26輯606頁、大判昭8・5・16民集12巻1164頁）。

3　顕名がない場合

Case ㊻

Ａは絵画を購入したいと思ったが、自分で絵画を購入するには贋作を買うことになりはしないかという不安があったので、専門家であるＢに購入を依頼し、代理権も授与した。ＢはＣ画廊が所有する絵画を購入するのがよいと考えて、Ｃに「あなたの所有する絵画を購入したい」とだけ述べた。Ｃは、絵画を「売りましょう」と述べた。その後、ＣはＢが買主だと思って、Ｂに代金を請求してきたが、ＢはＡが買主だとして、代金の支払いを拒絶できるであろうか。

代理人Ｂが顕名をしないでした意思表示は、代理人自身のためにしたものとみなされる（100条本文）。すなわち、代理人自身に意思表示の効果は帰属するから、絵画の買主は代理人Ｂになり、Ｂ・Ｃ間で売買契約が成立し、効果はＢに帰属することなる。

ところが、Ｂの真意は、Ａ・Ｃ間の売買契約を締結したつもりでいたときは、Ｂは錯誤の主張ができそうであるが、100条本文がＢ自身のためにした意思表示とみなしているので、取消しの主張はできないこととなる。したがって、原則として、ＢはＣの代金請求を拒絶できない。

ただし、相手方Ｃが、代理人Ｂが本人Ａのために代理行為をしたことを知り、または知ることができたときは、Ａ・Ｃ間の売買契約が成立したことになる（100条ただし書）。この場合には、Ｂは意思表示の効果が自己に帰属することを拒むことができるから、ＣがＢに絵画の代金を請求してきた場合には、Ｂはその支払いを拒絶できる。ＡはＣに対して絵画の引渡しを請求することができ、ＣはＡに対して代金の支払いを請求することになる。

Ⅳ　代理行為の瑕疵

Case ㊼

Aが床の間に飾る骨董品の掛け軸を購入したいと思い、Bにその購入を依頼し、代理権も与えた。

BがCに「円山応挙の真作の掛け軸だ」と欺されて、Cから贋作の掛け軸を購入する契約を代理人として締結してしまった。Aは、この売買契約を取り消すことができるか。

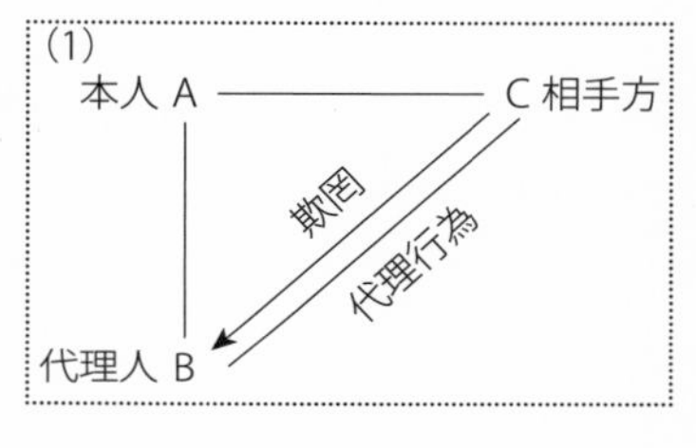

1　代理人が相手方に意思表示をする場合

代理人が、相手方に対してした意思表示の効力が、意思の不存在（心裡留保、虚偽表示）、錯誤、詐欺、強迫またはある事情を知っていたこと、もしくは知らなかったことにつき過失があったことによって影響を受けるべき場合には、その事情の有無は、代理人について決せられる（101条1項）。

Caseにおけるように、代理人Bが相手方Cに欺されて、意思表示をした場合に、本人Aは欺されていないから、詐欺を理由として取り消すことができず、売買契約の効果はAに帰属し、Aは代金をCに支払わなければならないという結果は、おかしいといわざるをえない。ここでは、Bが意思表示をしているのであるから、意思表示に瑕疵があるか、どのような事情で代理行為がされたかは、Bのところで判定すべきだからである。したがって、Aは、詐欺を理由に掛け軸の売買を取り消すことができる。BがCから強迫された場合もBが錯誤に陥っていた場合も同様であり、Aは契約を取り消すことができる。

また、BとCが通謀して虚偽表示による売買をした場合には、Aが通謀に加わっていなくても、売買契約は無効である。

2　相手方が意思表示をする場合

相手方Cが掛け軸を売るつもりはないのに、Bに「売る」と意思表示をした場合に、Cの意思表示は効力を生じるであろうか。Cの意思表示は、心裡留保である。心裡留保による意思表示は原則として効力を妨げられないが、相手方がその意思表示が表意者の真意ではないことを知り、または知ることができたときは、その意思表示は無効とされる（93条1項ただし書）。この場合は、相手方Cが代理人Bに意思表示をした場合であるが、その意思表示を受けた者が悪意か、善意有過失かによって影響を受けるときは、悪意であるか、善意有過失であるかは、Bにおいて判定されることになる（101条2項）。

Bが C を欺して意思表示をさせた場合はどうか。Aは、欺していないのだから、第三者による詐欺であって96条2項が適用されて、Aが詐欺の事実について悪意または善意有過失でなければ、Cは取り消すことができないというのは、おかしいであろう。BはAのために代理行為を行っており、AはBを代理人として使用することによって利益を得ているのであるから、AとBは一体とみるべきであり、Bの欺罔行為は当事者として行ったものといわざるをえない。よって、Cは、96条1項に基づいて取消しをすることができる。

3　特定の行為を委託された代理人の場合

Caseのように代理人Bが掛け軸を買うという特定の法律行為をすることを委託された場合には、相手方Cが売るつもりはないの「売る」とBに表示したとき、すなわち心裡留保による意思表示をした場合に、それをBは真意だと思ったが、Aは真意できないことを知っていたときは、本人は自ら知っていた事情について代理人が知らなかったことを主張できない（101条3項）から、Cは、Aに対して心裡留保の無効を主張できる（93条1項ただし書）。

V　代理人の行為能力

> **Case 50**
>
> Aが宅地を購入したいと思い、その購入を未成年者Bに委託し、代理権を授与したが、Bの法定代理人の同意は得ていなかった。Bは、Cからその所有する甲地を買い受ける契約をした。その後、甲地よりも安い宅地が見つかったので、AはCとの契約を解消しようと思い、未成年者とCは契約をしているから、AはCとの売買契約を取り消すと主張するが、この主張は認められるか。

代理人は、法律行為を行うのであるから、意思能力があることは必要である。意思能力を欠いた状態でなされた代理行為は、無効となる。

しかし、代理人は行為能力者である必要はない。意思表示の効力に影響のある事情の存否については代理人について決するという原則（101条1項）からすると、行為能力の有無も代理人について決せられなければならないことになるが、代理人が制限行為能力者であっても、代理行為の効力に影響は与えず、取り消すことができない（102条本文）。

制限行為能力を理由として取消しが認められるのは、制限行為能力者を保護するという趣旨だからである。したがって、未成年者ではない本人Aによる取消しを認めることは、制限行為能力者保護の趣旨に適合しないことになる。また、本人があえて制限行為能力者を代理人に選任した以上、そのことによって生じる不利益は選任した本人が負うべきであり、制限行為能力を理由とする取消しを認める必要はないからである。したがって、CaseにおけるAは、Bが未成年であるが、取消しを主張することができない。

ただし、Bが未成年者であるから、AとBとの間の委任契約が取り消された場合には、Bは代理権を失うから、その後、Bがする代理行為は無権代理となって、効力が生じない（113条1項）。

例外として、制限行為能力者が他の制限行為能力者の法定代理人としてした行為は、行為能力の制限による取消しをすることができる（102条ただし書）。例えば、未成年者Aの親権者Bが成年被後見人である場合には、BがAの代理にとしてした行為は、Bの行為能力の制限を理由に取り消すことができる。

代理人が制限行為能力者であって、事理弁識能力が不十分である場合には、代理行為によって本人に不利益が生じるおそれがある。任意代理の場合には、本人が制限行為能力者を信頼して代理人に選任しているのだから、本人に法理効果を帰属させてもよいであろう。しかし、制限行為能力者の法定代理人の場合には、本人が代理人を選任するわけではないから、本人の保護を図る必要がある。

第7節　無権代理 Vertretung ohne Vertretungsmacht

Ⅰ　無権代理の意義

代理人として行為した者が、当該行為について代理権を有しない場合を無権代理という。また、代理人として行為した者を無権代理人という。

無権代理は、広義の無権代理と狭義の無権代理に分類される。

広義の無権代理は、広く代理権のなかった場合をいい、表見代理が成立して結果的に本人に効果が帰属する場合と、表見代理が成立せず本人の責任を問うことができない場合を含むものである。

狭義の無権代理とは、表見代理が成立せず、契約の法律効果は本人に帰属しない場合をいう。

Ⅱ　代理行為の効果の不帰属

Case ㊿

Aの長男Bが、Aに無断で印鑑と必要書類を持ち出して、A所有のマンションをCに売却する契約をした。その際、Bは「Aの代理人だ」と称していた。CはAに対して、契約の履行を請求することができるか。

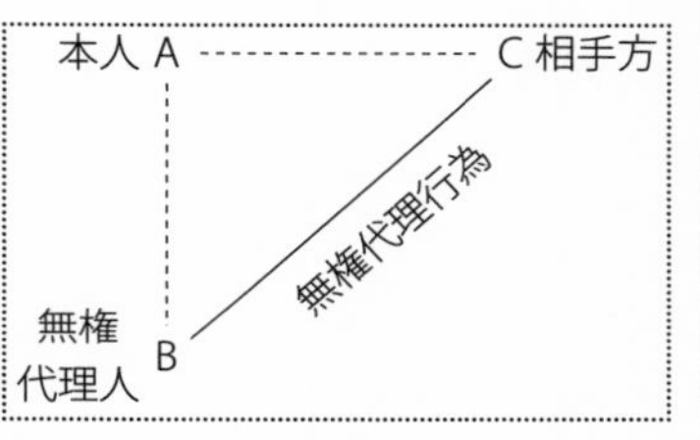

本人Aと相手方Cの間では、無権代理人Bの行った契約の法律効果は生じない。言い換えると、無権代理人の行った契約の法律効果は、本人に帰属しない。本人に効果が帰属しないのは、代理権という本人への効果帰属要件が存在しないからである。すなわち、A・C間の売買契約は成立していないことになり、Aは売主ではないので、Cからの履行請求に応じる必要はないことになる。

また、無権代理人Bにも効果は帰属しない。無権代理人が行為をした際に、自分自身に行為の効果を帰属させようとする意思を有せず、また相手方Cも本人Aに帰属させる意思でいるからである。ただし、117条によって、無権代理人は責任を負わなければならないが、それは無権代理の効果が帰属することによる責任ではない。

無権代理行為によってなされた法律行為は、本人Aに対して効力を生じないのであるが（113条1項）、相手方Cにとってみれば、有効にマンションを入手できたと思ったら、その売買契約は無効であるというのは、受け容れがたい結果であろう。代理人と称する者Bが本当に代理権を有しているのかを判断するのは、Cにとって困難な事柄である。また、このような事態を放置しておくと、代理人と称する者との取引は相手方にとって極めて危険なものとなり、代理取引を避けるようになるであろう。しかも、代理制度は、現代社会では不可欠の制度であるから、代理制度の信用を図るために、民法は、当事者の利益の調整を図る規定を置いている。

Ⅲ　本人の追認と追認拒絶

1　本人の追認権

無権代理行為の効果は、原則として本人に帰属しないが、しかし、本人がこれを追認したときは、本人に効果が帰属する（「浮動的無効」または「相対的無効」という。113 条 1 項）。A にとってマンションが有利に売却され、自分に法律効果の帰属を認めたほうが有利だと思った場合である。そこで、民法は、無権代理の追認という制度を設けた。追認とは、本人が無権代理行為の効果を引き受けることである。この引き受ける資格を追認権とよぶ。

追認とは、無権代理行為の効果を自己に帰属させる意思表示であって、単独行為である。追認をすると、代理行為の効果が契約の時に遡って効力を生じる（116 条）。ただし、本人が別段の意思表示をし、これに相手方が同意した場合には、この限りではない（116 条本文）。

また、追認の遡及効は、第三者の権利を害することができない（116 条ただし書）。第三者の権利とは、無権代理行為から追認までの間に第三者が取得した権利であって、相手方の権利と抵触するものである。無権代理人 B がマンションを C に譲渡したが、その後に A が同マンションを D に譲渡したにもかかわらず、A が B の無権代理行為を追認した場合には、116 条本文からすると、C が遡及的に権利を取得し、D は無権利者である A から権利を譲り受けたことになり、D が権利を取得できないというのは妥当ではないというのが、116 条ただし書の趣旨であった。しかし、この場合には、A → C の譲渡と A → D の譲渡が二重にされた関係であり、177 条の適用される物権変動の対抗問題として、すなわち、C と D のいずれが先に対抗要件としての登記を備えたかによって決すればよいのである。したがって、この場合には、116 条ただし書の適用の余地はない。

追認は、相手方のある単独行為であるが、その意思表示は無権代理人でも相手方のいずれに対して行ってもよい。ただし、無権代理人に対して追認をした場合には、相手方が追認の事実を知らなければ、相手方に対して追認の効果を主張することができない（113 条 2 項）。

2　本人の追認拒絶権

無権代理行為の効果は、原則として本人に帰属しないとはいえるが、しかし本人の追認によって覆る不確定な効果である。このような不安定な法律状態は望ましいものではない。不安定な状態を除去するための制度として、本人の追認拒絶権がある。すなわち、本人が追認を拒絶すると、無権代理行為の効果は本人に帰属しないことに確定する。本人への効果不帰属が確定するから、拒絶以後は、本人も無権代理行為の追認をすることができなくなる（最判平10・7・17民集52巻5号1296頁）。

追認の拒絶は、無権代理人または相手方のいずれにしてもよいが、無権代理人に対して追認拒絶の意思表示をした場合には、相手方がそのことを知ったときにのみ、相手方に追認拒絶を対抗することができる（113条2項）。

3　相手方の催告権と取消権

無権代理行為の効果は、上に述べたように、追認または追認拒絶がされるまでは、浮動的な状態に置かれる。しかも、その影響を最も受けるのは相手方である。そこで、民法は、相手方にも浮動的状態を解消する手段を認めている。

a　催告権

まず、相手方は、本人に対して、相当の期間内に追認するか否かを確答するように催告することができる（催告権、114条前段）。催告に応じて、相当期間内に追認または追認拒絶に関する確答が相手方に到達した場合には、それに応じた効果が発生することになる。しかし、この催告に対して、相当期間内に本人からの確答が相手方に到達しなかったときは、追認を拒絶したものとみなされる（114条後段）。

b　取消権

また、相手方が無権代理について善意である場合には、本人の追認前においては、無権代理人との行為を取り消すことができる（取消権、115条本文）。ただし、無権代理であることを知っていた相手方は、追認されるか、追認拒絶されるか分からない浮動的な法律状態を覚悟して取引をしているはずであるから、取消権は認められない（同条ただし書）。

相手方が無権代理契約を取り消した場合には、これによって契約は、無効に確定する。無権代理行為の存在を前提として認められる法律関係は全く生じなくなり、無権代理人の責任（117条）を追及することもできなくなると解される。

Ⅳ　単独行為の無権代理

Case 52

Aが C 所有の甲土地を購入する契約を締結した。ところが、Aの代理人と称する無権代理人BがA・C間の売買契約を解除するという意思表示をした。A・C間の売買契約は、解除されたことになるか。

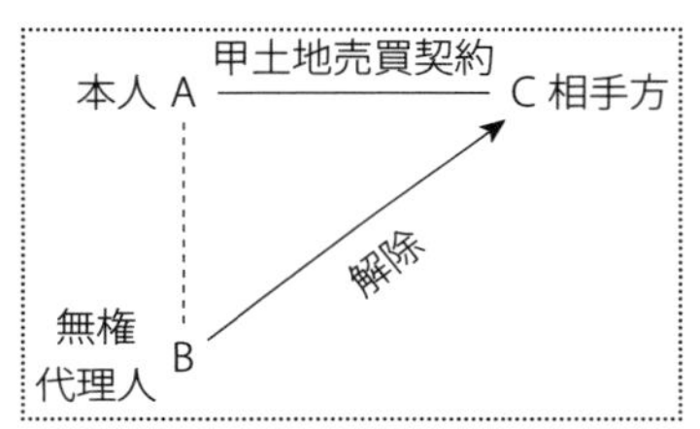

単独行為の無権代理について、118条は、その行為の時に、相手方が代理人と称する者が行う無権代理行為に同意し、または代理権を争わなかったときに限り、113条から117条までの規定を準用すると定めている。すなわち、本人の追認によって無権代理行為の効果が遡及的に生じるようなことは原則として認めないということを意味している。

解除権の行使は、単独行為であり、Bはそれについて無権代理行為を行っている。Cは、Bの無権代理行為、すなわち解除は無効だと思っているのに、Aが追認して、解除が有効になると、Cは思わぬ不利益を被ることになる。したがって、原則として、単独行為の無権代理は追認できるものであってはならないと考えたわけである。すなわち、単独行為の無権代理は、原則として、絶対的に無効である。

ただし、CがBの無権代理行為に同意をし、もしくは代理権を争わない場合（Cが解除に応じて、受領していた甲土地の代金を返還してきたような場合）には、絶対的無効とする必要がなくなるので、追認によって遡及的に有効となることが認められる（118条前段）。

相手方Cの単独行為を無権代理人Bが受領する場合（受働代理）については、118条後段が規定する。例えば、Cが未払い代金債権の消滅時効の完成猶予をするために、無権代理人Bに支払を催告した場合に、Bに催告をしても何らの効果も発生しないのであるが、それによって損害を被ったとしてCがBに対して責任を追及できるとするのは適当ではない。そこで、受働代理の場合も、無権代理人Bの同意がない限りは、無権代理人の責任に関する117条の適用はないものとする。

V　無権代理人の責任

1　意義・性質

無権代理行為は、代理権が存在しないのであるから、その効果は本人に帰属しない。また、既に述べたように、無権代理人自身も自分に行為の効果を帰属させようとする意思を有せず、また相手方も本人に帰属させる意思でいるから、無権代理人にも効果は帰属しない。無権代理人にも効果が及ばないとすると、相手方は大きな不利益を被る。そこで、民法は、善意無過失の相手方は、無権代理人に責任を追及することができることを認めている（117条）。判例は、117条による無権代理人の責任は、取引の安全を確保し、代理制度の信用を維持するために認められた無過失責任であると解している（最判昭62・7・7民集41巻5号1133頁、百選Ⅰ−34）。

2　要件

Case 53

Bが代理権の授与もないのに、Aの代理人と称して、A所有の甲地をCに売却する契約を締結した。Aがこの契約を追認しなかった場合に、CはBにどのような内容の責任を追及することができるか。

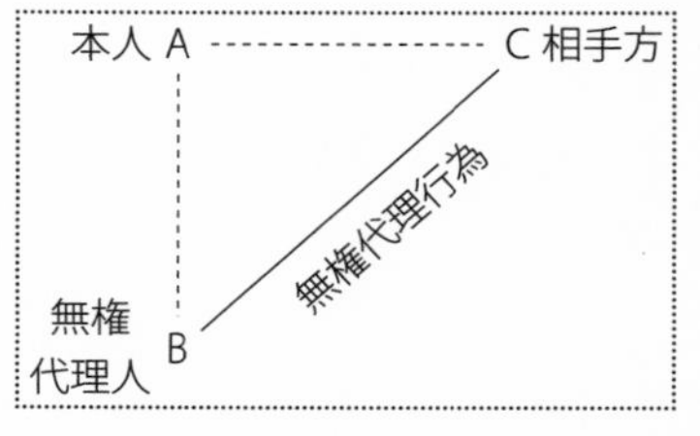

a　他人の代理人として契約したこと

Bが A の代理人として C と売買契約を締結していることは、この要件を満たすものである。この証明は、相手方 C が責任を負う。C が 115 条によって無権代理行為を取り消したことを、B が証明した場合には、この要件は満たされなくなる。115 条の取消しによって、B と C との法律関係が一切解消されてしまい、117 条による責任追及の前提が消滅してしまうからである。

b　代理権の不存在

無権代理人 B の責任を問うには、相手方 C が自称代理人 B に代理権がない旨の主張をしなければならない。これに対して、B が責任を免れるためには、代理権を証明しなければならない。本人の追認があったことを証明することによっても B は責任を免れることができるが、表見代理が成立することを B が主張・立証しても無権代理人の責任を免れることはできない（前掲最判昭 62・7・7)。表見代理は、本来、相手方保護のための制度であるからである。

c　消極要件

上記 a・b に掲げた要件が満たされる場合でも、B は責任を免れる場合がある。

(1)　相手方 C は無権代理人 B が代理権を有しないことを知っていた（悪意）ことを、B は、主張・立証して責任を免れることができる（117 条 2 項 1 号)。無権代理であることを知っている相手方まで保護する必要はないからである。

(2)　C は B が代理権を有しないことを過失によって知らなかったことを、B は、主張・立証して責任を免れることもできる（117 条 2 項 2 号本文)。C が B は本当に代理権を有しているのかを調べるべきであり、調べが不十分であるときは保護の必要性が低いと考えるのである。ただし、B が自己に代理権がないことを知っていたときまで、C に過失があったから、B は免責されるとするのは当を得ていないから、B に無権代理であるという自覚があるときは、免責されない（同号ただし書)。

(3)　無権代理人 B が制限行為能力者であった場合には、責任を免れる

(117条2項3号)。Bは、無権代理行為の当時、制限行為能力者であったことを証明することができれば、責任を免れることができる。

3　責任の内容

上記の要件が満たされた場合には、無権代理人は、相手方の選択に従って、履行または損害賠償の責任を負わなければならない (117条1項)。

a　履行請求

Cが履行を選択すると、本人との間で成立するはずである法律関係が、無権代理人との間で発生することになる (大判昭8・1・28民集12巻10頁)。すなわち、B・C間で甲土地の売買契約が発生したことになり、Cは、Bに対して甲土地の所有権移転や引渡しを請求することができることになるが、CもBに対して代金支払義務を負う。もっとも、Bは所有権を有しないのであるから、CがBに履行を請求しても、BがAから甲土地の所有権を取得していなければ、履行することができない。その場合には、Cの履行請求権は、履行不能によって損害賠償請求権に転化することになる (412条の2第2項)。

b　損害賠償請求

相手方Cは、履行の請求をせずに、損害賠償の請求をすることができる。この損害賠償は、契約の履行に代わるものである。したがって、Cは、有効な契約の履行があった場合に得られたであろう利益 (履行利益) の賠償を請求することができる (最判昭32・12・5新聞83・84号16頁)。

Ⅵ　無権代理と相続

1　問題の所在

無権代理人と本人との間に相続が生じて、それぞれ資格が同一人に帰属するようになった場合に、①本人が契約したのと同様の状態になって、無権代理行為が治癒されると考えるべきか (資格同化説)、それとも②同一人に無権代理人の資格と本人の資格が併存していて、本人として追認もしくは追認の拒絶ができ、追認を拒絶したときは、さらに無権代理人としての責任を負うと考えるべきか (資格併存説) が、議論される。

この問題が生じる場合が3つ想定される。

(1)　無権代理人が本人を相続した場合〔無権代理人相続型〕

(2)　本人が無権代理人を相続した場合〔本人相続型〕

(3)　第三者が無権代理人と本人を順次相続した場合〔第三者相続型〕

2　無権代理人相続型

a　単独相続

Case 54

Aの子Bは、Aの代理人と称してAに無断でA所有の高級車をCに売却する契約を締結した。その後、Aが死亡し、BはAを単独相続したので、CはBにこの高級車の登録名義変更と引渡しを請求した。Bは、Cの請求に応じなければならないか。

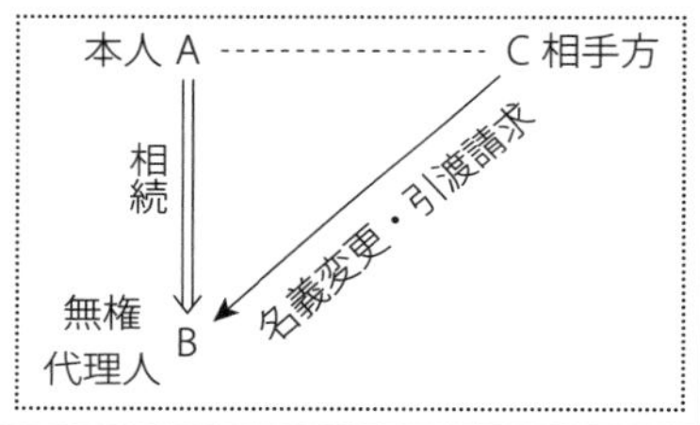

ア)　資格同化説　本人が死亡して無権代理人が単独相続をした場合について、判例は、「本人と代理人との資格が同一人に帰するにいたった場合においては、本人が自ら法律行為をしたのと同様な法律上の地位を生じたもの」と解している（最判昭40・6・18民集19巻4号986頁）。この判例は、無権代理人Bが本人Aを相続すると、Bのところで無権代理人の資格と本人の資格が同化すると考えているから、資格同化説とよばれる。

この説によれば、AとBの地位が同化するから、相続によってA自身が契約したことになり、有効となる。したがって、Cが無権代理について悪意であったときも、契約は有効に成立することになる。

この説は、かつては有力説であったが、今日支持するものはほとんどいない。この理論は、戦前の家督相続のもとで発展した理論であり、後述する共同相続の場合を説明することができないからである。すなわち、無権代理人以外の共同相続人も本人の地位を承継すると、その共同相続人は追認を拒絶できないのかという問題が生じる。また、本人が無権代理人を相続した場合に、地位の同化が生じると、本人は無権代理行為の無効を主張できなくなり、本人という無権代理の不利益を被る者が保護されなくなるのは不適切だからでもある。

イ）　資格併存説　　この説は、無権代理人が本人を相続しても、無権代理人の資格と本人の資格は同化しないと解する説である。すなわち、無権代理人Bのもとで本人の資格と無権代理人の資格が併存していると解するので、資格併存説とよばれる。しかし、Bが本人を単独で相続した場合に、Bが本人の資格で追認を拒絶することが認められるかについて、資格併存説の中で、さらに、2つの立場に分かれる。

i）　信義則説　　Bが本人の資格で追認拒絶をして、代理の効果が自己に帰属することを回避するのは信義則上許されないとする見解である。最高裁判例には、本人が無権代理人を相続した場合についてであるが、この見解を前提としているものもある（最判昭 37・4・20 民集 16 巻 4 号 955 頁）。この見解は、Bが代理人として行為をする際に、Aとの売買契約は実現できるといっておきながら、Aを相続し、売買契約を実現することができるようになったときに、追認を拒絶するのは、前の行為と矛盾することであり信義則上許されないというのである（矛盾的態度の禁止）。したがって、Bは追認を拒絶できない結果、代理行為の効果は本人に帰属したことになり、Bは本人の資格において契約の履行をしなければならなくなる。

ii）　資格併存貫徹説　　Bが本人の資格を相続した場合には、本人の資格において追認を拒絶することができるとする見解である。資格併存貫徹説とよばれる。Bが追認を拒絶した場合には、CはBに対して 117 条による無権代理人の責任を追及することができる。

この説は、Aが生存している間においては、Aが追認を拒絶したときは、CはBに無権代理人の責任追及することしかできなかったはずであるにもかかわらず、Aの死亡という偶然的事情によって、Bは追認を拒絶できず、結果的に本人と契約をしたのと同じ状態になるのは、Cの利益を図りすぎるであろうと考えるのである。また、Cが悪意であった場合には、117 条によればBに責任を追及できないのに、Aの死後はBに対して履行を請求できるとするのも、悪意のCを有利に扱うことになり、妥当ではないと解されるのである。

b　無権代理人が他の相続人とともに本人を共同相続した場合

Case 55

Aの子Bは、Aの代理人と称してAに無断でA所有の高級車をCに売却する契約を締結した。その後、Aが死亡し、Bはその兄弟DとともにAを共同相続した。CはBにこの高級車の登録名義変更と引渡を請求した。Bは、Cの請求に応じなければならないか。

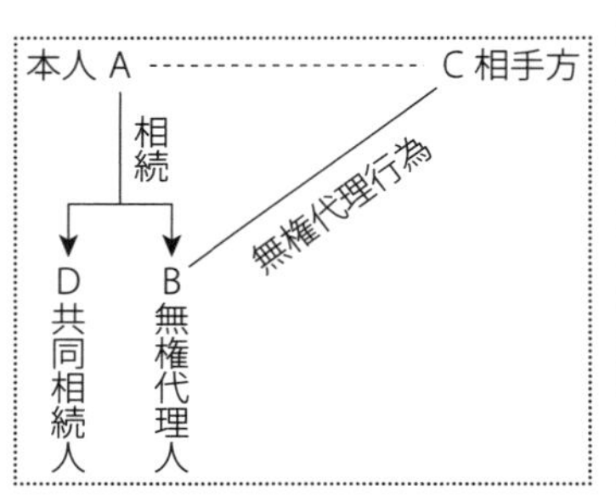

ア）　資格同化説　　資格同化説によっても、この売買契約が当然に有効になると解することはできない。Dも、Aの資格を相続しているので、追認を拒絶できるのであり、Dのこの権利を無視できないからである。たしかに、Bの共有持分の限度において売買契約は有効になると解することもできるであろうが、CがDとの共有を望んでいないのに、共有の生じる法律関係を発生させるのは問題である。

イ）　資格併存説

i）　信義則説　　信義則説では、Bは追認拒絶を信義則上することができないから、結果的にBは契約の履行をしなければならないことになる。しかし、Dには追認拒絶権を喪失すべき理由がない。そうすると、Bの共有持分の限度で契約は有効であったと解すべきであろうかが問題となる。

判例は、無権代理の追認権は「その性質上相続人全員に不可分的に帰属する」として、共同相続人全員が追認しなければ、契約の効果は本人に帰属しないとする（最判平5・1・21民集47巻1号265頁、百選Ⅰ-36)。本人が生存していた場合にも、契約の一部だけ追認して、効果を自己に帰属させることはできないのであるから、共同相続があった場合に、この法理を変更する理由はないのである。

B・D共同の追認がなかった場合には、CはBに117条の無権代理人の責任を追及することになる。

ii）　資格併存貫徹説　資格併存貫徹説では、B は追認の拒絶をすることができ、このことは共同相続の場合も同様である。しかしこの説でも、追認権や追認拒絶権は共同相続人に不可分に帰属するから、B と D は共同して追認をしなければ、契約の効果は本人に帰属しない。C は、B に無権代理人の責任を追及することとなる。

c　本人が追認を拒絶した後に死亡した場合

Case ㊻

Ａの子Ｂは、Ａの代理人と称してＡに無断でＡ所有の高級車をＣに売却する契約を締結した。Ａが追認拒絶をしたが、その後、Ａは死亡し、ＢはＡを単独相続したので、ＣはＢにこの高級車の登録名義変更と引渡しを請求したが、Ｂは、Ｃの請求に応じなければならないか。

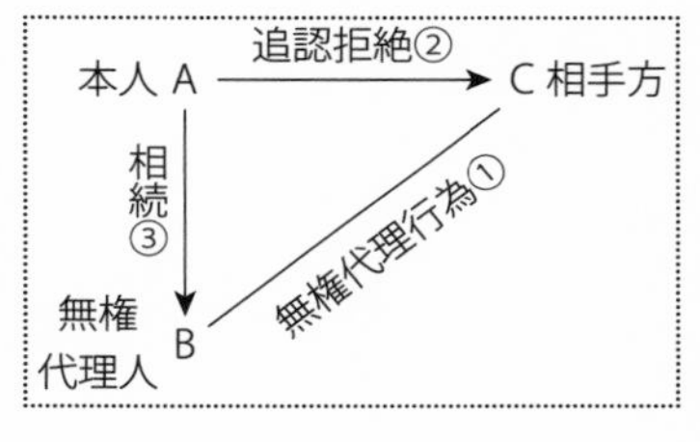

判例は、「本人が無権代理行為の追認を拒絶した場合には、その後に無権代理人が本人を相続したとしても、無権代理行為が有効になるものではないと解するのが相当である。」としている（最判平 10・7・17 民集 52 巻 5 号 1296 頁）。すなわち、無権行為は、本人が追認を拒絶すればその効力が本人に及ばないことが確定し、追認拒絶の後は本人であっても追認によって無権代理行為を有効とすることができないのであるから、無権代理人が本人を相続しても影響はないのである。したがって、B が、A は追認を拒絶していたことを主張することは信義則に反しない。C としては、B に対して無権代理人の責任を追及すべきことになる。

3　本人相続型

Case 57

Aの子Bは、Aの代理人と称してAに無断でA所有の高級車をCに売却する契約を締結した。その後、Bが死亡し、AはBを単独相続したので、CはAにこの高級車の登録名義の移転と引渡しを請求した。Aは、Cの請求に応じなければならないか。

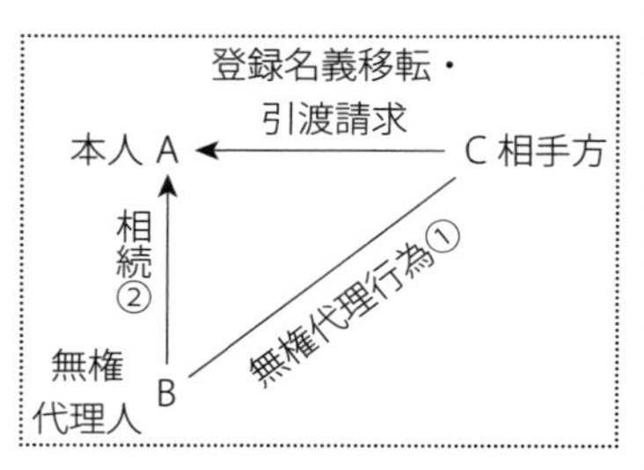

本人が無権代理人を相続した場合には、本人はいわば無権代理の被害者であるから、追認拒絶権を失う理由はない。したがって、資格同化説によって代理行為の効果が本人に帰属するとする結論はとることができない。

判例は、「相続人たる本人が被相続人の無権代理行為の追認を拒絶しても、何ら信義に反するところはないから、被相続人の無権代理行為は一般に本人の相続により当然有効となるものではない」としている（前掲最判昭37・4・20、百選Ⅰ−35）。妥当である。

問題は、CがAに対して117条に基づいて履行を請求してきた場合である。Aは、追認を拒絶できるとしても、Bの無権代理人という資格も承継しているのであるから、Cは、Aに無権代理人の責任を追及できることになる。この場合に、CがAに対して損害賠償を請求することは認められるであろう。しかし、履行の請求まで認めると、Bが生存中であれば、追認を拒絶することによって、Aは契約の履行を免れることができたのに、Bの死亡という偶然的事情によって、履行を強要されることになるのは、Bの死亡前と比べてバランスがとれないこととなる。

資格併存説によれば、Aは、無権代理人の履行責任を負わなければならないとも解しうるが、上に述べたアンバランスを回避するために、通説は、本人は、117条による損害賠償責任を負うが、履行責任は拒むことができるとする。つまり、CがAに対して高級車の登録名義の移転や引渡しを請求してきた場合には、これを拒むことができる。

他人の所有物を勝手に売却した者が死亡し、その売主の地位を相続した真の所有者は、「相続により売主の売買契約上の義務ないし地位を承継するが、そのために権利者自身が売買契約を締結したことになるものでない」とする他人物売買（改正前560条・561条・改正後561条）の判例も同様の考え方を示している（最大判昭49・9・4民集28巻6号1169頁）〕。

4　第三者相続型

Case 58

妻Bが代理権を与えられていないのに夫Aを代理して、A所有の甲土地をCに売却する契約をし、移転登記も済ませた。その後、Bが死亡して、AとD（A・Bの子）がBを相続した。さらに、Aが死亡して、DがAを単独相続した。Dは、Bの無権代理行為について追認を拒絶すると主張して、Cに対して甲土地の返還を請求することができるか。

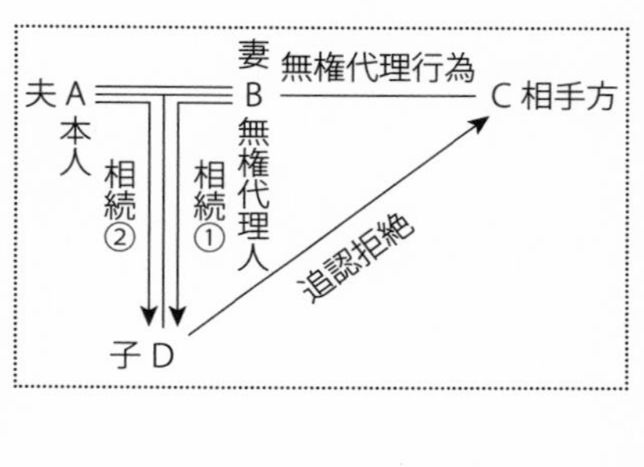

ここでは、本人でも、無権代理人でもない第三者Dに本人Aの資格と無権代理人Bの資格が承継されている。Dは、本人の資格で追認を拒絶できるであろうかが問題となる。

判例は、「相続人は本人の資格で無権代理行為の追認を拒絶する余地はなく、本人が自ら法律行為をしたと同様の法律上の地位ないし効果を生ずる」として、追認拒絶を否定している（最判昭63・3・1判時1312号92頁）。この判例は、資格同化説に立って、本人の資格と無権代理人の資格を相続した第三者のところで両方の資格が同化してしまい、本人Aが行為をしたことになって、当然代理行為は有効になると解していることになる。

このCaseでは、Dは、先に無権代理人Bを相続し、その後に本人Aを相続している「無権代理人相続型」であるから、資格併存説・信義則説によれば、Dが追認を拒絶すると、信義則に反することになり、追認は拒絶できないことになる。これに対して、Aが死亡した後にBが死亡した場合には、

「本人相続型」となり、この場合に D が追認拒絶をしても信義則に反しないというべきであろう。

資格併存貫徹説をとれば、信義則上許されるかを問うことなく、D は追認拒絶をすることができることになる。

第 8 節　表見代理 Scheinvollmacht

I　序

無権代理行為では、原則として、その効果は、本人に帰属しない。しかし、相手方が無権代理人に代理権があると信じる事情があり、その事情を相手方が正当に信じていた場合には、相手方の信頼を保護しなければならない。このような場合には、無権代理行為を有効な代理行為として、その効果を本人に帰属させる制度を表見代理という。

表見代理を認める理論的根拠としては、禁反言の法理と権利外観法理が一般にあげられる。

禁反言の法理とは、ある行為によってある事実を表示した者は、その表示を信頼した者に対して表示に反する主張をしてならないという法理であって、英米法のエストッペル estoppel 法理に由来するものである。本人の帰責事由に重点を置いた理論であるが、相手方の信頼も要求する。

権利外観法理は、表見代理人の外観を無過失で信頼した者の信頼を保護するという理論で、ドイツにおけるレヒツシャイン Rechtsschein の法理に由来するものである。権利外観に対する無過失の信頼という相手方の事情に重点を置いた理論である。かつての学説は、この理論から、表見代理の成立には本人の帰責事由は必要ではないとして、制限行為能力者の法定代理についても表見代理が認められるとしていた。しかし、近時は、権利外観法理でも、外観作出に本人の関与が必要であるという考え方が有力になってきており、結局は、表見代理を禁反言法理で説明しても、権利外観法理で説明しても、大きな相違はなくなっているといえる。

表見代理の実質的根拠は、本人に無権代理行為の効果を引き受けさせるに足る帰責事由（帰責性）があり、相手方にも保護しうるに足る外観に対する信頼（善意無過失・要保護性）があることに求められることになる。法定代理の場合にも、本人に帰責事由があり、相手方に権利外観の信頼がある場合に、表見代理が認められることになる。

表見代理は、民法上、次の 3 つの種類が認められている。①本人が代理権を授与した旨の表示をした場合（代理権授与表示による表見代理、109 条）、②ある事項について代理権を有する者が代理権のない事項について代理をした場合（権限外の行為の表見代理、110 条）、③代理権を失った者がかつて代理権を有していた事項について代理をした場合（代理権消滅後の表見代理、112 条）である。これらの表見代理は、本人の代理の外観の作出の仕方に応じて分類されている。

Ⅱ　代理権授与表示による表見代理

1　意義

実際には代理権を与えていないのに、本人が、代理人と称する者（自称代理人）に代理権を授与した旨の表示をしたために、この代理権授与表示を信頼して（善意無過失で）取引関係に入ってきた者との間では、代理行為の効果の帰属を拒否できない（109 条 1 項）とする制度である。

2　要件

a　代理権授与の表示

ア）　代理権授与表示の存在　　実際には代理権を与えていないのに、本人が第三者に対して他人に代理権を与えたと表示したことが必要である。例えば、本人 A がその所有する甲土地を売却する代理権を B に与える旨の委任状を作成し、その委任状が C に提示されて、B と C との間で甲土地の売買の交渉が行われて、契約が締結されたが、実際には、A は B に代理権を与えていなかった場合である。この表示は、明示である場合はもちろん、黙示的になされる場合もある。しかし、実際にはこのような場合は稀であって、文言的には109条の拡張適用の場合が多い。

イ）　白紙委任状　　委任状には、通常は、代理人の氏名と代理権の内容が記載されているが、このうちどちらか一方または双方が記載されていない委任状が作られた場合に、これを白紙委任状という。

白紙委任状が代理人に交付されたときも、代理人が特定しており、相手方も一定の範囲の者とされており、または本人と代理人の間では代理すべき事項が定まっているのが通例である。例えば、代理人欄が白地で、そこを代理権を授与された者が自己の名を書き入れたときは、通常の有権代理である。

ところが、白紙委任状の交付を受けた者が予定された代理事項の範囲を逸脱した場合、あるいは代理人と予定されていない者が白紙委任状を入手して、これを用いて取引をした場合に、白紙委任状の交付によって代理権の授与表示があったことになって、白紙委任状を交付した本人は、109条に基づいて責任を負うべきかが問題となる。

i）　白紙委任状の直接受領者が委任事項を逸脱した場合

Case ㊾

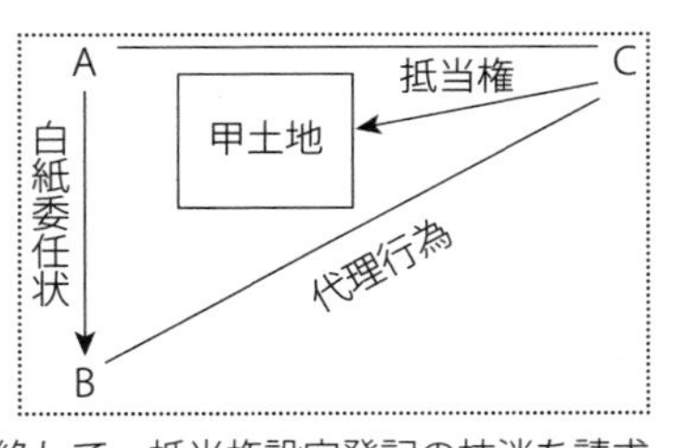

Aが自己所有の甲地を売却するために、Bに必要書類と委任事項白地の白紙委任状を交付したところ、Bは白地の委任事項を勝手に抵当権設定と補充をして、自己のためにCから金銭を借り、甲地上に抵当権を設定し、登記をした。Aは、抵当権設定を委任した覚えはなく、Bの行為は無権代理であるとして、その追認を拒絶して、抵当権設定登記の抹消を請求できるか。

Caseにおいては、AがBに白紙委任状を交付したときに代理権も授与していたとするならば、Bには甲土地を売却する代理権限は授与されている。しかし、抵当権を設定するまでの代理権は授与されていないから、権限外の行為による表見代理（110条）が成立するか否かの問題となる。したがって、

C に B に抵当権設定の代理権があると信ずべき正当な理由があれば、表見代理が成立し、甲土地に抵当権が設定されるという法律効果が発生し、A は、追認拒絶も抵当権の登記の抹消も請求できない。さらに、B が白紙委任状の代理事項欄に勝手に抵当権設定の代理権と書き込んで、その委任状を C に提示したときは、「第三者に対して他人に代理権を与えた旨を表示した」ことに当たるといいうるから、109 条 1 項の表見代理の問題にもなる。

他方、B にまったく代理権が授与されていなかったときは、110 条の適用の余地はないから、109 条の適用の問題となる。

ii）　白紙委任状の転得者がそれを流用した場合

Case ⑳

Ａが自己所有の甲土地を売却するために、Ｂに必要書類と委任事項白地の白紙委任状を交付したところ、Ｂはこの白紙委任状をＤに交付し、ＤがＣに甲土地を売却する契約を締結し、移転登記をした。ＡはＣに対して、Ｄの行った代理行為は無権代理だとして追認を拒絶し、甲土地の返還を求めることができるか。

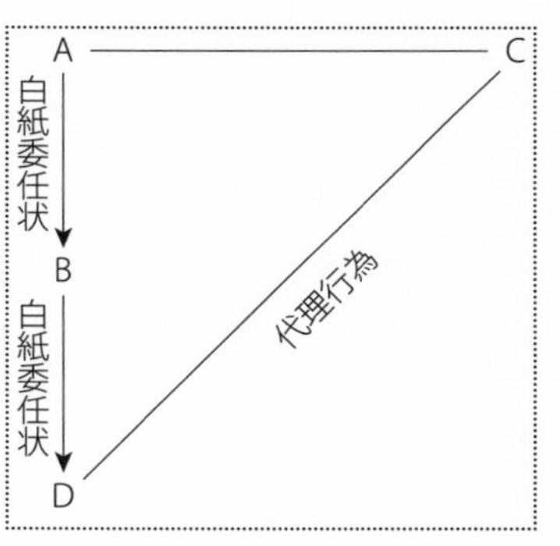

この問題は、次の 2 つの場合に分けて考察される。

(1)　転々予定型

白紙委任状を本人から直接受領した B が、D にその白紙委任状を再交付し、D は委任事項の範囲内で代理行為をしている。しかし、代理権を与えられているのは B だけであって、D には代理権は授与されていないから無権代理だといえるかが、問題となる。

白紙委任状が、それを正当に取得した者であれば誰でも代理できる趣旨で、転々移転されることを予定して交付される場合がある（転々予定型）。この場合には、委任状を正当に取得した者は、委任事項について代理権を取得するのであるから、委任事項の範囲内でした代理行為は、有権代理であって、効果は本人に帰属することになる（大判大7・10・30民録24輯2087頁）。したがって、Aは、追認拒絶をすることはできず、代理行為の効果を引き受けなければならないから、Cに対して甲地の返還を請求することはできない。

(2)　転々非予定型

Case 61

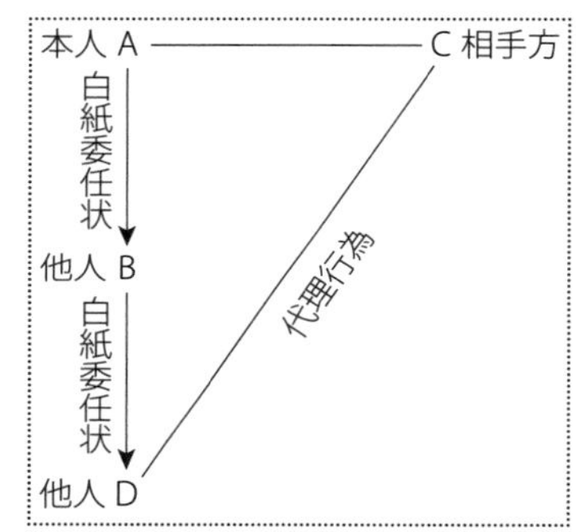

（1）Aが自己所有の甲土地を売却するために、Bに必要書類と委任事項白地の白紙委任状を交付したところ、Bはこの白紙委任状をDに交付し、DがCに甲土地を売却する契約を締結し、移転登記をした。AはCに対して、Dの行った代理行為は無権代理だとして追認を拒絶し、甲土地の返還を求めることができるか。

（2）Aが自己所有の甲土地を売却するために、Bに必要書類と委任事項白地の白紙委任状を交付したところ、Bはこの白紙委任状をDに交付し、DはCから融資を受けたので、その担保として甲土地上に抵当権を設定し、登記をした。AはCに対して、Dの行った代理行為は無権代理だとして追認を拒絶し、抵当権登記の抹消を請求できるか。

白紙委任状が交付されたときに、特定の代理人Bに代理権を授与する意味であって、この白紙委任状が転々移転することを予定していない場合である。したがって、白紙委任状をBから転得したDは、代理権を与えられていないから、無権代理人である。そこで白紙委任状の授与が、代理権の授与表示になるかが、問題となる。

①委任事項非濫用型

Case（1）のように、白紙委任状の転得者Dが委任事項の範囲内の代理行為をした（委任事項非濫用型）場合には、白紙委任状が呈示されることによって、代理権授与表示があったといえるのであり、本人の帰責性が認められる。委任事項の範囲内であれば、本人が当初から効果帰属を覚悟していた結果が生じるだけであるから、本人の保護の必要性も大きくない。これに対して、白紙委任状呈示による代理権授与表示を信頼した相手方を保護する必要性は高いといえるから、判例もこのような場合には、109条による表見代理の成立を認めている（最判昭42・11・10民集21巻9号2417頁）。

②委任事項濫用型

Case（2）のように、白紙委任状の転得者Dが委任事項を越える代理行為をした場合に、白紙委任状を呈示したことによって代理権授与呈示があったといえるであろうか。たしかに、本人Aは、白紙委任状を交付したのであるから、Aに帰責性はある。しかし、Dは委任事項を逸脱した白紙委任状の濫用があり（委任事項濫用型）、Aの予定していない事項について無権代理行為が行われているから、Aにその効果を引き受けさせるのは酷であるともいえる。

そこで、判例は、白紙委任状が「転輾流通することを常態とするものではない」場合には、白紙委任状を直接受領した者より「交付を受けた第三者がこれを濫用した場合にまで」109条を適用するものとしてAが責任を引き受けなければならないものではないとして、白紙委任状の呈示があっても代理権授与表示があったとは認めていない（最判昭39・5・23民集18巻4号621頁、百選Ⅰ-27）。さらには、代理権授与表示があったと認めながら、相手方の悪意や過失を認定して、109条の表見代理の成立を否定する判例もある（最判昭41・4・22民集20巻4号752頁）。いずれの場合も、Aは、Dの行為は無権代理であるとして、無効を主張し、甲土地の返還をCに請求することができ、また抵当権登記の抹消を請求することができる。

ウ）　表示された代理権の範囲内　　自称代理人が、表示された「代理権の範囲内において」行為をすることが必要である。もっとも、その範囲を越えて代理行為が行われた場合には、改正前は109条と110条の重畳適用の問題となると説明されてきたが、改正によって109条2項が新設された（Ⅰにおける説明参照）。

代理権の範囲内であれば、109条1項による表見代理が成立するかの問題となる。

エ）　授与表示がされた代理権の範囲外の場合　　それでは、表示された代理権の範囲を越えている場合はどうなるか。民法は、次のように規定する。第三者に対して他人に代理権を与えた旨を表示した者は、その代理権の範囲内においてその他人が第三者との間で行為をしたとすれば代理権授与の表見代理（109条1項）が成立する場合において、その他人が第三者との間で代理権の範囲外の行為をしたときは、第三者がその行為についてその他人の代理権があると信ずべき正当な理由があるときに限り、その行為について責任を負う（109条2項）。

例えば、Aが甲土地と乙土地を所有しており、Bに代理権を授与していないにもかかわらず、第三者Cに対して乙土地を売却する代理権をBに授与した旨表示したところ、Bは、Cに対して自分は甲土地を売却する代理権も与えられているといって、Cがこれを信じて甲土地の売買契約を締結してしまったような場合である。

109条1項によれば、Bが乙土地をCに売却する契約をし、Cが代理権授与があったと信じ、そのことについて過失がないときは、甲土地の売買契約の効果はAに帰属し、CはAに対して乙土地の引渡しおよび移転登記を請求することができる。

しかし、甲土地の売買は、表示の範囲を越えているときは、109条1項による表見代理は成立しない。それでは、110条による権限外の表見代理が成立するか。代理権授与の表示があっても、Bに代理権は授与されていないのであるから、110条による表見代理が成立する余地はない。そこで、改正によって授与表示がされた代理権の範囲外の表見代理に関する規定が新たに設けられた。それが109条2項である。109条2項は、109条と110条のハイブリット型表見代理といえる（改正前には、109条と110条の重畳適用とされていた（最判昭45・7・28民集24巻7号1203頁））。

要件は、①代理権授与表示による表見代理（109条1項）が成立していることである。上の例では、AがCに代理権を授与したことを表示し、Cが代理権の不存在について善意無過失であることである。次に、②権限外の行為（甲土地の売買）をBが行ったことであり、さらに、③権限外の行為（甲土地の売買）についてBの代理権があると信ずべき正当な理由がCにあることである。109条1項ただし書が適用される場合には、AがCの悪意・善意有過失を立証しなければならないが（後述、Ⅲ2bを見よ）、110条の正当な理由は、

C が主張・立証しなければならない。A は、乙土地の売買について B に代理権を授与したとしか表示していないのであるからである。

エ）　本人名義使用許諾　代理権の授与表示があったとはいえない場合であっても、本人が自己の名義の使用を他人に許している場合に、109 条の類推適用が認められる。

判例は、東京地方裁判所が職員の互助団体に「東京地方裁判所厚生部」の名義使用を認めていた場合に、その取引業者が東京地裁に代金を請求した事案について、他人に自己の名称の使用を許し、それによって自己が取引をしているように見える外形を「作り出した者は、この外形を信頼して取引した第三者に対し、自ら責に任ずべきであって、このことは、民法 109 条、商法 23 条〔現 14 条〕等の法理に照らし、これを是認することができる。」と判示して、109 条の類推適用を認めている（最判昭 35・10・21 民集 14 巻 12 号 2661 頁、百選 I−28）。他人に自己の名義を使用することを許諾するのは、代理権授与とはいえないが、本人はその取引の法律効果を自分に帰属させる意思を有すると推断させる外形を作出しているから、109 条の類推適用を認めてもよい事案であった。

b　相手方の善意無過失

2004 年の改正以前の 109 条の規定では、相手方の善意無過失は第三者保護の要件とされていなかった。しかし、判例・通説は、110 条・112 条とともに 109 条を表見代理の規定、すなわち相手方の信頼保護・取引安全のための制度と位置づけ、相手方の善意無過失を要求していたので、2004 年の改正に際して、明文でこのことを明らかにした。

この証明責任は、本人の側にある。すなわち、代理権授与表示があったときには、相手方が代理権の存在を信頼するのは一応うなずけることだからである。したがって、「代理権授与表示者は、代理行為の相手方の悪意または過失を主張、立証することにより、同条〔109 条〕所定の責任を免れることができる」とされる（前掲最判昭 41・4・22）。

3　効果

代理権授与表示をした本人 A は、他人（無権代理人）B が第三者（相手方）C

と行った表示された代理権の範囲内の行為について「責任を負う」(109条1項本文)。すなわち、BとCとの間で行われた代理行為の効果は本人Aに帰属するということである。109条も表見代理の規定であるから、無権代理について、代理権が存在していたのと同様の効果を発生させるものと解される。

Ⅲ　権限外の行為の表見代理

1　意義

Case 62

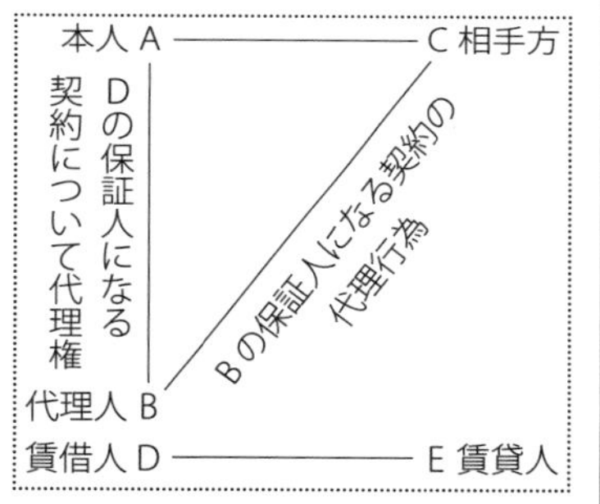

AはDがEからアパートを賃借するについての、Dの保証人となることを了承し、その保証契約の締結をBに委任し、Bに代理権を与え、実印と印鑑証明を預けた。ところが、Bは、Cから100万円を借り、この借金の保証人をAにすることにし、既に預かっていた印鑑を用いてAを連帯保証人とする契約をCと締結する代理行為を行った。Cは、Bが履行期に100万円を返済しないので、Aに100万円の支払いを請求してきた。Aは、Bの行為は無権代理だとして、連帯保証人としての責任を負わないと主張できるか。

ある事項について代理する権限を有する者が、その権限を越える事項について代理をした場合に、その代理行為は、本来は無権代理となるが、事情によっては本人に効果を帰属させるべき場合もある。すなわち、相手方が代理人として行為した者に代理権があると信じる正当な理由があった場合である。このような場合に、民法は、表見代理の成立を認める(110条)。

2　要件

a　基本代理権

ア)　基本代理権の存在　　判例・通説は、無権代理人として行為をする者に、その行為以外の事項について代理権（基本代理権）が与えられていたことが必要であるとする（最判昭 35・2・19 民集 14 巻 2 号 250 頁、百選Ⅰ－29、最判昭 39・4・2 民集 18 巻 4 号 497 頁）。すなわち、110 条が「その権限外の行為」と定めているが、代理人の権限とは代理権であるから、110 条の法文上、基本代理権の存在が要求されていると解するのである（基本代理権説）。この説では、さらに、表見代理の成立には、無権代理人の代理行為の効果を引受させるべき本人の帰責性が必要であるとする。本人が代理人に基本代理権を与えることによって越権行為をし得る原因を与えており、また代理人を通じて、何らかの法律関係の形成をしようとしていたのであるから、その形成に誤りがあったとしても、本人に効果を引き受けさせてもよいと解される。

これに対して、代理権まで必要とせず、110 条の「権限」とは本人のために対外的行為をする権限だと解する説もある（基本権限説）。この説によると、事実行為を含む対外的な関係形成をする何らかの権限を他人に委ねた場合に、本人の帰責性は十分にあると解する。

しかし、本人が事実行為だけを委ねて、法律関係の形成を予定していなかった場合にも、基本権限説によると、表見代理が成立して、代理行為の効果を引き受け、履行責任を負わなければならないという本人にとって酷な結果も生じ得るという批判がなされる。この批判に対しては、「正当な理由」の判断を厳格にすることによって対処すれば、このような結果は回避できるという反論がなされる。

結果的には、いずれの説をとっても、大きな相違は生じないように思われるから、本書では、基本代理権の存在を要件とする。

イ）　事実行為　　判例は、原則として基本代理権は、私法上の行為に関する代理権でなければならないとして、A から死亡届のために印鑑を預かった者 B が、代理人として消費貸借契約をした場合について、基本代理権の存在を否定している（大判昭 7・11・25 新聞 3499 号 8 頁）。また、外交員としての勧誘行為を代行させていた場合も、それは事実行為であって法律行為ではないとして基本代理権とは認めなかった（前掲最判昭 35・2・19）。

ウ）　公法上の行為についての代理権　　最も問題となるのが、公法上の行為について代理権を与えた場合に、110 条の基本代理権を与えたことになるかである。判例は、印鑑証明書下付申請行為について代理権が与えられていた事案について、「基本代理権は、私法上の行為についての代理権であることを要し、公法上の行為についての代理権はこれに当らない」と判示した（最判昭39・4・2民集18巻4号497頁）。

しかし、登記申請行為について、登記申請行為は公法上の行為であるが、110条の基本代理権にあたるとした判例がある。Aから移転登記申請行為の代行を委任されたBが、印鑑と印鑑証明書を濫用してAをBの債務の保証人とする契約を締結した場合について、登記申請行為は「私法上の契約に基づいてなされるものであり、その登記申請に基づいて登記がなされるときは契約上の債務の履行という私法上の効果を生ずるものであるから、その行為は同時に私法上の作用を有するものと認められる。…単なる公法上の行為についての代理権は民法110条の規定による表見代理の成立の要件たる基本代理権にあたらないと解すべきであるとしても、その行為が特定の私法上の取引行為の一環としてなされるものであるときは」110条の基本代理権と認めることができる、としている（最判昭46・6・3民集25巻4号455頁）。

b　正当な理由

代理行為の相手方（110条では「第三者」）が代理権ありと信じ、かつそう信じることについて「正当な理由」があることが必要である。

正当な理由とは、無権代理行為がされた当時存した諸般の事情を客観的に観察して、通常人においてその行為が代理権に基づいてされたと信ずるのがもっともだと思われる場合、すなわち、第三者が代理権があると信じたことが過失とはいえない場合をいう、とされる（最判昭44・6・24判時570号48頁）。

表見代理は、表見法理ないし権利外観法理に基づく制度である。そこでは、真実とは異なる代理の外観を作出したことについてが本人に帰責事由のあることが必要であり、他方、相手方にも保護に値する信頼が存在していなければならない。110条では、本人の帰責事由は基本代理権を与えたというところに具体化されている。他方、相手方の保護に値する信頼は、権利外観法理からすると、善意無過失ということになる（善意無過失説）。

これに対して、近時有力になっている基本権限説は、事実行為に関する委託も「権限」と認めるなどして、権限という要件を緩和する。その結果、本人に酷な結果が生じるおそれがあるときは、「正当な理由」の判断を厳格にすることで、調整をしようとしている。すなわち、権限を与えたことに本人の帰責性を求めず、正当な理由の判断において本人の事情と相手方の事情を総合的に判断して、その存否を判断するとされる（総合判断説）。

正当な理由の存否の判断について述べると、まず、Case における B が A の実印と印鑑証明書をもっていることは、代理権の存在を推測させる。すなわち、「印鑑証明書が日常取引において実印による行為について行為者の意思確認の手段として重要な機能を果たしていることは否定することができず…特段の事情のない限り、前記のように〔代理権ありと〕信じたことにつき正当理由があるというべきである。」とされるのである（最判昭 51・6・25 民集 30 巻 6 号 665 頁、百選 I −30）。しかし、A は連帯保証という極めて重い責任を負い、無権代理人 B の利益になるような場合は「疑問を抱いて然るべき事情」があるといえる。そのような場合には、本人 A に「直接照会するなど」して代理権の存否を確認すべきだとされる（前掲最判昭 51・6・25）。相手方がこれをしなかった場合には、過失があることになる。

正当な理由の証明責任は、相手方 C にある（109 条とは異なる）。効果発生を主張する者が、要件充足も証明しなければならないからである（証明責任の原則）。相手方は、正当な理由を根拠づける事実（上に挙げた実印・印鑑証明書、委任状などの存在）を主張・立証しなければならない。

3　効果

110 条における要件が充たされると、「前条第 1 項本文の規定は、…準用する」ことになるから、権限を越えてされた行為の効果も本人に帰属することになる。

4　法定代理においても110条の表見代理が成立するか

Case 63

妻Bが夫A所有の甲土地をAに無断で売却する契約をCと締結した場合に、CがBには売却する権限があると過失なく信じていた場合には、CはAに対して甲土地の所有権の移転登記を請求することができるか。

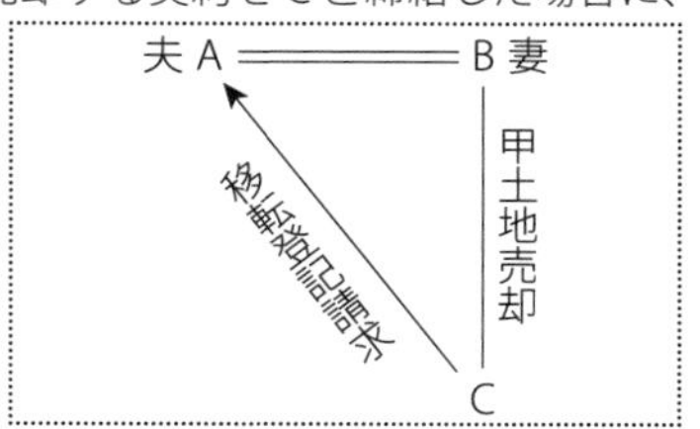

法定代理について110条の表見代理が成立するであろうか。110条の法文上は、「代理人」とのみ規定しており、適用範囲を任意代理に限定しているわけではない。しかし、110条の表見代理が成立するためには、効果の引受けに相応する本人の帰責事由の存在が要求されると解するならば、法定代理には110条の表見代理は成立しないことになる。なぜならば、法定代理の場合には、本人は自ら代理人を選任して自己に効果の帰属する法律関係を形成することを意図しているわけでもなく、法定代理人を監督しているわけでもない。したがって、表見代理の前提である本人の帰責性を欠いているわけである。

判例は、夫婦は761条によって夫婦相互に認められる日常家事処理権に基づいて互いに代理する権限があり、この権限を越えた行為をした場合には、その代理権の存在を基礎として広く一般的に110条による表見代理の成立を肯定することは、夫婦の財産的独立性を損なうおそれがあって相当ではないから、「第三者においてその行為が当該夫婦の日常の家事に関する法律行為の範囲内に属すると信ずるにつき正当の理由のあるときにかぎり、民法110条の趣旨を類推適用して、その第三者の保護をはかれば足りる」と判示している（最判昭44・12・18民集23巻12号2476頁）。したがって、判例に従えば、Cに日常の家事の範囲内に属すると信じるにつき正当な理由があるときは、Aに移転登記を請求することができることになる。

この判例は、日常家事債務に関する夫婦相互の法定代理権について110条による表見代理を認めたものと評価する説もある。

しかし、この判例は表見代理の成立を認めたのではなく、当該行為が日常家事の範囲内だと信頼した者を 110 条の類推によって保護するのであって、表見代理そのものを認めたわけではないと解すこともできる。また、表見代理の成立を認めるとしても、夫婦間では、行為者が当該行為をなし得る地位についたのは、本人の意思決定に基づくのであって、制限行為能力者の法定代理人とは異なることが指摘されている。

判例は、110 条は、法定代理にも適用されるとする（大連判昭 17・5・20 民集 21 巻 571 頁）。この判決は、未成年者の親権者が親族会の同意を得ないでした行為について 110 条の適用を認めたものであるが、親族会は、1947 年の民法改正前の旧規定においておかれていた制度であって、現在は民法上に存在しないから、この大審院連合部判決に先例的価値があるかは、疑わしい。

5　110 条の第三者

Case 64

A は銀行から融資を受け、その担保として A 所有の甲土地に抵当権を設定することにし、その契約と登記を B に委任し、必要書類の一切を預けた。B は、これらの書類を利用して、悪意の C にこの甲土地を売り渡す契約をし、移転登記も済ませた。C はさらに善意無過失の D に甲土地を転売し、移転登記も済ませた。A は追認の拒絶をして、D に対して甲土地の返還を請求することができるか。

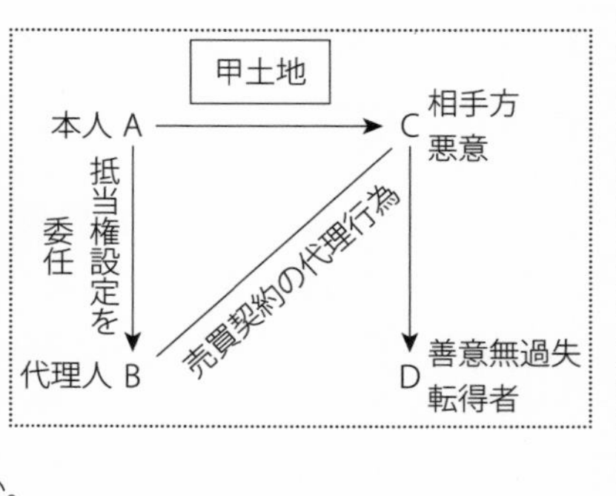

110 条の「第三者」は、代理権の存在を過失なく信じた者、すなわち、無権代理行為の直接の相手方である（最判昭 36・12・12 民集 15 巻 11 号 2756 頁）。

したがって、C は 110 条の第三者であるが、C から甲土地を転得した D は 110 条の第三者ではないから、D が善意無過失であっても、D は表見代理の成立を主張することはできない。代理の規定においては、第三者とは相手方のことをいうのである（99 条 2 項）。また、転得者 D が信頼するのは、B が代理権を有しているということではなく、Cが真の権利者であるということである。したがって、Dは善意無過失であっても、110条によっては保護されない。もっとも、無権利者であるCと取引をした善意者を保護する制度、例えば、94条2項の類推適用等によって、善意無過失のDの保護を図ることができる場合もあろう。

Ⅳ　代理権消滅後の表見代理

1　意義

代理権が、委任の解除などで消滅して後は、かつて代理人であった者が代理事項であった範囲内で行為をしたとしても、それは無権代理であり、本人はその効果帰属を拒否できるはずである。しかし、代理権の消滅の事実を相手方が知らなかった場合には、本人は、相手方に対してその責任を負う(112条1項本文)。したがって、本人は、当該行為の効果を引き受けなければならない。ただし、代理権の消滅を知らないことについて、相手方に過失があるときは、本人は責任を負わなくてもよい(112条1項ただし書)。

2　要件

a　代理権消滅後も代理権存在の外観が存続すること

例えば、委任契約を解除したのに、本人Aが、代理人Bより直ちに委任状を取り戻さなかったために、かつての代理人Bが委任状を保持し続け、そのために代理権がなお存続しているような外観がある場合である。この場合には、委任状を取り戻さないで、代理権の外観を存続させたところに、本人の帰責性があるが、本人が代理権の外観を除去した後は、かつての代理人が代理権の範囲内の行為をし、相手方Cがそれを信頼しても、112条の表見代理の問題とはならない。判例では、法人の代表者について、退任登記がなされて代理権存続の外観が除去された後は、特別の事情がない限り、かつての理事が法人の代表者として第三者と取引をしても112条の適用はないとされる(最判平6・4・19民集48巻3号922頁)。

b　かつて存在した代理権の範囲で代理行為が行われたこと

本人がかつて代理人に授与していた代理権の範囲内で、代理人が代理権消滅後も行為をしたときは、相手方が代理権の消滅について善意無過失である場合に限り、責任を負わなけらばならない（112 条 1 項）。

c　かつて存在した代理権の範囲を越える代理行為が行われた場合

それでは、代理人であった者が代理権消滅後、代理権の範囲を越える行為をした場合は、どうであろうか。代理権の範囲を越えているから、112 条 1 項を直接に適用することはできない。この場合についても改正法は、次のような新たな規定を設けた。

他人に代理権を授与した者は、代理権消滅後に、その代理権の範囲内においてその他人が第三者（代理における相手方）との間で行為をしたとすればその責任を負うべき場合において、その他人が第三者との間で代理権の範囲外の行為をしたときは、第三者がその行為についてその他人に代理権があると信ずべき正当な理由があるときに限り、その行為に責任を負う（112 条 2 項）。

権限外の表見代理（110 条）と代理権消滅後の表見代理（112 条 1 項）のハイブリット型の表見代理である（判例は、すでに 110 条と 112 条の重畳適用によって表見代理の成立を認めていた（最判昭 45・12・24 民集 24 巻 13 号 2230 頁））。

上記 a における B に A 所有の甲土地の売却について委任をし、委任状を B に交付していた。その後、委任契約は解除されたが、B は委任状を保持し続けていたので、これを利用して A 所有の乙土地を C に売却した場合が、112 条 2 項の適用問題となる。

その要件は、①代理権消滅後の表見代理（112 条 1 項）が成立するための要件が満たされていなければならない。すなわち、代理人であった B は代理権消滅後も依然として代理権を有しているものと C が信じ、そのことについて過失がないことである。次に、②乙土地の売買という代理権の範囲外の行為がなされ、その代理権の範囲外の行為について C が B に代理権があると信じ、そのことについて正当な理由があることである。

d　相手方の善意無過失

112 条も、表見法理・権利外観法理に基づく相手方の信頼を保護する制度であるから、相手方の善意無過失が要求される。その証明責任は、相手方にあるのではなく、本人が相手方の悪意または過失を証明して、表見代理による責任を免れることができる。代理権が消滅しても、その外観が残っており、相手方が代理権の存続を信頼するのも無理もないからである。

3　効果

代理権の消滅を相手方に対抗できない結果、本人に無権代理行為の効果が帰属することになる。

V　狭義の無権代理と表見代理の関係

Case 65

Aが甲建物を賃貸しようと思い、Bに賃貸を委任し、代理権を与えていた。ところが、Bは甲建物を善意無過失のCに売却する契約をした。しかし、まだ、移転登記も引渡しもしていない。Cは、Bに契約の履行を求めてきた場合に、Bは、110条の表見代理が成立しているから、Aに請求すべきだと主張できるか。

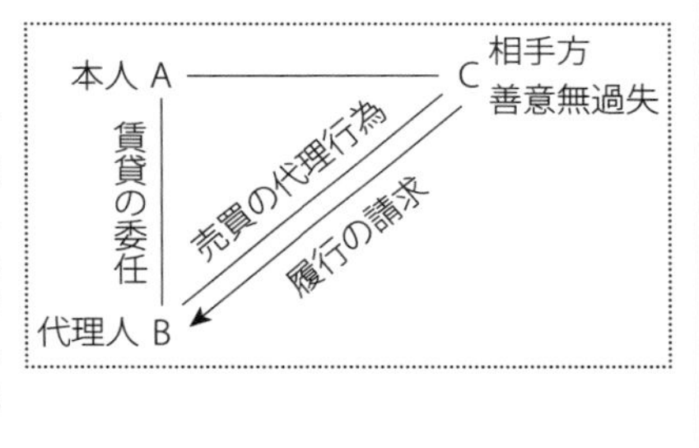

表見代理は、広い意味での無権代理であることは、先に述べたとおりである。さて、それでは表見代理が成立する場合に、表見代理と狭義の無権代理の関係をどのように考えるべきであろうか。

1つの考え方は、狭義の無権代理は表見代理との関係では、補充的責任であるというものである。すなわち、表見代理が成立しないときに、補充的に成立する責任であるから、表見代理が成立する場合には、狭義の無権代理の主張はできないことになるから、CはAに対して契約の履行を請求すべきことになる。

これに対して、判例は、表見代理も無権代理も独立の救済手段であって、相手方はいずれの責任も選択できるという考え方をとる（最判昭33・6・17民集12巻10号1532頁、最判昭62・7・7民集41巻5号1133頁）。また、判例は、表見代理が善意無過失の相手方保護の制度であるから、表見代理の成立を主張するか否かは保護を受ける、相手方 C の選択に委ねられるとしている。したがって、無権代理人 B が、表見代理の成立を主張することはできない。

Ⅵ　代理権の濫用

Case ⑯

Aは、自己の倉庫内にある商品の売却をBに委任していた。Bはこの商品をCに売却したが、B自身の営業が困難になっていたので、売却代金を着服してしまった。Cが、Aに商品の引渡しを請求してきたが、Aはこの請求に応じなければならないか。

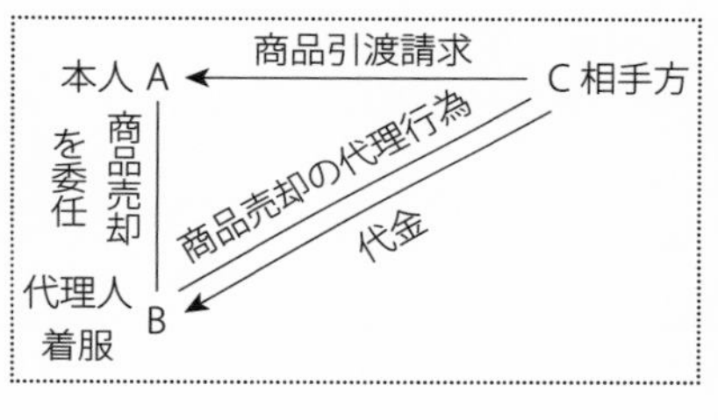

代理人 B は、代理権の範囲内の事項について代理行為を行ったが、本人 A の利益ではなく、B 自身の利益を図るために代理行為を行っていた。そして、そのことを C はうすうす気が付いていたような場合に、なお B の代理行為は有効であり、A は売買契約の効果を引き受けて、C に商品を引き渡さなければならないであろうか。このような場合に代理権の濫用の問題が生じる。

代理は、代理人の行為を通して本人の利益を図るものであって、本人の不利益において代理人または第三者に利益を得させる制度ではない。したがって、代理権の濫用は、代理制度の趣旨に反し、本人との関係では正当化できない行為であるから、本人が効果帰属を拒める場合も認められるべきである。しかし、代理権の範囲内の事項について代理行為がなされているのであるから、相手方の保護も十分に考慮しなければならない。

そこで、民法は、代理人が自己または第三者の利益を図る目的で代理権の範囲内の行為をした場合において、相手方がその目的を知り、または知ることができたときは、その行為は代理権を有しない者がした行為とみなす、と規定している（107 条）。すなわち、B は、A の倉庫内にある商品を売却しているから代理権の範囲内の行為をしているが、自分の営業のために売却代金を横領しているのであるから、自己の利益を図っていることになる。したがって、CがBの目的を知り、または知ることができた場合には、Bの行為は無権代理とみなされ（107条）、Aに対しては原則として効力を生じないことになる（113条1項）。この場合には、Aに効果が帰属しないから、Cからの請求をAは拒絶することができる。もっとも、Aは追認することもできる（113条1項）から、追認したときは、行為の時に遡ってAに効果が帰属することになる（116条本文）。Cは、善意であれば、Aが追認をしない間は取消しをすることができる（115条）。

第8章
条件・期限

第1節　序

Case 67

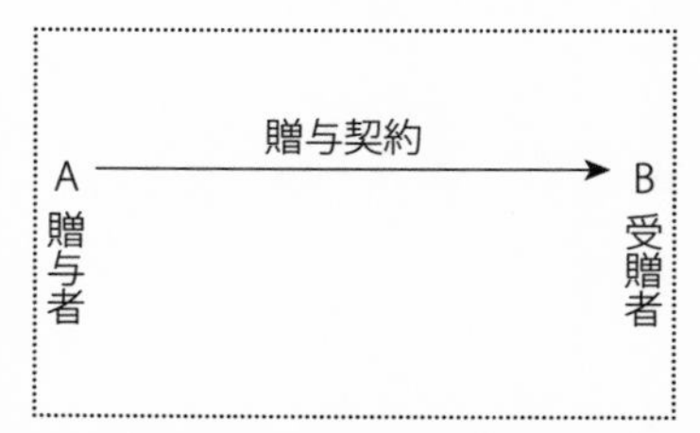

（1）AがBに高級車を贈与するという契約を締結した場合に、いつから契約の効力は発生するか。

（2）Aは、Bが司法試験に合格したら、Bに高級車を贈与するという契約を締結した場合に、いつから契約の効力は発生するか。

（3）Aは、自分の所有している高級車をBに贈与する契約を締結し、Bが死亡した時に自動車の所有権はAに移転すると特約した場合に、所有権はいつAに移転するか。

Caseでは、AとBが贈与契約を締結しているが、いつその契約の効力が発生するかが、問題である。

贈与契約は、原則として、Aからの申込みとそれに対応したBの承諾によって、成立し、成立と同時に効力が生じるとされている（549条）。したがって、（1）の場合には、A・B間で契約が締結されると同時に、贈与契約の効力は発生し、BはAに対して直ちに自動車の引渡しや名義の書き換えなどを請求することができることになる。

これに対して、(2) と (3) の場合には、当事者が将来のある事実に法律行為の効力の発生・消滅をかからしめている。その場合に、ある事実が将来発生するか否か不確実な事実にかからしめる場合と、将来発生することが確実な事実にかからしめる場合がある。

(2) の場合は、司法試験に合格するか否かは、司法試験を受験しても、不確実な事実であるから、条件付（正確には、停止条件付）の贈与契約になる。

(3) の場合については、人間は必ず死亡するのであるから、発生することが確実な事実であるから、期限付き（正確には、何時死亡するかは分からないから、不確定期限付）の特約ということになる。

条件または期限は法律行為の効力の発生に一定の制限を加えるものであるが、私的自治の原則からすると、当事者がこのような合意をすることは自由である。

条件・期限は、法律行為に付加された約款という意味で、法律行為の付款と呼ばれる。

第2節　条件 Bedingung

Ⅰ　意義

条件とは、法律行為の効力の発生または消滅を将来発生するか否か不確実な事実にかからしめる、法律行為の付款である。また、このような事実自体も、条件と呼ばれる。

Ⅱ　停止条件・解除条件

条件はさらに、その成就によって法律行為の効力が発生するか、消滅するかによって2つに分類される。

1　停止条件 Aufschiebende Bedingung

成立した法律行為の効力が条件成就の時から発生するものを停止条件という（Case（2）における条件は、停止条件である）（127 条 1 項)。条件成就の時まで効力の発生が停止されているからである。

2　解除条件 Auflösende Bedingung

発生していた法律行為の効力が条件成就によって消滅するものを解除条件という（例えば、成績が不良である場合には、奨学金の給付を取りやめるという条件）（127 条 2 項)。条件成就によって発生していた効力が解消されるからである。

Ⅲ　条件となりうる事実

1　発生不確実な事実

条件となりうる事実は、将来発生するか否かが不確実なものでなければならない。期限か条件かを区別するメルクマールは、発生することが確実か否かという点にある。

金を借りて「出世して返済できるようになったら、返す」といういわゆる出世払いの約束は、条件であろうか、期限であろうか。「出世」するか否かは、不確実な事実と考えられるから、条件と解してよさそうであるが、判例は、これを条件ではなく、債務の履行の期限（不確定期限）と解している（大判大 4・3・24 民録 21 輯 439 頁)。すなわち、「出世」を停止条件と解すると、出世しなかったときは、返さなくて良いということになるが、当事者としては、そのようには考えず、むしろ客観的に借金の返済ができるようになったときや、出世する見込みがなくなったときには、期限（履行期）が到来するという趣旨だと解すべきである。これらの事実は、確実に発生するから、期限だとされた。

しかし、当事者の意思が、出世しなければ、返済しなくてもよいという趣旨であると認められる場合には、条件となるであろう。

2　将来の事実

条件となる事実は、将来発生する事実でなければならない。過去に既に発生した事実は、既に確定している事実であるから、条件とすることはできないと解される。しかし、当事者が過去に既に確定した事実であることを知らずに条件とすることは（既成条件）、当事者の自由である。その場合には、次のようになる。

（1）条件が法律行為の時に既に成就しているときは、その条件が停止条件であるときは、法律行為は無条件となり、したがって、Case（2）においてBが合格しておれば、贈与契約成立時にその効力が発生している（131条1項）。また、解除条件としたときはその法律行為は無効となる（131条1項）。

（2）条件が成就しないことが法律行為時に既に確定していた場合には、停止条件のときは、法律行為は無効となり、解除条件のときは、無条件となる（131条2項）。

なお、131条3項は、条件付法律行為における期待権を保護する128条・129条の準用規定であるが、既成条件では事実が確定しているので期待権は発生しないから、無意味な空文である。

Ⅳ　条件に親しまない行為

法律行為に条件を付けると、その効力は不安定になるから、条件を付けて法律関係を不安定にすることが不当と考えられる場合には、条件を付けることが許されるべきではない。このように条件を付けることが認められない法律行為を、条件に親しまない行為という。

婚姻、離婚、養子縁組のような身分行為に条件を付すのは、身分秩序を不安定にするので公序良俗に反し、条件を付けることは許されない。例えば、現在の配偶者と離婚したら、結婚するというような婚姻予約の契約は無効とされる（大判大9・5・28民録26巻773頁）。

取消し、追認、解除などの単独行為も、原則として条件に親しまない行為である。単独行為の相手方は、そうでなくても、権利者の一方的意思表示で法的地位を変更させられる不安定な立場にあるから、さらに条件を付けられると、著しく立場が不安定になるからである。相殺については、明文の規定がある（506条1項）。

V　条件付法律行為の効力

1　一般的効力

条件付法律行為の効力に関しては、法律行為の一般原則が適用されるが、132条から134条に次のような注意的規定を置いている。いずれも当然の規定である

(1)　不法条件

不法条件（例えば、殺人をすれば一定額の金銭を給付するという条件）または不法な行為をしないという条件（人を殺さないならば一定額の金銭を給付するという条件）を付けた法律行為は、全体として無効である（132条）。90条を具体化した規定である。

(2)　不能条件

将来実現不可能な事実を条件とした場合に、それを不能条件という。不能の停止条件を付けた法律行為は、無効である（133条1項）。例えば、AがBにA所有の別荘を売却したら、報酬を支払うとする契約を締結したが、この契約締結前にすでに建物が火事で全焼していたような場合である。不能の解除条件を付けた法律行為は、無条件である（133条2項）。

(3)　随意条件

債務者の意思にのみかかる停止条件（随意条件）付き法律行為は、無効である（134条）。例えば、金銭を借りた者（債務者）が、「気が向いたら返す」という約束である。このような約束も社会一般には行われないわけではないが、裁判規範としての民法の観点からすると、債権者が訴えを提起しても、債務者が「気が向かなかった」といえば、債権者の主張は認められないので、約束としての意味をなさないから、随意条件を停止条件としたときは、法律行為は無効とされるのである。判例では、目的物の調査の結果品質良好と認めたときに代金を支払う旨の約定は、134条の随意条件ではないとするものがある（最判昭31・4・6民集10巻4号342頁）。すなわち、品質が良好か否

かの判断を債務者に委ねているだけで、債務者の好き嫌いで判断されるわけではないからである。

債権者の意思にのみかかる条件は、無効ではない（大判大7・2・14民録24輯221頁）。解除条件付法律行為において条件が債務者の意思のみに係るものであるときは、無効ではない（最判昭35・5・19民集14巻7号1145頁）。

Ⅵ　条件成就の効果

停止条件付き法律行為の場合には、条件成就の時からその効力が発生する（127条1項）。停止条件が成就しなかったときは、法律行為の効力は生じないことになる。

解除条件付き法律行為の場合には、条件成就の時からその効力が消滅する（127条2項）。解除条件が成就しなかったときは、法律行為は無条件となって、その効力は消滅しないことに確定する。

条件成就の効果は、法律行為をした時まで遡及しないのが原則（不遡及の原則）である。ただし、当事者が、条件成就をした場合に効果を条件成就の時よりも前に遡らせる意思表示をしたときは、その意思に従った効果が生じる（127条3項）。

Ⅶ　条件の成就・不成就の擬制

130条1項は「条件が成就することによって不利益を受ける当事者が故意にその条件の成就を妨げたときは、相手方は、その条件が成就したものとみなすことができる。」と規定する。

要件としては、まず、①故意によることが必要であり、②条件成就に対する妨害があること、③妨害がなければ成就したであろう結果が成就しなかったという因果関係があり、最後に④条件成就の妨害が信義則に反することである。

効果としては、相手方は条件が成就したものとみなすことができることである。すなわち、停止条件であれば、法律行為の効果が発生し、解除条件であれば、法律行為の効果は消滅する。条件成就が擬制される根拠は、条件成就の妨害が信義則に反するからであると解されている。

130 条に関する判例で多いのは、不動産の仲介契約に関するものである。

例えば、A は、不動産仲介業者 B に甲地の売却の斡旋を依頼し、斡旋が成功したら、売買代金の一定割合を報酬として支払うという委任契約を締結した。ところが、A は、B を介さずに買い受け希望者 C と直接交渉をして、甲地の売買契約を締結した。判例は、A が条件成就を妨げているとして、B の報酬支払い請求を認めている（最判昭 39・1・23 民集 18 巻 1 号 99 頁）。

それでは、条件成就の妨害とは逆に、条件成就によって利益を受ける者が、故意に不正に条件を成就させた場合は、相手方は条件の不成就とみなすことができるかが問題となる。判例は、改正前 130 条を類推適用して「条件が成就していないものとみなすことができる」と判示していた（最判平 6・5・31 民集 48 巻 4 号 1029 頁、百選 I－40）。改正法はこれを明文化して、「条件が成就することによって利益を受ける当事者が不正にその条件を成就させたときは、相手方は、その条件が成就しなかったものとみなすことができる。」と定める（130 条 2 項）。

Ⅷ　条件の成否未定の間における期待権の保護

Case 68

Aは、Bが司法試験に合格したら、BにAが所有する高級車を贈与すると約束した。しかし、その後、Aの高級車は焼失してしまった。

停止条件付贈与

A 贈与者 ―― B 受贈者

条件の成就成否未定の間でも、条件成就によって利益を受ける者は、その利益に対する期待を有する。B は司法試験に合格すれば、高級車の所有権を得られるという期待を有しているのである。このような利益に対する期待は、期待権として法律上保護される。

1　期待権侵害からの保護

期待権侵害には、一方当事者による侵害と第三者による侵害がある。

a　一方当事者による侵害

条件付き法律行為の各当事者は、相手方の利益を害することができない(128条)。

Bが司法試験に合格して、停止条件が成就しても、焼失してしまったことによって高級車は存在しないから、AはBに高級車の権利を移転することができなくなっている。この焼失がA自身の放火による場合には、Aは、停止条件成就によってBが受けるべき利益を侵害しているから、不法行為責任（709条）を追及して、損害賠償を請求でき、また、130条によって条件成就が擬制されるから、履行不能による損害賠償責任（415条）も問うことができる（前掲最判昭39・1・23は、130条の適用をするとともに、AはBの期待権侵害をしているとして、BのAに対する不法行為も認めている)。

b　第三者による侵害

高級車が第三者Dに放火されて焼失してしまったような場合が、第三者による期待権侵害である。条件が成就した段階で、Dによる期待権侵害の不法行為が生じる。

第3節　期限 Befristung

1　意義

期限とは、法律行為の発生・消滅または債務の履行を将来到来することの確実な事実の発生まで延ばす法律行為の付款である。このような事実自体も期限と呼ばれる。

2　期限の種類

a　確定期限と不確定期限

〇月〇〇日までに借りた金銭を返済するというにように、到来する時期を定めている期限を確定期限という。

私が死んだら、所有する高級車を贈与するというように、到来することは確実だが、それが具体的にいつ到来するかは分からない場合を不確定期限という。

b　始期と終期

ア）始期　始期とは、発生が確実な事実の到来によって、債務の履行をしなければならなくなる期限である（135 条 1 項）。債務の履行時期に関するものであるから、履行期限（一般に、「履行期」）と呼ばれる。売買契約において「〇月〇日に、売買代金を支払う」という約定がこれに当たる。発生が確実な事実の到来によって法律行為の効力が発生する期限も、135 条 1 項には規定されていないが、広義の始期である。この期限を法律行為の効力発生そのものを停止しているので停止期限という。例えば、建物を「〇月〇日から賃貸する」と約束した場合が、これに当たる。停止期限は、契約自由の原則から認められる。

イ）終期　将来発生の確実な事実に、法律行為の効力の消滅をかからしめる場合に、その期限を終期と呼ぶ。例えば、建物を「〇月〇日まで賃貸する」という場合が、それに当たる。法律行為に終期が付けられた場合には、その法律行為の効力は、終期の到来した時に消滅する（135 条 2 項）。

c　終期と期間

終期は、期間とよく似ている。期間は、その始期と終期の間の時間的間隔に着目した観念である（1 週間、2ヵ月、3 年等）。これに対して、終期は、一定の時点に着目した観念である（「12 月 31 日に、賃貸借契約は終了する」という場合）。

3　期限付法律行為の効力

a　期限の到来

期限は、将来発生の確実な事実である。不確実な事実の到来を履行期と定めた場合（例えば「出世払い」の特約）には、その事実が発生した時も、また不発生が確定した時にも、期限は到来したことになると解されている（前掲大判大4・3・4）。

b　期限到来の効果

期限が到来した場合には、履行期限のときは、債務の履行を請求することができる（135条1項）。停止期限のときは、法律行為の効力が発生する。終期のときは、法律行為の効力が消滅する（135条2項）。

c　期限付法律行為の期限到来前の効力

債務の履行について始期を付した場合に、期限未到来であっても、債権は成立しているから、債権自体の保護の問題として考えればよい。これに対して、法律行為の効力の発生・消滅について期限が付されている場合には、期限の到来によって利益を受ける者は、条件付法律行為の場合より利益は確実なものであり、期限到来までは条件付権利を有する者と同等に保護されるべきである。そこで、条件に関する128条、129条を類推適用すべきものと解される。

4　期限の利益

a　意義

期限の利益とは、期限が付されていること、すなわち期限が到来しないことによって、その間に当事者が受ける利益のことである。

b　期限の利益を有する者

例えば、履行期を定めて金銭の消費貸借がなされた場合には、債務者は、期限が到来するまで返済を猶予されるという利益を受けるから、この場合には、債務者が期限の利益を享受することになる。期限の利益は、このように多くの場合、債務者に猶予を与える趣旨で定められるから、民法も、期限の利益は債務者にあるものと推定している（136条1項）。

ただし、当事者で反対の合意をしていた場合や、当該法律行為の性質から反対の趣旨が明らかな場合は、この推定は覆る。次のような場合には、債権者が期限の利益を有するとされる。例えば、利息付きで金銭を消費貸借した場合には、債権者には、期限の到来まで約定された利率に従った利息を受け取ることができるという利益がある。

c　期限の利益の放棄

期限の利益を有する者は、期限の利益を放棄することができる（136条2項本文）。例えば、金銭の消費貸借で、返済期限が定められている場合に、借主（債務者）は、その期限到来前に返済することができる。期限の利益が放棄された場合には、期限が到来したのと同様の法律効果が発生する。

期限の利益の放棄は、期限の利益を有する者が相手方に対する一方的意思表示によってすることができる。相手方に期限の利益がある場合でも、一方的意思表示ですることができるが、期限の利益の放棄によって相手方の利益を害することはできない（136条2項ただし書）。この場合には、期限の利益を放棄する者は、相手方の被る損害を填補しなければならない。例えば、商品を約定した引渡期限よりも前に引き渡す場合には、債権者が引渡後に負担する倉庫の保管料などを、債務者は、填補しなければならない。また、金銭の利息付消費貸借の場合には、借主は、期限までの利息を付して貸主に返済しなければならない。

d　期限の利益の喪失

期限の利益を有する債務者は、次の場合には、期限の利益を主張することができない（137条）。すなわち、期限の利益を喪失する。

(1)　債務者が破産手続開始の決定を受けたとき

(2)　債務者が担保を滅失させ、損傷させ、または減少させたとき

(3)　債務者が担保供与義務を負っているのに、これを履行しないとき

以上の場合には、債権者と債務者との間で、信用の基礎が失われていると認められるので、債権者が期限到来まで権利行使ができないとすると、債権者の利益が不当に害される（債権の回収ができなくなる）おそれが強いから、債務者は期限の利益を主張できない。すなわち、期限の利益を喪失し、期限が到来したのと同様の効果が発生すると規定したのである。

また、当事者間の契約で、一定の事実が発生したときは、期限の利益を債務者は失う旨を定めることができる（例えば、分割払いの債務で、「一度でも支払が履行期に遅れた場合には、残額全額を直ちに支払う」という特約などである）。このような契約条項を「期限の利益喪失約款」と呼ぶ。このような期限の利益喪失約款では、定められた事実が発生したときは、①当然に期限の利益喪失の効果が発生するという趣旨のものと、②そのような事実が発生したときに、債権者は、一方的意思表示によって期限の利益を失わさせることができる趣旨のものとがある。判例には、②の約款と認めたものがある（大判昭 9・11・1 民集 13 巻 1963 頁、大連判昭 15・3・13 民集 19 巻 544 頁）（261 頁以下の「割賦払い債権」の消滅時効についての解説（第 11 章第 3 節Ⅲ **1d**）参照）。

第9章
権利の主体（2）
—法人 Juristische Person —

第1節　法人の意義・本質

I　法人の意義

自然人以外で権利義務の主体となりうるもの、すなわち権利能力を認められるものが法人である。

法人には、一定の目的のために自然人（構成員）が集合して作る社団法人と財産の集合体である財団法人がある。

法人が必要とされる理由は、次のような事例を考えると、分かるであろう。

例えば、ABCが、家電商品を売買する事業を行うために集合し、甲電器商会を設立した。この場合に、甲電器商会が個人の集合体に過ぎない場合には、商品をDから仕入れた場合に、契約の当事者はABCの個人であり、代金もABC個人の債務になる。Dは代金請求の際にABC全員を被告にして訴えを提起しなければならない。さらに、債務の額が甲商会の財産の資力を上回る場合には、DはABCの個人財産にもかかっていくことができる。また、営業のためにの店舗用地や建物を購入した場合に、その所有はABCの共有となり、登記名義もABCとしなければならない。さらに、増資をするために、Eにも仲間に加わってもらったら、ABCE名義に変更しなければならない等、法律関係が複雑になる。

これに対して、甲電器商会を法人にした場合には、仕入れのための売買契約の当事者は、甲電器商会とDであり、Dは代金請求の訴えを提起するときも、甲電器商会を相手にすればすむ。さらに、Dの債権について責任財産となるのは、甲電器商会の財産だけであって、ABCの個人財産まで手を付けられることはない。また、土地・建物の所有権も甲電器商会に帰属するとすれば、登記名義も甲電器商会だけであり、構成員が変更してEが法人に加入してきても、登記の変更をする必要がなく、法律関係が簡便な処理ですむことになる。

Ⅱ　権利能力付与の意味

ある団体に権利能力が与えられ、権利・義務の主体となることの法的意味を次に整理しておこう。

1　活動主体としての法人

団体が権利能力を取得すると、その団体名で売買契約や建物賃貸借契約などを締結する等の取引を行うことができる。ただし、銀行口座の開設などは、権利能力のない団体でも団体名義で開設できる。また、訴訟でも法人ではない社団・財団で代表者または管理人の定めがあるものは、その名において訴えたり、訴えられたりすることができる（民訴29条）。このような意味では、社会的活動の面では、権利能力は必ずしも必要とされない。

2　権利・義務の帰属主体としての法人

a　権利の帰属

権利は、団体の構成員や代表者（理事）に帰属するのではなく、団体そのものに帰属する。権利能力のない団体では、団体名義で登記できないが（最判昭47・6・2民集26巻5号957頁）、法人になればその団体の名で登記できる。

b　義務の帰属と責任

法人である団体が負担する債務は、団体自身に帰属するから、構成員は債務者とはならない。法人の代表者も債務者ではない。

法人自身が債務者であるから、債務の弁済は法人自身の財産ですることになる。債務の支払のために自分の財産から支出しなければならないことを責任というが、債務に対応する責任も法人自身が負い、その構成員や代表者個人には原則として責任はない。例えば、株式会社の場合に、会社の構成員（株主）が会社の設立に際して出資した出資額は会社という法人の財産になる。そして、会社が破綻した場合には、その出資額は債権者への弁済に充てられるが、構成員は出資額以上に債権者に弁済する責任を負わない。これを、有限責任という。民法上の法人の場合は、構成員は必ずしも出資するわけではないが、団体の債務についても、責任は団体自体にあり、構成員は直接責任を負わないので、有限責任である。債権者は、構成員個人の財産を差し押さえることも、強制執行することもできない。

これに対して、団体の財産だけでなく、個人の財産も責任財産となる場合を、無限責任という。無限責任の場合には、団体の債権者は、構成員個人の財産も差押え、強制執行することができることになる。

3　法人の本質論

法人の本質については、従来から、①法人擬制説、②法人否認説、③法人実在説が議論されてきた。この議論は、19世紀のドイツ・フランスで盛んに議論されたものであり、この議論は、時代の推移によって変わっているのであるから、これらの説を平面的に比較するのは適当ではない。

(1)　法人擬制説は、サヴィニーが19世紀前半に主張した考え方である。19世紀の自由主義的な思想のもと、権利の主体となりうるのは、自由な意思を有する自然人だけであって、法人は法が特に自然人に擬制して権利主体として認めたものにすぎないと考える。この説は、19世紀前半のドイツにおいて、法人の成立を禁圧しようとした特許主義を支えるものであった。

(2)　法人否認説は、イェーリングが19世紀中頃から後半にかけて主張した学説である。イェーリングは、法人の最終的な利益帰属主体は、社団ではその構成員であり、財団ではそれからの受益者であるとして、法人否認説を唱えた。1870年〜71年の普仏戦争に勝利したドイツにはフランスから莫大な賠償金が流入して、多くの泡沫会社が設立されたが、その後、恐慌になり泡沫会社の破産が相次いだ。そのために、弱小出資者がプロレタリアートに転落していくのを目の当たりにして、イェーリングは、株式会社に極めて悪感情をもっていたという思想的背景もある学説である。

(3)　法人実在説は、資本主義が発達して、株式会社を中心とする法人が社会的に大きな役割を果たすことが不可避となった19世紀末から20世紀において主張された学説であり、法人は何らかの実体のある社会的実在であるとする考え方である。その実体については、ドイツのギールケが「有機体説」を唱えた。この説によると、自然人が自然的有機体であると同様に法人は社会的有機体であるとして実在するとする説である。

さらに、フランスでは、法人は権利主体たるに適した組織体であるとする「組織体説」が唱えられた。

また、わが国では、法人は個人以外に、これと同様に、一個独立の社会的作用を担当することによって、権利能力の主体たるに適する社会的価値を有するものという「社会的作用説」が唱えられた。

このような議論は、代理や法人の概念がローマ法にはなかったこと、または不十分であったことが原因で生じたといわれる。19世紀後半における資本主義の発展によって、どうすれば法人が認められ得るのかが検証されなければならなかったために、このような議論が盛んになされたのである。しかし、現在では、法人の存在は当然のことであるから、このような議論の重要性はなくなったといわれる。

ただし、法人の本質に関する理解の相違が、用語や説明の仕方に現れる場合がある。すなわち、実在説によれば、法人には代表機関があり、代表機関の行為は法人そのものの行為であると説明される。したがって、法人は自ら、法律行為、不法行為をすることができることになる。理事の行為が法人そのものの行為であることを示すために、代理とは異なる「代表」という概念や「機関」という用語が使用される。また、法人自身が「法人の行為能力」「法人の不法行為能力」を有するという説明がなされる。

これに対して、擬制説では、理事は法人の代理人であり、理事の代理行為によって法人は権利・義務を取得し、理事という他人の不法行為によって法人は賠償責任を負うと説明される。

第2節　法人の種類

Ⅰ　公法人と私法人

公法人とは、国家的公共の事務を遂行することを目的とし、公法に準拠して成立した法人である（国、公共団体等）。これに対して、私法人とは、私人の自由な意思決定による事務を遂行するために、私法に準拠して設立される法人である（会社、一般社団法人、一般財団法人等）。

Ⅱ　社団法人と財団法人

社団法人 Verein とは、一定の目的のために自然人が集合して設立した団体であって、法人となったものである。社団法人の構成員を「社員」という（例えば、株式会社の「株主」も社員である。）。日常用語とは、用法が異なることに注意しなければならない（会社の従業員は、ここでいう社員ではない）。

財団法人 Stifung は、一定の目的に捧げられた財産の集合を法人としたものである。

たしかに、概念的には、一方は自然人の集合した団体であり、他方は財産の集合であると区別できる。しかし、社会的実体から見ると、社団法人と財団法人の区別は曖昧である。例えば、日本将棋連盟、日本ホッケー協会などは社団法人であり、日本棋院、日本サッカー協会、日本相撲協会などは財団法人である。

Ⅲ　公益法人・非営利法人・営利法人

1　法人の種類

民法は、法人を①「学術、技芸、慈善、祭祀、宗教その他の公益を目的とする法人」、②「営利事業を営むことを目的とする法人」と③「その他の法人」に分類している（33条2項）。もっとも、この分類に特に意味があるわけではなく、すべての法人は、設立、組織、運営、管理について、民法その他の法律に準拠しなければならないことを宣言しているだけである。

a　営利法人

営利法人は、営利を目的とする社団で法人となったものである。すなわち、法人の対外的経済活動によって獲得した利益を構成員に分配することを目的とするものである。ここでは、営利は、収益事業を行うことを意味するのではない。営利法人の典型は、株式会社・持分会社（合名会社・合資会社・合同会社）であり、会社法において扱われる。

b　非営利法人

営利を目的としない法人を非営利法人という。一般社団法人・一般財団法人・NPO法人などである。非営利法人であっても、収益事業を行うことが禁じられるわけではなく、社員にその事業の収益を分配しないだけである。

c　公益法人

一般社団法人・一般財団法人のうち、公益社団法人および公益財団法人の認定等に関する法律に基づいて公益認証を受けたものが、公益社団法人・公益財団法人となる。公益法人は、公益目的事業を行うことを主たる目的としていなければならない（公益法人法5条1号）。公益目的事業とは、「学術、技芸、慈善、その他の公益に関する」事業であって、不特定かつ多数の者の利益の増進に寄与するものである（公益法人2条4号）。

2　平成18年の法人制度大改正前

平成18年の改正前においては、民法で公益法人を規律し、会社法が営利法人を規律していた。しかし、公益も営利も目的としない団体（同窓会、町内会、学会など、「中間的団体」と呼ばれた）は、特別法がないと法人として設立することができなかった。そこで、平成14年に中間法人法が制定されて、中間的団体も準則主義によって法人となることができるようになった。しかし、公益法人と中間法人では準拠法が民法と中間法人法と異なるために、中間法人から公益法人に移行するためには、いったん中間法人を解散して、新規に公益法人を設立するほかなかった。

3　平成18年の法人制度大改正

平成18年に制定された「一般社団法人及び一般財団法人に関する法律」(以下、「一般法人法」という。法律48号、施行平成20年12月1日) は、このような中間法人法の欠点を解消して、広く非営利法人 (一般社団法人・一般財団法人) を準則主義によって設立することができるようにしたうえで、その中から公益認定を受けたものを公益法人となることができるようにしたのである。

公益認定を受けていない一般法人を「1階部分」、公益認定を受けて公益法人となったものを「2階部分」と呼ばれる。いずれの法人も設立の根拠になるのは、一般法人法である。

第3節　法人設立に関する諸主義

法人の設立は、人々の自由には任せられていない。取引安全の保護、法的安定性の保護という観点から、ある団体に権利能力を認めるには一定の要件が満たされることが必要であると考えられたのである。設立について、以下に述べるような主義がある。

Ⅰ　法定主義

法人は、民法その他の法律に規定があるときにのみ、認められる (33条)。

Ⅱ　許可主義

法定に定める要件が具備されていて、主務官庁の許可を得て法人の設立を認める主義である。許可をするか否かは、主務官庁の自由裁量に委ねられる。民法の旧規定による公益法人には、この主義がとられていた (旧民34条)。

Ⅲ　認可主義

法律に定める要件が具備されていて、主務官庁の認可によって法人の設立を認める主義である。要件が具備されていれば、主務官庁は必ず、認可しなければならない。各種協同組合、学校法人などについてこの主義をとっている。

Ⅳ　認証主義

認可主義の一種である。認可主義の場合には、要件が具備されていれば、主務官庁は必ず、認可しなければならないとされるが、要件が抽象的である場合には、主務官庁の裁量が働いて、実質的に許可主義に近い運用がなされる場合がある。そこで、法律の定める要件をできるだけ具体的なものとして、主務官庁の審査を形式的にした場合を、認証主義という。宗教法人や特定非営利活動促進法に基づく法人（いわゆるNPO法人）についてこの主義をとっている。

Ⅴ　準則主義

法律の定める要件が具備していることによって法人の設立を認める主義である。民法の旧規定では、民法上の法人の設立については、許可主義がとられていたが、民法改正によって一般社団法人・一般財団法人および株式会社の設立については、準則主義がとられることとなった。

Ⅵ　自由設立主義

国家（主務官庁、登記官等）の関与なしに、法人の設立を認める主義である。スイスでは、非営利法人についてこの主義を採用している（スイス民法60条）。

第 4 節　一般社団法人の設立と社員

Ⅰ　定款の作成

一般社団法人の設立には、社員となろうとする 2 人以上の者（設立時社員）が定款を作成することが必要である。定款作成が、社員になろうとする者による社団設立の意思を表明する社団設立行為であり、合同行為である。定款作成には単に社団設立の意思を表明するだけではなく、全員の署名または記名押印が必要である（一般法人 10 条）。この定款は、公証人の認証を受けなければ、効力を生じない（一般法人 13 条）。

Ⅱ　定款の記載事項

定款の記載事項には、(1) 必ず記載しなければならない必要的記載事項、(2) 一般法人法の規定により定款に定めなければ、効力を生じない事項である相対的記載事項、および (3) その他の事項で一般法人法に違反しない任意的記載事項がある。また、(4) 記載しても、効力を生じない無益的記載事項がある。

1　必要的記載事項

必要的記載事項は、①目的、②名称、③主たる事務所の所在地、④設立時社員の氏名または名称および住所、⑤社員の資格の得喪に関する規定、⑥公告方法、⑦事業年度である（一般法人 11 条 1 項）。これらの事項が記載されていない定款は無効である。

2　相対的記載事項

この事項は、定款に定めないと効力が生ぜず、定款以外の内規等に記載しても効力を生じない事項である（一般法人 12 条）。

例えば、一般社団法人では理事会を置くことも（理事会設置一般社団法人）、置かないこともできるが、理事会を置く場合には、定款に理事会を置く旨を記載しなければならない（一般法人60条2項）。

3　任意的記載事項

この事項は、記載しても、記載しなくてもよい事項であるが、定款に記載されると、その変更をするには定款変更の手続きを必要とすることになる。

4　無益的記載事項

この事項は定款に記載しても、無効とされるものである。すなわち、一般社団法人の社員に剰余金または残余財産の分配を受ける権利を与えることは、非営利性に反するから、認められない。したがって、このような権利を社員に与える定款上の記載は、効力を有しない（一般法人11条2項）。

Ⅲ　公証人による認証

定款は、公証人による認証があって初めて効力を生じる（一般法人13条）。

Ⅳ　設立登記

定款作成は、設立時社員間において社団を設立しようとする法律行為であるが、法人成立という効果は、設立登記時に発生する（一般法人22条）。民法旧34条では、公益法人は主務官庁の許可によって成立し、登記は対抗要件に過ぎなかったが、一般法人法では設立登記は、一般社団法人の成立要件とされた。

Ⅴ　社員

社員は、社団法人の最も基本的な構成要素であるが、法人の機関ではない。

社員資格の得喪は、定款の必要的記載事項である（一般法人11条1項5号）。したがって、社員資格の得喪の手続は、各法人によって異なることとなる。

社員の地位は、法人の活動に参加する者の自由意思に基づくものであるから、法人活動に参加する意思を喪失した場合には、脱退の自由が保障されていなければならない。したがって、社員は、いつでも脱退ができる（一般法人28条1項本文）。ただし、定款で別段の定めをすることができる（同法28条1項ただし書）。定款で脱退の自由が制限されている場合でも、やむを得ない事由があるときは、脱退することができる（同法28条2項）。

社員は、定款の定めるところにより、一般社団法人に対して、経費を支払う義務を負う（一般法人27条）。

第5節　一般財団法人の設立

Ⅰ　定款の作成

一般財団法人を設立するためには、設立者（設立者が2人以上あるときは、その全員）が定款を作成し、これに署名し、または記名押印しなければならない（一般法人152条1項）。設立者は、遺言で一般法人法153条1項に掲げる事項および154条に規定する事項を定めて一般財団法人を設立する意思表示をすることができる。この場合には、遺言執行者は、遺言の効力が生じた後、遅滞なく、遺言で定めた事項を記載した定款を作成し、これに署名し、または記名押印をしなければならない（一般法人152条2項）。

必要的記載事項は、次の事項である。①目的、②名称、③主たる事務所の所在地、④設立者の氏名または名称および住所、⑤設立に際して設立者が拠出する財産およびその価額（300万円を下回らないこと（一般法人153条2項））、⑥設立時評議員、設立時理事、および設立時監事の選任に関する事項、⑦会計監査人設置一般財団法人であるときは、設立時会計監査人の選任に関する事項、⑧評議員の選任および解任の方法、⑨公告方法、⑩事業年度（一般法人153条1項）。

その他に、相対的記載事項、任意的記載事項があるが、その意味は一般社団法人と同様である（一般法人154条）。一般財団法人に特有の相対的記載事項として「基本財産」の定めがある（一般法人172条2項）。

また、評議員の選任・解任を理事または理事会が決定する旨の定款の定め、および設立者に剰余金または残余財産の分配を受ける権利を与える旨の定款の定めは、効力を有しない（一般法人153条3項）無益的記載事項である。

Ⅱ　公証人による認証

定款は、公証人の認証を受けなければ、効力を生じない（一般法人155条）。

Ⅲ　財産の拠出

設立者（遺言執行者を含む）は、公証人の認証後遅滞なく300万円以上の財産を拠出しなければならない（一般法人157条）。生前の処分によって財産を拠出するときは、その性質に反しない限り、民法の贈与に関する規定を準用する（一般法人158条1項）。遺言で財産の拠出をするときは、その性質に反しない限り、民法の遺贈に関する規定を準用する（一般法人158条2項）。

生前に拠出した財産は、一般財団法人の成立時から、遺言によって拠出した財産は、遺言の効力発生時から一般財団法人に帰属したものとみなす（一般法人164条）。設立者は、一般財団法人の成立後は、財産の拠出につき錯誤、詐欺または強迫による取消しを主張することはできない（一般法人165条）。

Ⅳ　設立登記

一般財団法人も、主たる事務所の所在地で設立登記をすることによって成立する（163条）。登記は、成立要件である。

第6節　一般法人の管理

法人は権利能力を有するが、自ら活動するわけではないから、活動を担当する機関 Organ が必要とされる。機関は、自然人と自然人からなる組織である。

Ⅰ　一般社団法人の機関

1　社員総会

社員総会は、社団法人に必置の機関であり、最高の意思決定機関である。もっとも、その権限は、理事会設置の有無によって異なる。

理事会の設置されていない一般社団法人（理事会非設置一般社団法人）では、社員総会は、一般社団法人の組織、運営、管理その他一切の事項について決議することができる（一般法人35条1項)、最高万能の意思決定機関である。

これに対して、理事会が設置されている一般社団法人（理事会設置一般社団法人）では、社員総会は、一般法人法の定める事項と定款で定めた事項に限り、決議することができる（一般法人35条2項)。ただし、定款の変更（一般法人146条)、理事・監事・会計監査人の選任（一般法人63条）および解任（一般法人70条)、計算書類の承認（一般法人126条2項)、事業の全部譲渡（一般法人147条)、解散（一般法人148条3号)、合併の承認（一般法人247条、251条1項、257条）等は社員総会の決議事項である。したがって、理事会設置一般社団法人でも、社員総会は、法人組織・管理・運営に関する最高意思決定機関である。

もっとも、剰余金を分配する決議をすることはできない（一般法人35条3項)。非営利性に反するからである。

2　理事

一般社団法人には、1人または2人以上の理事を置かなければならない（一般法人60条1項)。理事会設置一般社団法人では、理事は、3人以上でなければならない（一般法人65条3項)。理事は、自然人でなければならない（一般法人65条1項)。

理事会非設置一般社団法人においては、定款に別段の定めがない限り、一般社団法人の業務を執行する（一般法人76条1項)。理事が2人以上あるときは、業務執行について、定款に別段の定めがない限り、理事の過半数をもって決する（同条2項)。

理事は、原則として、一般社団法人を代表する（一般法人77条1項）。理事が複数あるときも、各自が代表権を有している（同条2項）。ただし、定款、定款に基づく理事の互選または社員総会の決議によって、代表理事が定められたときは（同条3項）、その代表理事のみが代表権を有することとなる（同条1項ただし書、4項）。

理事会設置一般社団法人では、すべての理事によって理事会が構成され（一般法人90条1項）、理事会は、理事会設置一般社団法人の業務執行の決定、理事の職務執行の監督、代表理事の選定および解職を行う（同条2項）。

理事会設置一般社団法人では、代表理事を理事会が理事の中から選任しなければならない（一般法人90条3項）。代表理事は、理事会設置一般社団法人の業務を執行し（一般法人91条1項1号）、理事会設置一般社団法人を代表する（一般法人77条1項ただし書）。代表理事以外の理事を、理事会が業務執行理事として選定する決議をした場合には、この業務執行理事も、理事会設置一般社団法人業務を執行する（一般法人91条1項2号）。

3　監事・会計監査人

理事会非設置一般社団法人では、監事・会計監査人は必置の機関ではない（一般法人60条2項）。これに対し、理事会設置一般社団法人では、監事は、必置の機関である（一般法人61条）。監事は、理事の職務の執行を監査する権限（一般法人99条1項）と会計監査権限を有する（124条1項）。会計監査人は、会計監査権限を有する（一般法人107条1項）。

Ⅱ　一般財団法人の機関

一般財団法人には、社員がいない。したがって、社員総会もない。このために、法人の意思決定と理事の業務執行の監督について、一般社団法人とはかなり異なった構成をとることとなる。

一般財団法人は、評議員、評議員会、理事、理事会および監事を必ず置かなければならない（一般法人170条1項）。また、大規模一般財団法人は、会計監査人を置かなければならない（一般法人171条）。

1　評議員・評議員会

社員のいない一般財団法人において、意思決定を行う機関は、評議員および評議員会である。評議員は、3 人以上置かなければならず（一般法人 173 条 3 項）、その全員で評議員会を組織する（一般法人 178 条 1 項）。一般財団法人の必置の機関である。

評議員会は、一般法人法に規定されている事項および定款で定めた事項に限って、決議することができる（一般法人 178 条 2 項）。一般法人法が定める事項は、理事・監事・会計監査人の選任（一般法人 177 条）および解任（一般法人 176 条、177 条）、計算書類の承認（一般法人 199 条）、定款の変更（一般法人 200 条）、事業の全部譲渡（一般法人 201 条）、合併の承認（一般法人 247 条、251 条 1 項、257 条）等である。

評議員会は、一般社団法人の社員総会に近い機関であるが、しかし社員総会と同じ性格を有するものではない。すなわち、一般社団法人の根本意思は社員総会で決定されるが、一般財団法人では、法人の根本意思は、設立者によって定款において定められているのである。評議員会は、設立者によって定款に定められている意思を実現するための機関である。

2　理事・理事会

一般財団法人では、理事は 3 人以上置かなければならず（一般財団 177 条）、またその全員で理事会を組織しなければならない（一般法人 170 条、197 条）、必置の機関である。

理事の権限、理事会の権限ともに、理事会設置一般社団法人の理事・理事会の権限と同様である。

3　監事・会計監査人

一般財団法人の監事・会計監査人の権限は、一般社団法人の監事・会計監査人の権限と同様である（一般法人 197 条）。監事は、一般財団法人における必置の機関である。

第 7 節　法人の対外的法律関係

I　法人の権利能力

法人は、自然人と同様に権利能力を有する。その範囲も自然人と同様であろうか。

1　法令による制限

法人の権利能力は、法によって付与されたものであるから、法令によって制限されうる（34 条）。例えば、法人は、一般社団法人・一般財団法人の役員になることができず（一般法人 65 条 1 項 1 号・177 条）、また、株式会社の取締役になることもできない（会社 331 条 1 項 1 号）。

2　性質による制限

法人には、生命・身体がないから、それを基礎とする権利・義務を性質上享有することができない。例えば、婚姻の当事者となることや、雇用契約上の労働者の地位に立つことはできない。

しかし、肉体を基礎としない氏名権・名誉権・精神的自由権は享有できると解されている（例えば、新聞が法人を誹謗中傷するような記事を載せた場合に、法人に精神的損害はないが、金銭評価に値する無形損害はある（最判昭 39・1・28 民集 18 巻 1 号 136 頁））。

3　目的による制限

法人は、「定款その他の基本約款で定められた目的の範囲内において、権利を有し、義務を負う。」（34 条）。この民法 34 条は、法人の権利能力ないし行為能力の範囲に関する規定か、あるいは代表権を制限したものかをめぐって、学説は、次のように分かれている。

Case 69

A大学の法科大学院の学生のための奨学金を給付するために設立された甲法人の理事Bが、C大学の経済学部の学生Dに奨学金を給付してしまった。Dは、甲法人は大学生一般に奨学金を給付する法人であると信じていた。この場合に、甲法人は法人の目的を越えているから無効な奨学金給付だとして、Dに奨学金の返還を請求できるか。

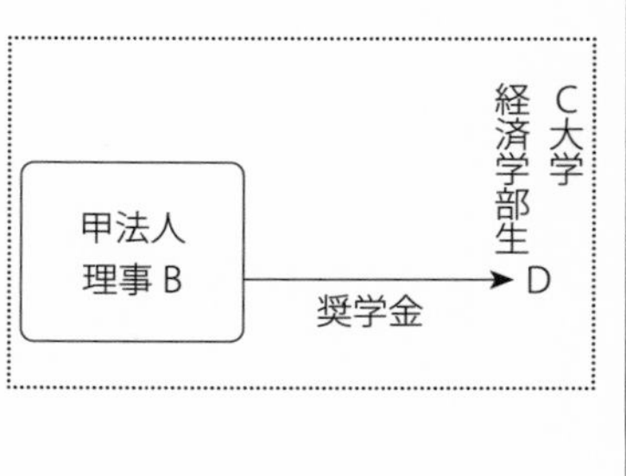

(1)　権利能力制限説

この規定を、立法者および判例は、法人の権利能力の範囲を制限する規定と理解していた。すなわち、法人は「定款に定められた目的の範囲内において権利能力を有する」のであり（大判昭16・3・25民集20巻347頁、最大判昭45・6・24民集24巻6号625頁）、「目的の範囲外の行為を」した場合には、その行為は「無効である」（最判平8・3・19民集50巻3号615頁、百選Ⅰ−7）とされていたのである。

この理論によれば、甲法人の理事Bが行った行為は絶対的に無効であり、相手方Dはこの給付行為について表見代理を主張し（110条）、または、法人の側が無権代理の追認をする（113条）余地はないことになる。したがって、相手方は、理事の行為が目的の範囲内にあると信じ、過失がなかった場合でも、保護されないことになる。つまり、Dは常に奨学金を返還しなければならないことになる。

この理論は、目的の範囲外の行為によって法人が財産を失い、義務を負うことのないようにするための理論であるといえる。

34条は、イギリス法のウルトラ・ヴィーレス ultra vires〔自己に与えられた権能を超える行為〕の法理を導入したものであるといわれている。19世紀中頃において、法人抑圧政策がとらていたという歴史的背景の中で、法人は定款の目的の範囲内でしか活動できないようにするための理論であったが、法人抑圧政策の時代が終わり、むしろ会社が隆盛を極めている現在においては、この理論は見直さなければならなくなっているといえる。

（2）　行為能力制限説

行為能力制限説は、法人の権利能力は性質または法令によってのみ制限されるのであって、定款が制限するのは法人のなしうる行為、すなわち行為能力を制限しているのだとする考え方である（ただし、自然人の行為能力とは異なる概念である）。法人の目的からはずれると思われる権利でも、目的内の事業遂行のために必要であればその権利を取得できるとされる。例えば、銀行が漁業権に抵当権を付け、抵当権実行によって自ら漁業権を競落した場合も、事業遂行に必要な行為であるとして、銀行の漁業権取得が認められている（大判昭 13・6・8 民集 17 巻 1219 頁）。

この説によれば、目的の範囲外の行為は表見代理であって、110 条を適用すべきであるとされる。D は、110 条による表見代理の成立を主張して、有効な奨学金の給付があったとして、その返還を拒むことができる場合もありうるであろう。ただし、安易に 110 条を適用すべきではないとされる。

（3）　代表権制限説

代表権制限説は、法人は目的の範囲外の事項でも権利義務の帰属は可能であり、制限されるのは理事がすることのできる範囲、すなわち代表権を制限したに過ぎないとする見解である。この説によれば、目的の範囲外の行為は、理事がその代表権の範囲を越えた行為をしていることになり、目的の範囲外の行為は無権代理であって、相手方が善意無過失のときは表見代理が成立する（110 条）。また、法人側から無権代理行為を追認することもできる。

4　目的の範囲に関する具体的解釈

行為能力制限説または代表権制限説をとれば、善意無過失の第三者を保護できる可能性があるのであるが、判例は、基本的には、権利能力制限説をとっているから、目的の範囲を厳格に解釈すると、範囲外の行為は無効とされ、相手方は大きな不利益を被る場合が生じる。そこで、判例は、「目的の範囲」を広く解する傾向があるといわれている。ただし、この傾向は、以下に説明するように営利法人と非営利法人とでは異なる。

a　営利法人

当初の判例は、目的の範囲を厳格に解釈して、例えば、会社創業時代からの功労者に2000円を贈与した事案について、範囲外の行為とした（大判明36・1・29民録9輯102頁）。

しかし、その後、次第に解釈が緩和され、鉄道会社が石炭の採掘権を取得した事案について、会社の目的たる事業遂行に必要な行為であるとして、目的の範囲内とした（大判昭6・12・17新聞3364号17頁）。戦後も、会社の代表者が「不動産その他財産を保存し、これが運用利殖を計る」という目的に反して、不動産を売却した事案において、「客観的に抽象的に必要であり得べきかどうかの基準に従って決すべきものと解すべきであ」るとして、不動産の売却も目的の範囲内の行為とした（最判昭27・2・15民集6巻2号77頁）。

さらに、八幡製鉄政治献金事件として著名な事件では、「目的の範囲内の行為とは、定款に明示された目的自体に限局されるものではなく、その目的を遂行するうえに直接または間接に必要な行為であれば、すべてこれに包含されるものと解するのを相当とする。」そしてその必要性は、当該行為が目的遂行上現実に必要か否かではなく、行為の客観的な性質に即し、抽象的に判断されるべきであり、会社による政治献金が、客観的、抽象的に観察して、会社の社会的役割を果たすためになされたものと認められるかぎり、定款所定の目的の範囲内の行為である、と判示した（前掲最判昭45・6・24）。このように、判例は、営利法人については目的の範囲を広く解している。

b　非営利法人

非営利法人の場合には、営利法人に比して、目的の範囲を厳格に解釈する傾向がある。

協同組合の員外貸付について多くの判例があり、①農業協同組合が「経済的基礎を確立するため」、リンゴの委託販売を営むことを計画して、組合員ではないリンゴ移出業者に対して集荷に要する資金を貸し付けた事案について、「組合の事業に附帯する事業の範囲内に属する」として広く解したものもある（最判昭33・9・18民集12巻13号2027頁）。しかし、多くの判例は、厳格に解釈している。例えば、②農業協同組合の理事長が、組合員ではない土建業者に人夫賃金支払い資金を貸し付けた事案について、「組合の目的事業とは全く関係のないものであり」、「目的範囲内に属しない」と判示し（最判昭41・4・26民集20巻4号849頁）、さらに③労働金庫が従業員組合の組合員ではないものに貸付をすることも、目的の範囲外であって無効であるとする（最判昭44・7・4民集23巻8号1347頁）。また、員外貸付の事案以外でも、④「博愛慈善の趣旨に基づき病傷者を救治療養すること」を目的として設立された病院が、寄附行為〔現行法では「定款」〕の変更の認可を受ける前に新規事業のために土地・建物と備品を売却したのは、目的の範囲外の行為で無効であるとされている（最判昭51・4・23民集30巻3号306頁）。

政治献金についても、⑤強制加入団体である税理士会が特定の政治団体に政治献金をすることは、同法人の目的の範囲外であって無効とするものがある（前掲最判平8・3・19）。ただし、⑥税理士会と同様に強制加入団体である司法書士会が、阪神・淡路大震災の復興支援のために会員から寄付を徴収することについて、「阪神・淡路大震災が甚大な被害を生じさせた大災害であり、早急な支援を行う必要があったことなどの事情を考慮すると、その金額の大きさをもって直ちに本件拠出金の寄付が被上告人の目的の範囲を逸脱するものとまでいうことはできない」として、目的の範囲内で有効としているものもある（最判平14・4・25判時1785号31頁）。

Ⅱ　代表者の代表権

法人は、権利能力を有するが、現実に権利を取得し、義務を負うには、（代表）理事の代表行為によることになる。

1　代表者の代表権の範囲に関する原則

法人の代表者は、原則として、法人の事務一切について権限を有する（包括代表権、一般法人77条4項・197条）。

2　代表権の制限

代表者の代表権は、定款の定めまたは社員総会の決議によって制限することができる。

代表者がこの制限を越える行為をした場合には、無権代理と同様に、その効力は生じないこととなる。しかし、代表者の包括代表権に法人が加えた制限は、善意の第三者に対抗することができない（一般法人77条5項、197条）。

第三者は無過失であることを要求されない。法人の円滑な活動の促進に資するために、代表者の包括代表の原則に対する信頼を厚く保護するものである。

一般法人法 77 条 5 項等は、民法 110 条の適用を排除するものではない。例えば、甲法人の理事長 A が B に甲法人所有の土地を売却する契約をしたが、甲法人の定款では、土地の売却には理事会の承認が必要とされていた事案で、B が A の代表権について制限があることを知っていたが（ここでは、一般法人法 77 条 5 項の保護を受けることができない）、当該行為について理事会の承認があったと信じており、かつそのように信じることについて正当事由がある場合には、110 条を類推適用して B を保護すると解されている（最判昭 60・11・29 民集 39 巻 7 号 1760 頁。ただし、この判決では、B の正当な理由は認められていない）。一般法人法 77 条 5 項等は、代表者の包括代表権に対する信頼（定款には代表権の制限がないという信頼）を保護する規定であるのに対し、民法 110 条は特定の行為について代理権が存在すると信頼したことを保護する規定であって、保護する信頼の対象が異なるからである。

3　利益相反取引の制限

理事が、①自己または第三者のために一般法人と取引をしようとするとき、②法人が理事の債務を保証するような、理事と一般法人との利益が相反する取引をしようとするときは、一般社団法人では社員総会の承認、一般財団法人では理事会の承認を得なければならないとする制限がある（一般法人 84 条 1 項 2 号・3 号、197 条）。理事が、自己または第三者の利益を図って法人の利益を害することを防止する趣旨の規定である。

例えば、理事が、自分の債務の担保のために、社員総会の承認を得ずに、法人所有の不動産に抵当権を設定することは、一般法人法 84 条 1 項 3 号に違反する行為であって、無権代理に類似すると解することができる。したがって、理事の抵当権設定行為は効力を生ぜず（113 条類推）、その効果は法人に帰属しないことになる。もっとも、社員総会の承認を得た場合には、自己契約もしくは双方代理であっても、民法 108 条の規定は適用されず（一般法人 84 条 2 項）、無権代理とならない。

これに対して、理事が私的に流用する目的で法人の名において金銭を借入れ、かつ、その担保のために法人所有の不動産に抵当権を設定した場合は、理事の債務ではなく、法人自体の債務を担保するために抵当権が設定されているから、一般法人法 84 条は適用されず、理事の代表権限の範囲内の行為をしているから、原則としては、法人に効果が帰属すると解することができる。しかし、相手方が理事の意図を知り、または知ることができたときまで、法人に効果を帰属させるのはゆき過ぎであろう。この場合は、代表権の濫用と捉えて、代理権の濫用に関する 107 条を類推して、相手方が理事の意図を知りまたは知ることができたときは、債務負担行為も抵当権設定行為も効力が生ぜず、その効果は法人に帰属しないと解すべきであろう。

Ⅲ　法人の不法行為責任

1　一般法人法 78 条による一般法人の不法行為責任

一般法人法 78 条は、「一般社団法人は、代表理事その他の代表者がその職務を行うについて第三者に加えた損害を賠償する責任を負う」と規定する。この規定は、民法旧 44 条と同旨である。

民法旧 44 条による責任については、法人実在説と法人擬制説の間で争いがあった。

①法人実在説は、法人自体の不法行為を認めた規定だと説明する。

②法人擬制説は、法人と代表理事は別個の法的主体であるから、民法旧 44 条は民法 715 条の使用者責任（例えば、新聞配達の青年がバイクで新聞配達中に不注意でジョギング中の人をはねて、傷害を負わせた場合に、この青年は賠償責任を負うが、同時に、青年を雇用している新聞店も責任を負う）と同様に、理事という他人の不法行為について法人の責任を認めた制度であると説くのである。

法人自体の不法行為という説明は、比喩的であり、責任の根拠の説明を曖昧にしてしまうから適当ではないとされ、近時は、法人と理事（代表者）は別個の法的主体であることを認めて、理事（代表者）の職務執行上の不法行為によって法人が損害賠償責任を負わされるとする考え方が強くなっている。

なぜ、法人が、別個の法的主体である理事（代表者）の不法行為に責任を負うのか。法人が理事（代表者）の行為によって利益を享受するから、その行為の過程で生じた不法行為について責任を負わなければならないという報償責任の原則に基づく責任だからである。

2　一般法人法 78 条の責任の要件

a　代表理事その他の代表者の行為であること

「代表理事その他の代表者」には、代表理事のほかに代表理事の職務代行者（一般法人 80 条）・代表清算人（一般法人 214 条）仮理事・特別代理人・清算人も含まれる。これらの者は、代表権のある機関だからである。

しかし、例えば、代表理事から特定の事項を委任され、代理権を与えられた従業員はこれに含まれない。この従業員は、代理権を有するが、法人の機関ではないからである。従業員の不法行為については、従業員は被用者であるから、715 条を適用して法人にも責任を負わせることができる。

b　その行為が不法行為の要件を充たしていること

一般法人法 78 条は、不法行為責任を規定しているのであるから、代表者の行為が不法行為の要件（709 条以下）を満たしていることが必要である。すなわち、①故意または過失、②他人の権利または法律上保護される利益の侵害、③因果関係、④損害の発生という要件を満たすことである。

c　「職務を行うについて」第三者に損害を加えたこと

「職務を行うについて」という規準は、職務を「行うために」では狭すぎ、「行うに際し」では広すぎるとして採用された観念であり、職務を遂行するのに必要な行為によって第三者に損害を加えたことである。

代表者がその職務とは全く関係のない行為によって他人に損害を加えても、法人は責任を負わない。例えば、代表者が自己の所有する建物を売却する際に、相手方に詐欺を行って損害を加えた場合である。この場合には、代表者個人が不法行為責任を負えばよいのである。

これに対して、代表者が法人の所有する建物を売却する契約を締結するときに、相手方に対して詐欺をはたらいた場合には、法人の不法行為責任が問題となる。

しかし、「職務を行うについて」を具体的に認定するのは、困難な問題である。

判例は、いわゆる「外形理論」によって判断をする。信用組合の理事が組合員以外の無資格者に定期預金証書を発行したために、他人に損害を加えた事案について実質上は法人の目的の範囲外の行為であっても「外形ヨリ観察シテ法人ノ目的ノ範囲内ニ於ケル行為ト認メ得ラルルモノ」は「職務を行うについて」の要件を満たすものとした（大判昭9・10・5新聞3757号7頁）。したがって、代表者がその職務の範囲を越える行為をした場合には、第三者からみて権限内の行為と思われるような行為については、法人との取引と信じた第三者を保護するために法人に責任を負わせるべきであることになる。

代表者が権限外の取引行為をした場合は、取引行為的不法行為として、法人が不法行為責任を負うべきだとされる。例えば、市長が自己の負債の返済に当てるために、議会の決議を経ずに約束手形を振り出して金銭を借り入れた事案についても、「行為の外形上代表者の職務行為と認めうるものであれば、たとえそれが代表者個人の私利を図るため、あるいは法令の規定に違反してなされた」（広島高判昭39・1・23判時364号30頁）場合でも、法人に責任を認めている（最判昭41・6・21民集20巻5号1052頁（前掲広島高判昭39・1・23の上告審判決））。取引の安全の保護という観点も考慮されている。相手方が代表者の行為が職務を行うについてではないことを知っていた（悪意）または重過失があったときは、法人の責任は認められない（最判昭50・7・14民集29巻6号1012頁）。

このような場合に、民法110条の適用は考えられないであろうか。判例は、110条の適用を認める（代理そのものではないから、類推適用という。大判昭16・2・28民集20巻264頁、最判昭34・7・14民集13巻7号960頁（村長が権限以外の受領行為を行った場合））。それでは、民法110条の要件も一般法人法78条の要件も満たす場合に、その適用関係はどう考えるべきであろうか。

（1）　110条適用説

110条のみを適用すべきだとする説は、取引行為には取引関係の規定である110条を適用すべきであると説く。

(2)　重畳的適用説

110 条と一般法人法 78 条の重畳適用を認める説は、ここでの問題は、相手方の保護、すなわち取引の安全の保護であるから、まずは、110 条を適用し、110 条を適用しても相手方が救済されないときに、一般法人法 78 条を適用して損害賠償で相手方の救済を図るとされる。

d　一般法人法 78 条適用の効果

一般法人法 78 条が適用された場合には、その効果として、法人の損害賠償義務が発生し、民法 709 条以下の規定が適用される。

3　代表者の個人責任

法人が賠償責任を負うとしても、実際には、代表者のような代表機関が、不法行為を行っているのである。したがって、代表者個人もまた、不法行為責任を負い（709 条)、法人と連帯して賠償責任を負う（不真正連帯債務）と解されている（大判昭 7・5・27 民集 11 巻 1069 頁)。すなわち、理事は法人の機関と個人との二面性を有するのであり、また一般法人に十分な資力がない場合に代表者も損害賠償責任を負って、被害者を救済すべきだという実質的な理由からも、代表者の個人責任は肯定される。

4　役員等の法人に対する責任

役員等（理事、監事、会計監査人）は、その任務を怠ったときは、法人に対し、これによって生じた損害を賠償する責任を負う（一般法人 111 条 1 項、198 条)。

5　役員等の第三者に対する損害賠償責任

役員等（理事、監事、会計監査人）がその職務を行うについて悪意または重大な過失があったときは、当該役員等は、これによって第三者に生じた損害を賠償する責任を負う（一般法人 117 条 1 項、198 条)。

代表者が職務を行うについて民法 709 条の要件を満たす不法行為を第三者に対して行った場合には、代表者は当然に責任を負う。これに対して、一般法人法 117 条は、役員等が、第三者に対する関係では不法行為を行っていなくても、その職務を行うについて悪意または重過失があるときに、第三者に対して損害賠償責任を負わせている。ここで問題となるのは、職務遂行上の悪意・重過失であって、第三者に対する過失ではないから、不法行為の原則を修正する特別の責任を一般法人法 117 条は定めていることになる。

計算書類への虚偽記載、虚偽登記、虚偽公告を行った役員等は、無過失を証明しない限り、第三者に対して損害賠償責任を負う（一般法人 117 条 2 項、198 条）。

役員等が一般法人または第三者に生じた損害を賠償する責任を負う場合に、他の役員等も当該損害賠償の責任を負うときは、これらの者は、連帯債務者とする（一般法人 118 条、198 条）。

第 8 節　法人の消滅

I　法人の解散の意義

法人には、死亡を観念できないが、例えば、社団法人の社員が全くいなくなってしまった場合には、解散することになる。すなわち、法人が、権利能力の主体たることをやめることになる。

後述、IIの解散事由に掲げるいずれかの事由が発生すると、その本来の活動を止めて、法人は解散する。自然人の場合には、死亡すると、相続によってその財産関係を整理するが、法人には相続はあり得ないので、解散によって活動を停止しても、その後の残務整理と残余財産の処理が必要になる。これを清算というが、清算に必要な範囲で、なお権利能力は存在することになる。

Ⅱ　解散事由

1　一般社団法人・一般財団法人に共通の解散事由

(1)　定款で定めた存続期間の満了（一般法人 148 条 1 項 1 号、202 条 1 項 1 号）

(2)　定款で定めた解散事由の発生（一般法人 148 条 1 項 2 号、202 条 1 項 2 号）

(3)　合併（当該一般社団法人または一般財団法人が消滅する場合）（一般法人 148 条 1 項 5 号、202 条 1 項 4 号）

(4)　破産手続開始の決定（一般法人 148 条 1 項 6 号、202 条 1 項 5 号）

(5)　解散を命ずる裁判（一般法人 148 条 1 項 7 号、202 条 1 項 6 号）

2　社団法人に特有の解散事由

(1)　社員総会の解散決議（一般法人 148 条 1 項 3 号）

解散決議は、原則として、総社員の半数以上であって、総社員の議決権の 3 分の 2 以上の多数決で行わなければならない。ただし、定款でこれを上回る割合を定めた場合には、その割合によって決議する（一般法人 49 条 2 項柱書）。

(2)　社員が欠けたこと（一般法人 148 条 1 項 4 号）

社員が 1 人もいなくなった場合である。

3　一般財団法人に特有の解散事由

(1)　基本財産滅失その他の事由による一般財団法人の目的である事業の成功の不能（一般法人 202 条 1 項 3 号）

(2)　2 期連続して貸借対照表上の純資産額が 300 万円未満になったこと（一般法人 202 条 2 項）

Ⅲ　清算

清算とは、解散した法人の残務や残余財産を整理する法律的手続である。解散した法人は、同一性を保ちつつ、清算の目的の範囲内で清算が結了するまではなお存続するものとみなされる（一般法人 207 条）。これを「清算法人」

という。

清算法人では、清算人が代表者となって（一般法人213条、214条）、①現務の結了、②債権の取立および債務の弁済、③残余財産の引渡しを行う（一般法人212条）。法人の解散によってそれまでの理事は、職務権限を失うが、清算人には、理事がなるのが原則である（209条1項1号）。

清算の結了によって、法人は消滅する。

第9節　権利能力なき社団 Nicht rechtsfähiger Verein

Ⅰ　権利能力なき社団

1　権利能力なき社団の意義

権利能力なき社団とは、社団の実体を有するが権利能力（法人格）をもたない団体である。

社団としての実体を有するとは「団体としての組織をそなえ、そこには多数決の原則が行なわれ、構成員の変更にもかかわらず団体そのものが存続し、しかしてその組織によって代表の方法、総会の運営、財産の管理その他団体としての主要な点が確定しているもの」である（最判昭39・10・15民集18巻8号1671頁、百選Ⅰ-8）。

Case ⑳

甲大学の同窓会である校友会は、会員の親睦を図る施設として校友会館を建設した。

(1)　校友会館を保存登記する場合に、どのような方法をとるべきであろうか。また、校友会館の所有権は誰に帰属するのであろうか。

(2)　校友会は、校友会館建設資金の融資をZ銀行から受けたが、その支

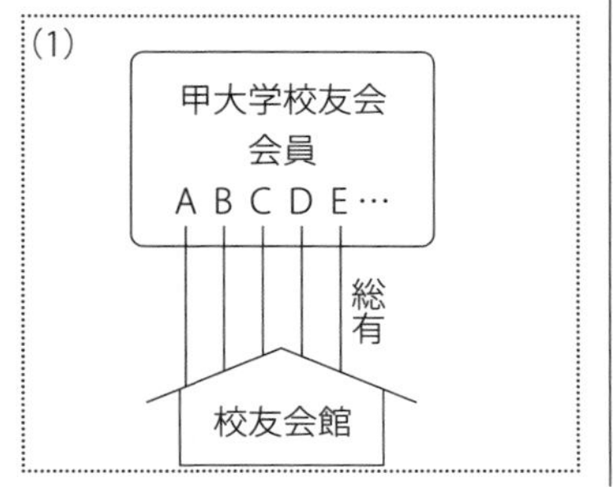

払いが滞った。そのために、Z 銀行は校友会の会長 A に返済を請求しようとしたが、A は行方不明になってしまった。Z 銀行は校友会の各会員に返済の請求をすることができるだろうか。

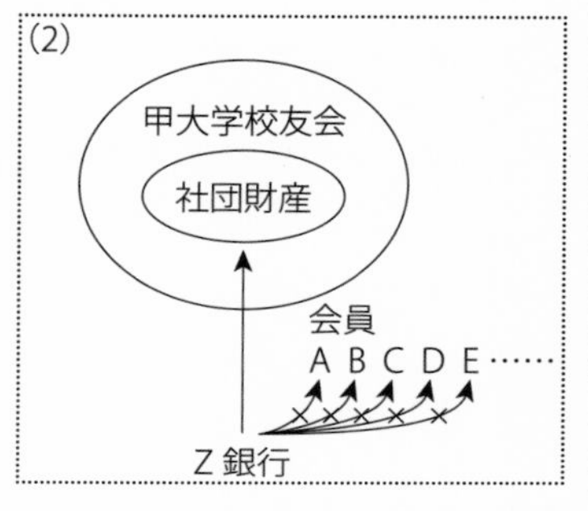

同窓会のような団体が、上記の判例が示した要件を備えていれば、社団性があることになる。しかし、法人格をまだ取得していない場合には、権利能力なき社団ということになる。なぜ、このような概念が必要であろうか。

民法には、団体に関する規定は、法人以外に組合の規定がある。現に、ドイツでは、権利能力なき社団には組合 Gesellschaft の規定を適用するとしている（ドイツ民法 54 条）。しかし、組合は、団体性が弱く、個人的な結合体である。すなわち、組合財産は、組合員の共有に属し（668 条）、組合員は組合財産に対する持分を有し、組合を脱退するときは、持分の払い戻しを受けることができる。また、組合員は、組合の債務について個人の財産で一定の責任を負わなければならない（674 条、675 条）。

毎年構成員が変更する同窓会のような大規模な団体においては、組合のような個人的色彩の強い団体とするのが妥当であろうか。同窓会の財産を同窓会全員の共有とすると、毎年、その持分割合は変更し、また、同窓会の債務について、同窓会費分を超えた個人的負担を同窓会員に負担させることが妥当かということである。

同窓会の財産、Case（1）の校友会館は、同窓会員個人の財産からは独立したものとして取り扱われ、Case（2）の債務も校友会の財産だけで責任を負うものであって、同窓会員に個人的責任を追及できるものではないと考えるべきであろう。このような団体については、法人に類似した取扱いをするのが適当であろうと考えられる。ここに、権利能力なき社団を論じる意味がある。

2　社団の構成員資格の得喪

権利能力なき社団の構成員たる資格は、通常、その規約によって定められている。その資格要件の改正について規約に方法が定められている場合には、その手続に則り総会の決議で変更することができる。規約が決議で変更された場合には、決議について承諾をしていなかったすべての構成員にも変更した規約が適用されることになる（最判平12・10・20判時1730号26頁）。

3　権利・財産の帰属

a　権利・財産の帰属の法的性質

権利能力なき社団は、社団自体には権利能力がないが、それでは、誰に財産や権利が帰属するのかが問題となる。

一般には、「権利能力のない社団の資産は構成員に総有的に帰属する」と解されている。総有とは、団体的拘束を受ける共同所有の形態であって、構成員各人は個別の財産について持分を持たず、財産の分割請求権を有しない（最判昭32・11・14民集11巻12号1943頁）。総会を通じてその管理に参画できるだけであり、社団の構成員でなくなると、総有権も失う性質のものである。

b　構成員の持分

権利能力なき社団の権利・財産は構成員に総有的に帰属するから、各構成員の持分は認められない。したがって、構成員が社団を脱退する場合に、社団財産を分割して、自己に引き渡すようには請求することはできない（前掲最判昭39・10・15）。

c　不動産の登記

土地や建物のような不動産の登記名義をどうするかは、困難な問題である。伝統的な考え方では、権利能力がない以上、社団の名義で登記するのは困難である。それでは、構成員全員の名義にすべきか。しかし、同窓会のような団体の場合には、毎年構成員が変更するのであるから、そのたびに登記を書き換えなければならず、これも現実的ではない。

そこで、従来からとられている方法は、権利能力なき社団の代表者の個人名義で登記するものである。これを、判例は、社団構成員の総有財産を「信託的に社団代表者個人の所有とされるものであるから、代表者は、右の趣旨における受託者たるの地位において右不動産につき自己の名義をもって登記」しているのであると理論構成する（最判昭 47・6・2 民集 26 巻 5 号 957 頁）。

もう一つ考えられる方法は、社団の代表者という肩書き付きで会長個人名義、すなわち「校友会会長 A」という名義の登記をすることであるが、「実質において社団を権利者とする登記を許容することにほかならない」として、判例はこれを否定している（前掲最判昭 47・6・2）。これに対して、学説からは、社団名義の登記を認めるべきである、あるいはそこまでは無理であっても、少なくとも肩書付の代表者名義での登記を認めるべきだとして、判例に対する批判が強い。

代表者が交代した場合には、旧代表者から新代表者へ登記名義を移転しなければならないが、旧代表者が名義の移転に応じない場合には、新代表者が原告となって旧代表者に移転登記を請求できる（前掲最判昭 47・6・2）。さらに、権利能力なき社団自身が原告となって新代表者への移転登記を請求することができる（最判平 26・2・27 民集 68 巻 2 号 192 頁）。

また、例えば、校友会会長 A の個人的な債権者 G が校友会館の登記が A 名義であることに注目して、この建物を差し押さえた場合は、どうなるであろうか。下級審の判決では、校友会は、会長 A の名義のままで校友会の所有権を差押債権者 G に対抗できるとしている（東京地判昭 59・1・19 判時 1125 号 129 頁）。

そこで、真正権利者は校友会の会員であるが、登記は会長 A の名義にしているのであるから、いわば虚偽の法律状態が作出されているとして、94 条 2 項の類推適用ができないか、という問題も考えられる。この問題について、前掲東京地裁判決は、「権利能力なき社団は代表者個人名義でしか登記ができないのであるから、真正な登記をすることができたのにあえて個人名義の登記をしていた者と同列に論じて虚偽表示の規定を類推適用するのは妥当ではない」として 94 条 2 項の類推適用を否定する。

d　銀行預金

銀行預金については、現在、肩書を付して代表者名義で預金することが認められているから、問題は生じないであろう。

4　社団債務および責任

校友会館の建設費のためにZ銀行に対して負担した債務は、各会員が負担しなければならないのであろうか。判例は、「権利能力なき社団の代表者が社団の名においてした取引上の債務は、その社団の構成員全員に、一個の義務として総有的に帰属するとともに、社団の総有財産だけがその責任財産となり、構成員各自は、取引の相手方に対し、直接には個人的債務ないし責任を負わないと解するのが、相当である」として、各会員は個人的責任を負わなくてもよいとしている（最判昭48・10・9民集27巻9号1129頁、百選Ⅰ−9）。したがって、Z銀行は、校友会員には債務の返済を請求することができない。

5　訴訟行為

訴訟行為については、法人ではない社団または財団でも、代表者または管理人の定めがあるものは、その名において行うことができる（民訴29条）。

Ⅱ　権利能力のない財団

権利能力のない団体の問題は、主として、社団について発生するが、財団の場合もある。すなわち、財産の拠出によって財産が拠出者個人から分離独立し、その管理組織によって運営されているなど、社会的に独立した実体があるが、まだ設立登記をしていないために権利能力を取得していない財団である（設立準備中の財団）。要件・効果は、構成員に関するものを除いて、基本的に権利能力なき社団と同様に考えてよい。

権利能力のない財団が負った債務は、誰が負担すべきであろうか。財団であるから、構成員（社員）はいないが、理事がいるから、理事が負担することになるのであろうか。判例は、甲財団の代表者が甲財団名義で振り出した融通手形について、「権利能力なき財団である甲財団の代表者として振り出したものと解するのが相当である。そうであれば、その代表者にすぎないYにおいて、個人として、当然右振出人としての責任を負ういわれはな」いとして、代表者の個人的責任を否定している（最判昭44・11・4民集23巻11号

1951 頁。代表者の個人的責任を認めるべきであったとする批判も強い)。

第 10 章
期間 Frist

第 1 節　期間の意義

期間とは、ある時点からある時点まで継続した時の区分である。期間は、契約によって一定の効果を発生させる場合がある。例えば、青空駐車場を 2 年の期間の約束で賃借したときは、その期間の満了を期限として、駐車場の明渡し債務が賃借人に発生する。また、法律が法律効果を与える場合がある。すなわち、一定の期間が経過すると行為能力が成立し（成年に達する）、また、一定の期間一定の事実状態が継続すると、権利の得喪・変更が生じる（時効）場合である。

期間は、法令もしくは裁判上の命令に特別の定めがある場合または法律行為に別段の定めがある場合を除いて、138 条から 143 条までの規定に従って計算される（138 条）。

第2節　期間の計算方法

Ⅰ　時間によって期間を定めたとき

時・分・秒を単位として期間を定めたときは、即時から起算する（139条）。これを自然的計算方法という。

Ⅱ　日、週、月または年によって期間を定めたとき

この場合には、暦に従って計算するので、暦法的計算法と呼ばれ、初日を参入しない（140条本文）。日の端数を加えないためである。例えば、レンタカーを1週間借りるとしても、借りたのが朝7時であった場合には、既にその日は17時間しか残っていないのであるから、これを1日には勘定に入れずに、翌日から1週間という計算をする。ただし、「年齢計算ニ関スル法律」（明治35年法50号）は、初日を参入する。

第3節　期間の満了点

Ⅰ　日、週、月または年によって期間を定めた場合

末日の終了をもって満了とする（民法141条）。

Ⅱ　週、月または年によって期間を定めた場合

この場合には、日に換算せず、暦に従って計算をする（143条1項）。例えば、1ヵ月と期間を定めた場合には、30日と換算するのではなく、1月であれば31日間で1ヵ月であり、閏年ではない年の2月であれば28日間で1ヵ

月と計算される。そして、週、月、年の最初から起算しないときは、最後の週、月または年において起算日に応答する前日を満了日とする（143 条 2 項本文）。例えば、2020 年の 4 月 1 日から 6 カ年を期間とした場合には、起算日は 2020 年 4 月 2 日になるから、6 カ年を経過した 2026 年の起算日の応答日 4 月 2 日の前日 4 月 1 日に満了することになる。しかし、応答日がない場合がある。例えば、1 月 30 日から 1ヵ月という期間を定めた場合に、1 月 31 日から起算するが、2 月には応答日がない。民法では、最後の月に応答日がないときは、その月の末日に満了すると定めるから（143 条 2 項ただし書）、閏年でなければ、2 月 28 日に満了し、閏年には 2 月 29 日に満了する。また、閏年の 2 月 28 日から 1 カ年と定めたときは、起算日は 2 月 29 日となるが、翌年の 2 月には起算日に応答する日がないので、2 月 28 日をもって末日とする。

Ⅲ　休日の特則

期間の末日が、日曜日、国民の祝日その他の休日であって、その日に取引をしない慣習がある場合には、その翌日に期間は満了する（142 条）。

第 11 章 時効

第 1 節　時効序論

I　時効とは

Case 71

債権者 G が債務者 S に 100 万円を貸していたが、弁済期限が経過しても、G は S に返済を催促することなく、そのままにしていた。S は返済の請求があれば、弁済しようと思っていたが、G から請求がないのでそのままにしていた。そうしているうちに、10 年が経過した。その後に、G が 100 万円の返済を S に請求してきた。

借りたものは返さなければならないという考え方もあるが、民法は、債権者が弁済期から 10 年間その権利を行使しなければ、消滅すると定めている(166 条 1 項 2 号)。したがって、S は、G が債権を 10 年間行使していなかったのであるから、G の債権は消滅していると主張し、G の請求を拒否できる。このような制度が時効である。すなわち、時効とはある事実状態が一定の期間継続した場合に、その事実状態に対応した権利関係を認める制度である。

Case では、債権が存在しないような事実状態が継続したので、債権が消滅したものとして扱う。その場合に、継続した事実状態と真の権利状態とが一致しているか否かは問題とならない。

時効には、大きく2つの種類に分類できる。1つは、一定期間権利が行使されない状態が継続した場合に、その権利の消滅を認める消滅時効という制度である。

もう1つは、ある者が権利者であるかのような事実状態が一定期間継続した場合に、その者を権利者と認める取得時効の制度である。

Case ⑫

Bが A 所有の甲土地上に建物を建て、甲土地を自己所有の土地として使用していた。Aは、Bが公然と所有者のように甲土地を占有し、使用していることに対して、自分が所有であることを主張せずに、20年以上放置していた。その後、BがAに対して自分が所有者であると主張してきた、Aは、自分が所有者だと主張できるか。

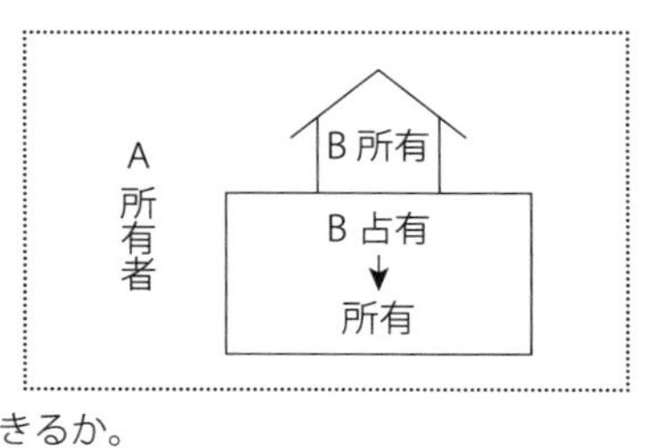

Bは平穏公然とA所有の甲土地を占有し続けるという事実状態が20年間継続することよって甲土地の所有権の取得が認められる（162条1項）。Aは、その結果として所有権を失うことになる。この場合は、Aの権利が失われるから、Bが権利を取得するのではなく、Bが権利を取得するから、Aはその結果として権利を失うということに注意しなければならない。

Ⅱ　時効制度の存在理由

時効制度には、幾つかの種類があるが、日本の民法では「時効」と統一して捉えようとしており、時効制度の存在理由についてもかつては統一的に説明しようとしてきた。しかし、わが国の時効制度は、様々な法体系を継受しているので、統一的に理解するのは困難であり、また無意味であるとされる。

そこで、一般的には、次の3つの理由が挙げられる。

(1)　継続した事実状態の尊重

長期にわたって継続した事実状態の上に築き上げられた信頼を保護することは、社会秩序の安定につながるという考え方である。ある事実状態が長期間継続すると、その状態は真の権利状態を反映したものであると考えるのが普通である。そして、その事実状態を基礎として様々な法律状態が形成される。ところが、そのような法律関係は真の権利状態を反映したものではないとして、突然覆されると、事実状態を信頼していた者は不利益を被る。また、社会的な安定も損なわれることになるから、時効制度が必要であると理由づけることになる。

(2)　証明の困難さからの救済

ある事実状態が継続している場合に、その事実状態が真実の権利関係を反映している蓋然性が高い。ところが、期間の経過に伴って権利関係を証明する資料が散逸して、証明することが困難になる。そこで、訴訟において現在の権利関係を確定しようとする場合に、証拠によって証明することが困難となるので、それを救済するために時効の主張を認めるとするものである。

(3)　権利の上に眠る者を保護しない

長期間、権利を行使せずに、放置している者は、その権利を奪われても仕方がないという考え方である。

第 2 節　取得時効 Ersitzung

Ⅰ　取得時効にかかる権利

1　所有権

所有権が取得時効の主要な対象であることは、162 条の規定から明らかである。

2 所有権以外の財産権

所有権以外の財産権すべてについて取得時効が認められるわけではない。法律の規定上は権利を事実上「行使」することが要件とされているが、これは「準占有」(205条。準占有とは、自己のためにする意思をもって財産権を行使することである)のことをいっているのであるから、占有になじまない権利は、取得時効の対象とはなり得ないことになる。個別的に考察すると次のようになる。

a 用益物権

地上権・永小作権・地役権などの用益物権は目的物の占有を伴うものであるから、時効によって取得されることには異論がない。

b 担保物権

留置権や先取特権のような法定担保物権は、法律上の要件が充足されて成立するので、法律上の要件を充たしていない限り、成立を認めることはできない。したがって、時効によって取得することはできない。

約定担保物権でも、抵当権は占有を要素としないものであって、時効による取得の対象とはならない。占有を伴う質権については取得時効の成立を認める余地はあるが、その実益があるかは不明である。

c 債権

金銭債権は、占有を伴わないから取得時効の対象とはならない。問題になるのは、不動産賃借権の時効による取得である。この場合には、不動産の占有が内容となるからである。

不動産賃借権の取得時効については、判例・学説ともに認めている。すなわち、甲地の所有者AがBに宅地として利用させる目的で甲地を賃貸したところ、Bは隣地の乙地も自家用野菜栽培の畑として長期にわたり使用し、賃料を支払い続けてきたという事案について「土地賃借権の時効取得については、土地の継続的な用益という外形的事実が存在し、かつ、それが賃借の意思に基づくことが客観的に表現されているときは、民法163条に従い土地賃借権の時効取得が可能であると解するのが相当である」とされるのである(最判昭43・10・8民集22巻10号2145頁、同旨最判昭44・7・8民集23巻8号1374頁、最判昭45・12・15民集24巻13号2051頁)。賃借の意思の客観的表現としては、賃料の継続支払が重要視されている。

Ⅱ　取得時効の要件

1　占有

所有権の取得時効には、一定の要件を備えた占有が一定期間継続することによって完成する。

a　所有の意思のある占有

ア）　意義　　占有は「自己のためにする意思をもって物を所持する」(180条) ことであるが、所有権の取得時効が完成するためには、「所有の意思」をもった占有が必要である。所有の意思をもった占有を「自主占有」という。

所有権を時効で取得するには、占有者が真の所有者の所有権を否定するような物の支配を継続しなければならない。所有の意思があるか否かは、「占有取得の原因たる事実によって客観的に定められるべきものであ」る (最判昭45・10・29判時612号52頁、最判昭58・3・24民集37巻2号131頁)。例えば、売買契約のような所有権を移転することを目的とする契約によって占有を取得したときは、その売買がたとえ無効であったとしても、所有の意思がある占有を取得したことになる。

これに対して、他人の物を賃借している者は、自己のためにする意思で占有はしているが、所有の意思のない占有をしているから、「他主占有」といわれる。すなわち、他人の土地の占有を賃貸借契約によって取得した者は、他人の所有権を認めながら物を占有していることが賃貸借契約から客観的に明らかであるから、所有の意思ある占有ではなく、20年、30年と他人の土地を占有し続けても、その土地の所有権を時効で取得することはない (大判昭13・7・7民集17巻1360頁、最判昭45・6・18判時600号83頁)。

a. 所有の意思のある占有と自己のためにする意思による占有の関係

イ）　所有の意思の推定　　なお、占有し

ている者は、所有の意思をもって占有していると民法上推定される（186 条 1 項）から、占有者の占有を自主占有にあたらないとして取得時効の成立を争う者が所有の意思のない占有（他主占有）であることの立証責任を負うことになる（最判昭 54・7・31 判時 942 号 39 頁、前掲最判昭 58・3・24）。

ウ）　他主占有から自主占有への転換　　他主占有がある一定の時点から、自主占有に転換することが認められる場合がある。もっとも、例えば、賃借人がある時点から目的物を自分のものにしようと内心で思っていても自主占有に転換するわけではない（前掲最判昭 58・3・24）。次の場合に、転換することが認められている。

(1)　占有者が自己に占有をさせた者に対して所有の意思があることを表示した場合（185 条）

土地の賃借人が賃貸人に「所有の意思がある」と表示することは、通常考えられないが、賃料の支払の拒絶が所有の意思の表示にあたるとした判例がある（最判平 6・9・13 判時 1513 号 99 頁）。

(2)　新たな権原によって更に所有の意思をもって占有を始めた場合

例えば、土地の賃借人が所有者である賃貸人からこの土地を買い受ける契約をした場合には、売買契約という新権原に基づいて占有を始めているので、自主占有に転換している（最判昭 51・12・2 民集 30 巻 11 号 1021 頁。農地の賃借人が、無権代理人から農地を買い受けた事例）。

問題となるのは、賃借人が死亡して、相続人が新たに目的物を占有し始めた場合に、相続が新権原になるかである。

Case ⑬

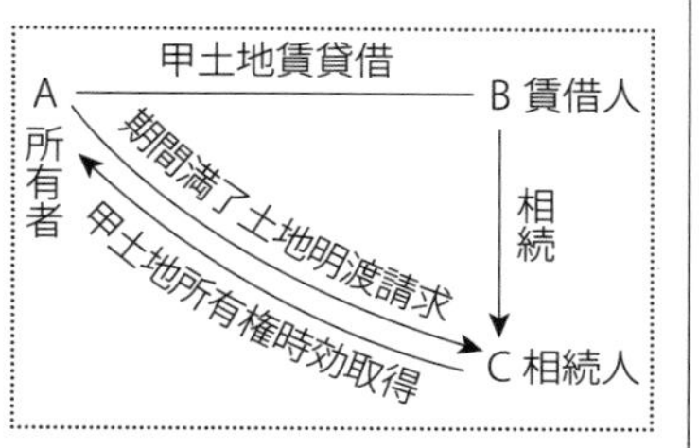

Bは、所有者Aから甲土地を期間 50 年で賃借し、その上に建物を建てて居住していた。賃借してから 10 年目に、Bが死亡して、Bの子Cが建物を相続し、この建物に居住するとともに、甲土地はB所有の土地であると信じて、所有の意思をもって占有を継続していた。期間が満了して、AがCに甲土地の返還を請求してきたときに、Cは甲土地を時効によって取得したと主張できるか。

Cは相続をすることによって、Bの他主占有を承継するとともに、自分自身の新たな占有が開始するから、相続の時点からCは新権原に基づいて占有を開始したといえるかが、問題となる。

判例は、被相続人の「死亡により、本件土地建物に対する同人の占有を相続により承継したばかりでなく、新たに本件土地建物を事実上支配することによりこれに対する占有を開始したものというべく」、相続人に「所有の意思があるとみられる場合においては、」被相続人の「死亡後民法185条にいう『新権原ニ因リ』本件土地建物の自主占有をするに至ったものと解する」と判示して、相続によって新権原を取得する場合があることを認めた（最判昭46・11・30民集25巻8号1437頁）。

Bから他主占有を承継しているCの占有には、186条1項による自主占有の推定は働かない。したがって、Cが「その事実的支配が外形的客観的にみて独自の所有の意思に基づくものと解される事情を自ら証明すべき」である（最判平8・11・12民集50巻10号2591頁）。また、共同相続人の1人が「単独に相続したものと信じて疑わず」に所有者として行動してきたという事情があるときは、「相続のときから自主占有を取得したものと」される（最判昭47・9・8民集26巻7号1348頁）。

エ）　平穏かつ公然な占有　「平穏」とは、強暴ではないことであり、「公然」とは隠秘ではないことである。取得時効の存在意義には、物の支配秩序の平和維持にあり、社会秩序を攪乱・潜脱する占有は、保護されるべきではないから、平穏・公然の占有の継続が要件とされるのである。

もっとも、186条1項によって占有は、平穏かつ公然なものと推定される。

b　取得時効の対象

ア）　他人の物

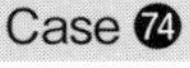

AがBにその所有する甲土地を売却する契約を締結し、Bは代金の一部を支払い、甲土地の引渡しを受けたが、登記はA名義のままであった。

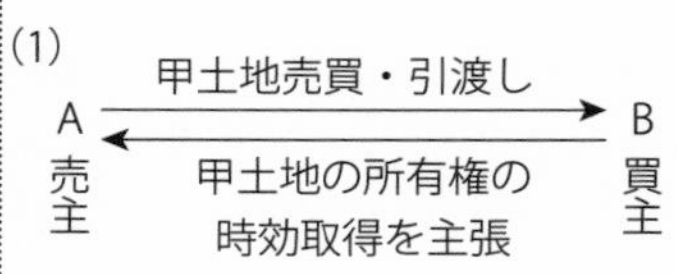

（1）引渡しから13年が経過したときに、BはAに対して、甲土地の所有権を時効取得したとして、移転登記を請求することができるか。

（2）Bに引き渡してから、7年経過したときに、AはCに甲土地を売却する契約を締結し、Cが代金全額を支払い、AはCに甲土地の登記名義を移転した場合に、引渡しから13年が経過したときに、BとCの間で甲土地の所有権の帰属について争いが生じた。Bは、甲土地の所有権を時効取得したと主張できるか。

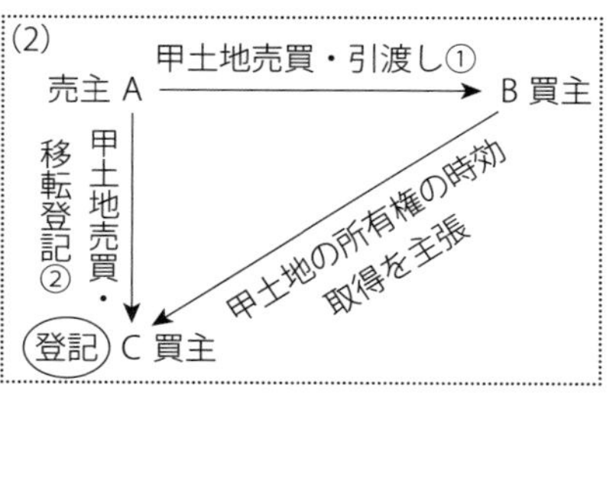

民法162条は「他人の物」について取得時効が成立すると定める。しかし、取得時効制度の根拠を「証明の困難さからの救済」に求める見解によれば、自己の物であってもそのことを証明することが困難である場合には、自己の物について取得時効を主張してもよいといえる。また、「継続した事実状態の尊重」に取得時効の存在理由を求めても自己の物の取得時効を否定する理由はないことになる。

そこで判例は、Case（1）の場合について、占有開始から162条所定の期間を経過すると「買主は売主に対する関係でも、時効による所有権の取得を主張することができる」として、自己の物の時効取得を認めている（最判昭44・12・18民集23巻12号2467頁）。この判例に対しては、買主の時効取得の主張を認めると、売主の同時履行の抗弁権が機能しなくなるという批判がなされる。すなわち、Bの所有権の時効取得を理由に移転登記請求の可否が判断される場合には、時効取得によってBに所有権があり、それを理由に移転登記を請求することになるから、その際売買契約は考慮されず、Bが代金の一部を未払いであっても同時履行の抗弁権は問題とならないからである。

また、Case（2）の所有権の二重譲渡の場合についても、「民法162条所定の占有者には、権利なくして占有をした者のほか、所有権に基づいて占有をした者をも包含するものと解するのを相当とする」として、Bの時効による所有権取得を認めている（最判昭42・7・21民集21巻6号1643頁、百選Ⅰ−45）。この判例に対しては、二重譲渡における所有権の帰属は、177 条によって決すべきであるが、C に移転登記がされて、C の所有に帰するのが確定された時から、他人の物の要件を満たすから、その時から起算して時効取得を判断すべきとする説も有力である。これに対して、判例は、C に移転登記がなされると、B は当初から所有権を取得しなかったことになるので、B が占有を開始した時が取得時効起算点となるとしている（最判昭 46・11・5 民集 25 巻 8 号 1087 頁）。

イ）　一筆の土地の一部　　土地は連続しているので、一筆が一個の物と観念されることになるが、一筆の土地の一部についても取得時効が完成する（大連判大 13・10・7 民集 3 巻 509 頁）。

ウ）　公用物　　かつては、公用物（河川、公道、公園等）については、公用廃止処分がなされない限り、時効で取得できないとされていた。しかし、「公共用財産が、長年の間事実上公の目的に供用されることなく放置され、公共用財産としての形態、機能を全く喪失し、」時効取得を認めても、そのため実際上公の目的が害されず、もはやその物を公共用財産として維持すべき理由がなくなった場合には、公用廃止処分がなくても、取得時効を認めている（最判昭 51・12・24 民集 30 巻 11 号 1104 頁、最判平 17・12・16 民集 59 巻 10 号 2931 頁）。

c　取得時効の期間

取得時効の期間は、占有が開始した事情によって、2 つに分けて規定されている。

ア）　20 年の取得時効

Case ⑮

A 所有の甲土地上に、B は A 所有であることを知りながら、無権限で乙建物を建て、13 年間その土地を占有した後、C が乙建物を買い受け、甲土地の占有を 8 年間継続した。その後、A から C に対して建物の収去、土地明渡しの請求の訴えが提起された。C は、甲土地の取得時効が完成したと主張できるだろうか。

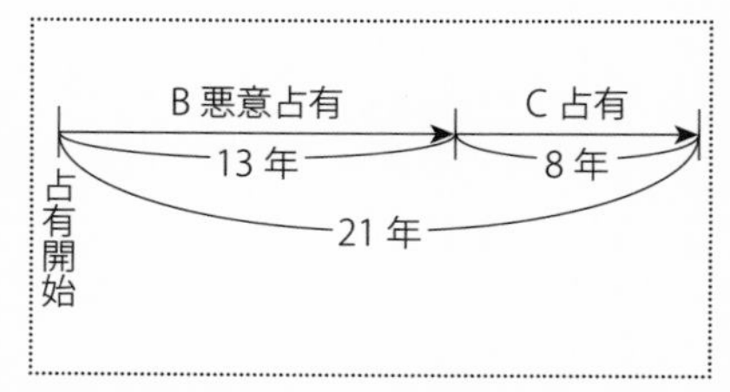

20年の取得時効は、占有者が悪意、すなわち他人の物であることを知って占有をしている場合や善意・有過失、すなわち自己の物だと信じているが過失がある場合に、20年で占有を継続することで取得時効が完成する（162条1項）。

C自身の占有は8年しか継続していないから、時効期間に足りない。しかし、CはBの占有と併せて主張することも可能である（187条1項）。ただし、この場合には、前主の占有の瑕疵（悪意・有過失、他主占有、強暴・隠秘等）も承継する（187条2項）。したがって、Cは、Bの悪意占有期間13年とCの占有期間8年を併せると、21年になるので、20年の取得時効の主張をすることができる。

イ）　10年の取得時効　10年の取得時効は、占有の開始時に、時効による所有権取得者が善意・無過失である場合に認められる。「善意」とは、自己の占有が占有すべき正当な権原に基づかないことを知らないことであり、無過失とは、知らなかったことについて占有者に過失がなかったことをいう。善意は、186条1項によって推定されるが、無過失は推定されない。登記が第三者名義になっているのに、登記簿を調べずに不動産を買い受けて占有を開始した場合には、過失があるとされる（大判大5・3・24民録22輯657頁。相続の場合に、相続人が登記簿を調査していなかった場合について、最判昭43・3・1民集22巻3号491頁）。

占有開始時に善意無過失であることを要し、その後に悪意に変じてもよいとされる（大判明44・4・7民録17輯187頁）。

Case 76

A所有の甲土地上に、Bは善意無過失で乙建物を建て、8年間甲土地を占有した後、悪意のCが乙建物を買い受け、甲土地の占有をさらに7年間継続した。その後、AからCに対して建物の収去、土地明渡しの請求の訴えが提起された。Cは甲土地を時効で取得したと主張できるか。

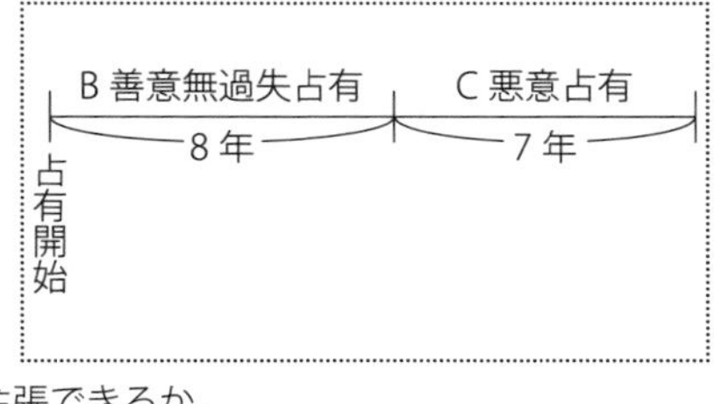

187条1項の規定によれば、Cは、Bの占有期間も併せて主張できるが、併せても占有期間は15年である。Cは悪意であるから、20年の取得時効しか主張できないとすれば、期間が足りないことになる。しかも、187条2項は、前主の占有を併せて主張する場合には、その瑕疵も承継すると定めている。しかし、Bは善意・無過失であって、瑕疵ある占有をしてはいないから、187条2項の適用はないことになる。では、どのように解釈すべきであろうか。

判例は、「10年の取得時効の要件としての占有者の善意・無過失の存否については占有開始の時点においてこれを判定すべきものとする民法162条2項の規定は、時効期間を通じて占有主体に変更がなく同一人により継続された占有が主張される場合について適用されるだけではなく、占有主体に変更があって承継された二個以上の占有が併せて主張される場合についてもまた適用されるものであり、後の場合にはその主張にかかる最初の占有者につきその占有開始の時点においてこれを判定すれば足りるものと解するのが相当である。」として、Bが善意・無過失であるならば、悪意者Cの占有期間と併せて10年間の短期取得時効が完成するとした（最判昭53・3・6民集32巻2号135頁）。これに対しては、無過失は承継されないとする批判もある。

ウ）　時効期間の起算点　　取得時効の期間をいつから起算するかについて、判例は、「取得時効完成の時期を定めるにあたっては、…必ら（ママ）ず時効の基礎たる事実の開始した時を起算点として時効完成の時期を決定すべきものであ」るとする（最判昭35・7・27民集14巻10号1871頁）。すなわち、占有の開始時を確定して、それを起算点として計算すべきであって取得時効の援用権者が任意に起算点を選択することはできないということである。

これに対して、訴え提起の時から逆算して取得時効完成に必要な期間占有していることが証明されれば足りるという「逆算説」も有力に主張されている。

d　占有の継続

占有者が任意に占有を中止した場合、または他人によって占有を奪われた場合には、取得時効は中断する（164条。ただし、占有回収の訴えによって奪われた物の占有を回復したときは、占有は継続していたことになる（203条ただし書））。すなわち、中断するまでの占有は無意味になり、占有者はあらためてもう一度、取得時効完成のために必要な期間占有を継続しなければならない。この中断は、自然中断と呼ばれる。

ただし、占有者が占有開始時に占有していた証拠と時効完成時に占有していた証拠を挙げると、その間は占有が継続していたものと推定される（186条2項）。

2　取得時効の効果

a　原始取得

Case 77

A所有の甲土地には、AがG銀行から貸し付けを受けた担保として抵当権を設定していたが、Bが、20年間占有を継続して、時効により所有権を取得した。この場合に、Bは、Aから甲土地の所有権を承継するのか。G銀行の抵当権は、B所有となった甲土地上に存続するであろうか。

BがCに甲土地を賃貸していた場合の法律関係はどうなるか。

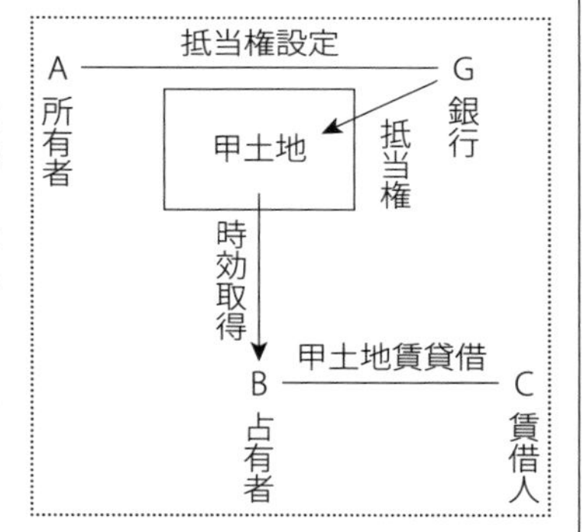

時効が完成し、占有者Bが援用すると、Bは甲土地の所有権を原始取得するのであって（大判大7・3・2民録24輯423頁、最判平15・10・31判時1846号7頁）、所有権をAから承継取得するわけではない。Bが原始的に所有権を取得した結果として、Aは所有権を失うのであって、Aから所有権を承継するものではない。Bが所有権を原始取得する結果、Aが甲土地に設定していたG銀行の抵当権も消滅することになる（397条）。

また、Bは時効期間を起算する時に遡って所有権を取得するから（144条）、Bが甲土地を占有開始後にCに賃貸していた場合には、BとCとの間の賃貸借は、Bによる甲土地時効取得時からではなく、賃貸借開始時から全く有効となる。

b　対抗要件

登記は、ドイツでは取得時効の要件であるが（ドイツ民法 900 条）、わが国では要件とはなっていない。したがって、所有権の登記がなくても B は時効で所有権を取得できる。もっとも、時効による所有権の取得も物権変動の一種であるとするならば、当事者間では登記がなくても所有権を取得者は対抗することができるが、第三者に対しては登記をしなければ所有権を対抗することができないという原則が適用されることになる（177 条）。

以下に、判例の準則のみを示そう。

Case ⑱

B が、A 所有の甲土地を継続して 20 年間悪意で占有し、時効で所有権を取得した。

（1）A は甲土地を B の占有開始から 15 年目に C に譲渡し、登記も移転していた場合に、B は、甲土地の所有権の時効による取得を C に対抗できるか。

（2）A は甲土地を B の占有開始から 22 年目に C に譲渡し、登記も移転していた場合に、B は、甲土地の所有権の時効による取得を C に対抗できるか。

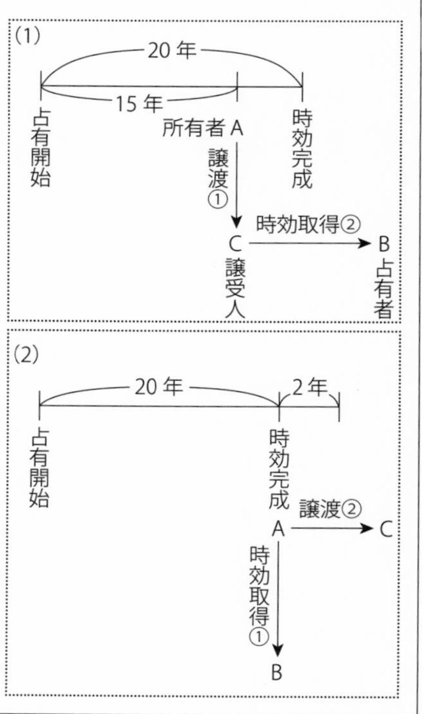

(1)　B の時効が完成する前に、A が C に甲土地を譲渡した場合には、B は登記を備えていなくても C に対して所有権を対抗できるとする（大判大 7・3・2 民録 24 輯 423 頁、最判昭 41・11・22 民集 20 巻 9 号 1901 頁）。時効の完成時

におけるCとBは物権変動の当事者とみなし、当事者の関係においては登記なしに所有権を対抗できるからである。

(2)　これに対して、時効が完成した後に、AがCに甲土地を譲渡し、登記も移転した場合には、Bは登記がないので、Cに所有権を対抗することができない（大連判大 14・7・8 民集 4 巻 412 頁、最判昭 33・8・28 民集 12 巻 12 号 1936 頁）。時効完成時に、A→Bという物権変動があった後に、A→Cという二重の物権変動があったとみなして、BとCは第三者の関係に立つから、登記を備えていなければ、Bは第三者Cに所有権の取得を対抗できないことになるというのである〔この問題は、物権変動論における大問題の 1 つであるから、物権法においてさらに詳細に論じられる〕。

第 3 節　消滅時効 Verjährung

Ⅰ　消滅時効にかかる権利

「債権」（167 条 1 項）および「債権又は所有権以外の財産権」（同条 2 項）が消滅時効にかかる権利である。したがって、所有権は消滅時効にかからない。所有権に基づく物権的請求権も、所有権から派生するのであるから、同様に消滅時効にかからない。

所有権以外の物権では、地上権・永小作権・地役権は消滅時効にかかる。占有権および留置権は、一定の事実状態または法律状態が存在する限り存続するから、独自の消滅時効はない。先取特権も同様である。抵当権と質権は、被担保債権に付従する物権であるから、独自で消滅時効にかかることはなく、被担保債権が消滅時効にかかったことによって消滅する。ただし、抵当権は、債務者および抵当権設定者以外の者との関係では、行使しないことによって独自に消滅時効にかかる（396 条）。

Ⅱ　抗弁権の永久性

例えば、AがBに自動車を売却する契約を締結した場合に、Bが代金を支払う準備もせずにAに自動車の引渡しを請求してきたときに、Aは、「代金の支払いがあるまでは、自動車の引渡しに応じられない」と主張できるのが、同時履行の抗弁権である（533条）。このように、相手方からの請求に対して抗弁的にしか行使できない権利（履行拒絶権としての抗弁権）は、独自に消滅時効にかかることはないと、一般的に解されている。すなわち、Aの代金債権が時効にかかって消滅している場合でも、Aは同時履行の抗弁権は行使できるとするのである。同時履行の関係にある2つの権利の一方が主張されたときは、他方の存在も推定されるというのが根拠である。

これと異なり、取消権などの形成権が抗弁的に行使された場合に、永久性が認められるかが問題となる。例えば、AがBの詐欺によってA所有の自動車をBに売却する契約をしたが、Aの取消権が126条の期間制限にかかっていたときでも、Bから自動車の引渡しがあった場合には、抗弁として取消権を行使して、引渡義務を免れることができるとするのが、抗弁権の永久性を認める学説の主張である。

すなわち、消滅時効の制度は、実体法上の権利を消滅させるのではなく、訴訟において請求権として行使することができなくなるとする制度であると解して、請求権として行使されるのでなければ、権利は存続すると説明するのである。訴訟において権利行使が積極的（攻撃的）になされる場合について、期間を制限するのが時効制度であって、消極的（防禦的）に行使されるときは、期間制限はないとする。ドイツ・フランスの学説・判例はこのような区別を認めている。訴訟上の消極的な権利行使は、請求に対する「抗弁」としてなされるので、抗弁権の永久性と呼ばれる。

Ⅲ　消滅時効の要件

消滅時効の要件は、一定の期間、権利者が権利を行使しない状態が継続することである。

1　消滅時効の期間の起算点

消滅時効の起算点は、2つある。

①権利を行使することができる時（客観的起算点、166条1項2号・2項）と②債権者が権利を行使することができることを知った時（主観的起算点、166条1項1号）である。

a　客観的起算点

(1)　客観的起算点とは

客観的起算点は、「権利を行使することができる時」である（166条1項2号・2項）。権利を行使することができるとは、判例によると、「単にその権利の行使につき法律上の障害がないというだけではなく、さらに権利の性質上、その権利行使が現実に期待のできる」時であるとされる（最判昭45・7・15民集24巻7号771頁、最判平8・3・5民集50巻3号383頁）。

例えば、AがBに金銭を貸したが、その返済はBが司法試験に合格した時という停止条件を付していたときは、Bが司法試験に合格するまでは、AはBに対して権利行使をすることができない、すなわち停止条件未成就という法律上の障害があり、他方Bが司法試験に合格したという発表があった時からは、条件が成就し、法律上の障害がなくなりAは権利行使をすることができるから、その時から消滅時効の期間が起算されることになる。

権利を行使することができる時か否か、客観的に判断される。したがって、債務の弁済期は到来していたが、債権者が病気で権利行使をすることができなかったとか、債権証書を紛失して権利行使できなかったという個人的な事情は、消滅時効の起算点の判断に際して考慮されない。

(2)　期限付債権

ア）　確定期限付債権　2020年5月15日という確定期限の付された債権は、5月15日が到来した時に法律上の障害が消滅するが、期間の計算においては初日を算入しないから5月16日から起算して（140条、大判大6・11・8民録23輯1762頁）、10年経過した2030年5月1日に債権は時効で消滅する。

イ）　不確定期限付債権　ある人が死んだら、借りている物を返還するという不確定期限付債権の場合には、その人が死んだ時に期限が到来するから、その翌日から起算して 10 年が経過した時に時効が完成することになる。債権者が、期限が到来したことを知ることは要件ではない。債務者が不確定期限付債務について履行遅滞に陥る場合（412 条 2 項）とは異なる。

ウ）　期限の定めのない債権　期限を定めなかった場合には、債権成立と同時にその行使が可能であるから、債権成立の時から消滅時効の進行は開始する。このことは不当利得返還債権のような法律の規定に基づいて成立する債権について妥当する。

これに対して、債務者の責めに帰すべき事由による履行不能（債務不履行）によって生じた損害賠償請求権の場合には、これも期限の定めがない債権であるが、この損害賠償請求権は本来の履行請求権の拡張ないし内容の変更であって、本来の履行請求権と法的に同一性を有するとみることができるから、消滅時効は、本来の債務の履行を請求することができる時から進行を開始するとされている（最判平 10・4・24 判時 1661 号 66 頁）。

例えば、B は A 所有の甲土地を買い受ける契約を 6 月 1 日に締結したが、この売買契約上の A の債務について弁済期を定めていなかった。その後、B が A に登記の移転を請求していなかったが、7 月 1 日に、A は甲土地を C にも売却する契約を締結し、登記も C の名義に移転した。このため、B は C に甲土地の所有権取得を対抗できない（177 条）結果、A の B への甲土地所有権移転債務・登記移転債務は履行不能となっている。この場合に、履行不能による B の A に対する損害賠償請求権は、履行不能となった 7 月 1 日から消滅時効の進行を開始するのではなく、6 月 1 日が消滅時効の起算点となる。

これに対して、債務者の責めに帰すべき事由による安全配慮義務等の付随義務等の不履行による損害賠償請求権は、雇用契約上の本来の債務とは同一性がないから、損害発生の時に損害賠償請求権が発生し、その時から損害賠償請求権の行使が可能となるから、その時が消滅時効の起算点となる（最判平 6・2・22 民集 48 巻 2 号 441 頁、百選 I－44）。例えば、工場の安全設備の不備が原因で労働者が負傷してしまったような場合である。

しかし、使用者の安全配慮義務違反によって労働者がじん肺に罹患した場合には、損害賠償請求権の消滅時効は、その損害が発生した時ではなく、じん肺のような肺の中に粉じんが存在する限り病状が進行する特異な進行性疾患であるときは、じん肺法所定の管理区分について最終の行政上の決定を受けた時から、その損害賠償請求権を法律上行使が可能となるから、その時点から消滅時効が進行を開始するとされる（前掲最判平6・2・22）。また、じん肺によって労働者が死亡した場合には、死亡時から消滅時効が進行するとされる（最判平16・4・27判時1860号152頁）。この場合には、最終の行政上の決定を受けた時、または死亡の場合には死亡時に損害賠償請求権を行使することが法律上可能となったということである。

(3)　停止条件付債権

停止条件付きの場合には、条件成就の時から進行する。

(4)　割賦払い債権

Case ⑲

Bは A 販売店から自動車を買い受ける契約を締結したが、その際に代金は割賦払いとし、B が代金の支払いを 1 回でも怠ったときは、A は直ちに残余代金全額を請求することができるという特約を付けた。B が代金の支払いを怠った場合に、何時から代金債権の消滅時効は起算されるべきであろうか。

Case ような特約を「期限の利益喪失約款」というが、このような特約がある場合に、何時から消滅時効は、進行するであろうか。2つの考え方ができる。

ア)　特約では、1回の不払いによって全額の支払いを請求できるとしているのだから、不払いがあった時から直ちに消滅時効は進行するという考え方である。

イ)　債権者があらためて全額を請求する意思表示をすることによってはじめて全額について時効が進行する考え方である。これが、判例の採る考え方である。すなわち、「一回の不履行があっても、各割賦金額につき約定弁済期の到来毎に順次消滅時効が進行し、債権者が特に残債務全額の弁済を求める旨の意思表示をした場合にかぎり、その時から右全額について消滅時効が進行する」としている（最判昭42・6・23民集21巻6号1492頁）。したがって、

A が残代金全額の支払いを請求したときに、残代金全額の時効が進行するが、請求をしない場合には各分割払いの履行期経過時から順次進行をするということになる。

b　主観的起算点

主観的起算点とは、「債権者が権利を行使することができることを知った時」である（166 条 1 項 1 号）。権利を行使することができることを知った時とは、権利行使を期待されてもやむを得ない程度に債権者が権利発生原因等を認識する必要がある。すなわち、権利発生原因の認識のほかに、権利行使の相手方である債務者を認識することが必要である。

取引から生じる債権の主たる給付に関するものの主観的起算点は、客観的起算点と一致するものと解されている。例えば、2020 年 7 月 31 日を履行期と定めた場合には、2020 年 7 月 31 日が到来したという事実は、債権者が 2020 年 7 月 31 日に履行期が到来したことを知ったという事実とは異なるが、通常は、契約締結時に 2020 年 7 月 31 日に期限が到来して権利行使が可能であることは認識しているから、締結時に既に「権利を行使することができることを知った」いえる。したがって、主観的起算点と客観的起算点は一致することになる。

これに対して、他人の土地に無断駐車をしていたような場合において、土地所有者から無断駐車をしている者に対する土地の使用料相当分の不当利得返還請求権については、不当利得返還請求権は無断駐車がされた時から発生し、その時から権利行使は可能であるが、土地所有者がそれを認識するのは困難な場合もあるから、客観的起算点と主観的起算点が異なる場合もありうる。

主観的起算点からの消滅時効期間は、①権利行使が期待されてもやむを得ない程度に権利の発生原因等を認識して債権者が「権利を行使することができることを知った」といえることと、②「権利を行使することができる」ことの 2 つが充たされた時から進行を始める。

2　消滅時効期間

a　債権の消滅時効期間

ア）　原則　　債権の消滅時効期間は、原則として①債権者が「権利を行使することができることを知った時」から5年であり（166条1項1号）、②債権者が「権利を行使することができる時」から10年である（同条同項2号）。

イ）　人の生命または身体の侵害による損害賠償請求権の消滅時効期間　　工場の安全設備の不備等によって労働者が死亡したり、負傷した場合の使用者に対する雇用契約上の安全配慮義務違反による損害賠償請求権は、債務不履行による損害賠償請求権である。生命・身体は他の財産的な利益に比べて保護の必要が強い、したがって、生命・身体の侵害による損害賠償請求権については、他の利益侵害による損害賠償請求権よりも権利行使の機会を確保する必要性が高いと考えられ、また、生命・身体に深刻な被害が生じた後は、債権者は、時効完成の阻止に向けた措置を速やかにとることを期待することができない場合も少なくない。そこで、人の生命・身体に対する侵害による損害賠償請求権については長い消滅時効期間が定められた。

すなわち、主観的起算点については、債権者が「権利を行使することができることを知った時」から5年であることで、一般の債権と異ならないが、客観的起算点については「権利を行使することができる時」から20年に延長されている（167条）。

不法行為による損害賠償請求権の消滅時効についても、人の生命・身体を害する不法行為による損害賠償請求権については、主観的起算点については「損害及び加害者を知った時」から5年に延長している（724条の2。原則は、3年（724条1号））。

ウ）　定期金債権　　例えば、AがBのためにA所有の土地に期間50年として地上権を設定し、2020年4月から毎月末に10万円を地代としてBはAに支払うと約した場合、AはBに対して50年間毎月末に10万円の地代を請求することができる債権を有したことになる。これを基本権としての定期期債権という。そして、2020年4月30日にAはBに10万円を請求することができる具体的債権が発生するが、これを支分権としての定期金債権という。

民法は、基本権としての定期金債権の消滅時効の主観的起算点を「債権を行使することができることを知った時」として、それから 10 年経過すると時効によって消滅するとした（168 条 1 項 1 号）。また、客観的起算点は「債権を行使することができる時」とし、それから 20 年経過すると、基本権たる定期金債権は時効によって時効で消滅すると定めた（同条同項 2 号）。B が地代を滞納して 2021 年 3 月 31 日に 1 年分の地代 120 万円を支払ってきたときは、そのときに B は債務の承認をしたことになるから、時効の更新があり、その時から新たに時効期間の起算を開始することになる（152 条 1 項）。

支分権としての定期期債権は、地代の支払い期限が到来した時から 166 条 1 項の原則に従って時効期間を計算することになる。

b　債権以外の財産権

ア）　所有権　　所有権は、行使しなくても、消滅時効にかからない（166 条 2 項参照）。これは、所有権の絶対性ないし恒久性に由来する。また、相隣関係上の権利（209 条以下）、共有物分割請求権（256 条）も、所有権に由来する権利であるから、単なる不行使によっては消滅時効にかからない。所有権に基づく登記請求権も消滅時効にかからない。

他人の物を占有している者が時効でその物の所有権を取得した場合には、物の所有者は所有権を喪失するが、これは時効によって所有権を取得した反射的効果として所有権を喪失するのであって、所有権が時効で消滅するわけではない。

イ）　債権および所有権以外の財産権

（1）　用益物権

用益物権である地上権、永小作権、地役権はそれを行使しなかったときは、20 年の消滅時効にかかる（166 条 2 項）。例えば、地上権の場合には、地上権設定契約時の翌日から消滅時効の期間が起算されて、20 年間行使されなければ、消滅時効にかかる。

（2）　担保物権

担保物権は債権を担保するための権利であって、被担保債権に付従するから、原則として、被担保債権から独立して消滅時効にかかることはない。被担保債権が消滅時効のかかったときに、付従性の原則から担保物権も消滅する。

ただし、抵当権は、債務者でも抵当権設定者でもない者（例えば、抵当不動産の第三取得者）との関係では、396条の反対解釈として、被担保債権が消滅時効にかかっていないときでも、抵当権は独立して20年（166条2項）の消滅時効にかかる（大判昭15・11・26民集19巻2100頁）。

(3)　占有権・留置権

一定の事実状態がある限り常に存在し、その事実状態が消滅すれば消滅する権利である占有権（180条、203条参照）や留置権（295条、302条参照）は、単なる不行使によっては消滅時効にかからない。

c　公に確定した権利

10年より短い時効期間の定められている消滅時効にかかる債権も、いったん確定判決またはそれに準じる公権力（裁判上の和解など）によって権利が確定すると、時効期間は、その後は10年となる（169条1項）。債権の存在に確証が生じていること、さらに短期で再び消滅時効にかかり、その更新のために再度訴訟提起が必要だということは煩わしいからである。ただし、確定時に弁済期の到来していない債権には、この規定は適用されない（169条2項）。

Ⅳ　消滅時効の効果

消滅時効が援用されると、債権は消滅する（145条・167条）。債権は時効の起算日に遡って消滅するので（144条）、弁済期に債権が消滅したものと扱われることになる。したがって、債務者は、消滅時効の起算日以後の利息・遅延利息を支払う義務を負わなくなる（大判大9・5・25民録26輯759頁）。

Ⅴ　除斥期間

1　意義

除斥期間とは、その期間内に権利行使をしないと、その後は権利行使ができなくなるという、いわば法律の予定する権利の存続期間である。権利関係を速やかに確定することを目的としている点で、継続した事実状態を尊重する、ないし挙証の困難さから救済することを目的とする消滅時効制度とはその趣旨を異にする。

2　除斥期間と消滅時効の相違点

除斥期間は、つぎの点で消滅時効と異なる。

(1)　除斥期間には更新がない。ただし、時効の完成猶予に関する 161 条は類推適用されるべきであろう。期間満了当時に天災その他避けることができない事情がある場合は、猶予期間を認めないと権利者に酷だからである。

(2)　当事者の援用がなくても、当然に効力が発生する。権利の存続期間だからである。

(3)　除斥期間の起算点は、権利の発生した時である。

(4)　除斥期間満了による権利消滅の効力は起算日に遡及しない。

3　除斥期間か、消滅時効かの判断規準

かつての学説は、条文の文言に「時効ニ因リテ」があるかどうかを規準とすべきだとしていた。しかし、例えば、126 条に定める期間のうち、5 年のほうは、「時効によって消滅する」ことは明らかであるが、20 年のほうは「同様とする」としているだけだから、5 年と同様に「時効によって消滅する」なのか、「消滅する」なのか明らかではない。したがって、現在では、権利の性質と規定の趣旨によって実質的に判断されるべきだとされている。

すなわち、この見解からすると、形成権についての期間制限は、除斥期間と考えられる。例えば、取消権についてみると、権利者が取消しの意思表示をすれば、取消しの効果は発生するから、権利行使をしたが目的を達することができないという状態は生じないので、除斥期間については、更新は考えられないのである。

これに対して、債権の場合には、債権者は請求したが、債務者は履行しないという状態が生じ、結局、目的を達することができない事態が発生しうるから、時効の更新が必要になる。

126 条に定める 2 つの期間（5 年・20 年）はいずれも除斥期間と解すべきで

ある。解除権も、形成権であるから、改正前民法 566 条 3 項に定める解除権の 1 年の期間制限も除斥期間と解されていた（最判平 4・10・20 民集 46 巻 7 号 1129 頁）。

193 条による盗品・遺失物の回復請求権（権利行使期間 2 年）、195 条による動物回復請求権（権利行使期間 1 ヵ月）、201 条による占有訴権（占有保持の訴え、占有回収の訴え、権利行使期間 1 年）といった請求権の行使期間の短期の制限も、争いの速やかな確定の趣旨から除斥期間と解されている。

Ⅵ　権利失効の原則

消滅時効にかからない所有権に基づく請求権や消滅時効の期間は到来していない債権について、長期間権利行使がなされないままになっているので、権利行使がないであろうという信頼を相手方に与えた場合には、権利者が突如として態度を変えて権利を行使することは信義則上認められないという理論（最判昭 30・11・22 民集 9 巻 12 号 1781 頁、この判決では権利失効は認められていない）である。しかし、権利不行使が継続している場合に、権利を消滅させるには、法的安定性の観点からも時効制度で統一的に解決すべきであり、権利失効の原則は適切な議論ではないとする批判もある。

第 4 節　時効の障害事由

Ⅰ　時効の完成猶予および更新

a　時効の完成猶予および更新の意義

時効期間の進行の途中で民法が定める事由が生じた場合に、時効期間満了時に時効が完成しないとしたり、そのままでは時効が進行しないとする制度が時効障害といわれる制度である。

時効の完成猶予とは、猶予事由が発生しても時効期間の進行自体は止まらないが、本来の時効期間の満了時期が過ぎても、所定の時期を経過するまでは時効が完成しないとこととするものである。

時効の更新とは、更新事由の発生によって進行していた時効期間の経過が無意味なものとなり、時効期間が新たにゼロから進行を始めるとするものである。

これらの時効障害は、①完成猶予と更新が組み合わせて生じる場合がある。147 条に定められている裁判上の請求等による完成猶予および更新が、それである。例えば、債権者が訴えを提起したときは、完成猶予が生じ、訴えにかかる請求を認める判決が確定すると更新が生じて、時効期間が新たに計算されることになる。

また、②完成猶予の問題は生ぜず、専ら更新のみが問題となる、承認の場合（152 条）もある。

さらには、③更新の問題は生じないで、完成猶予のみが問題となる、天災による時効完成猶予（161 条）のような場合もある。

b　完成猶予および更新の事由

ア）　裁判上の請求等による場合（147 条）　　裁判上の請求、支払督促の申立て、和解もしくは調停の申し立て、破産手続参加については、これらの事由が継続している間は時効の完成が猶予される（147 条 1 項）。さらに確定判決また確定判決と同一の効力を有するものによって権利が確定したときは、時効は、更新され、更新事由が終了した時から新たに進行を始める（同条 2 項）。この場合には、時効期間は、10 年となる（169 条 1 項）。なお、これらの事由が、確定判決またはこれと同一の効力を有するものによって権利が確定することなく終了したときは、その終了の時から 6 ヵ月を経過するまでは、時効の完成が猶予される（147 条 1 項柱書）。

ｉ）　裁判上の請求（147 条 1 項 1 号）

Case ⓪⓪

A は B に対して 100 万円の金銭債権を有していた。この債務の履行期は、2020 年 12 月 1 日であった。2025 年 7 月 1 日になっても B が 100 万円を支払ってこないので、同日、A は 100 万円の債務の履行を請求する B に対する訴えを裁判所に提起した。

Caseの場合、消滅時効の起算点は、客観的起算点も主観的起算点も2020年12月1日であり、主観的起算点から計算すると2025年12月1日にAの債権は消滅時効にかかることになる。2025年12月1日に時効にかかって債権は既に消滅し、時効にかかるべき債権が存在しないから、客観的起算点からの10年の消滅時効は問題とならなくなる。

しかし、時効期間の満了前である2025年7月1日にAは債務の履行を求める訴えを提起しているから、その日から完成猶予が生じ（147条1項1号）、2025年12月1日になったとしても時効の完成は猶予されていることになる。そして、Aの勝訴判決が確定すると、時効の更新が生じ、すでに経過した4年余の時効期間はなかったものとして取り扱わる（同条2項）。勝訴判決が2026年10月1日に確定したとすると、時効障害事由が発生しなければ、その時から10年が経過した2036年10月1日に時効で消滅することになる（169条1項）。

147条1号に定める「裁判上の請求」は、債権者が訴えを提起する場合が典型的であるが、それだけに限られない。債務者が債務不存在の確認訴訟を起こした場合に、債権者が債務の履行を請求する反訴を提起したときは、反訴を提起した時に完成猶予の効力が生じ、債権の存在を認める判決が確定すると、その時に消滅時効の更新の効力が生じる。

また、反訴を提起しなくても、応訴して債務の存在を主張して債権者が勝訴した場合も、裁判における債務の存在の主張は裁判上の請求に準じるものとされ（最判昭44・11・27民集23巻11号2251頁）、裁判における債権の存在の主張時に時効完成猶予の効力が生じ、勝訴判決確定時に更新の効力が生じると解される。同様に、占有者から提起された所有権移転登記手続請求訴訟において、所有者が、占有者の取得時効完成の主張に対し自己の所有権を主張し、これが認められた場合は、裁判における所有権の主張をしたことは裁判上の請求に準じるものとして（最大判昭43・11・13民集22巻12号2510頁）、その主張の時に取得時効の完成猶予の効力が生じ、確定判決によって時効の更新の効力が生じると解される。

賃貸借が終了したので、賃借人は建物の明渡しを賃貸人から請求されたが、賃借人は建物の修繕費を支出していたので、賃貸人に対して必要費償還請求権を有していた場合に（608条1項）、明渡訴訟の中で、賃借人が明渡しを拒むために必要費償還請求権の存在を前提として留置権の存在（必要費償還請求権に基づいて留置権が発生することについては、大判昭14・4・28民集18巻484頁）を主張し、それが認められて引換給付判決がされても、必要費償還請求権について147条2項の更新の効果は認められない。費用償還請求権の主張は建物明渡訴訟の本質的な争点ではないからである。もっとも、留置権の抗弁を提出することによって費用償還請求権の主張もされているのであるから、147条1項の完成猶予の効力は生じ、訴訟係属中および訴訟終結後6ヵ月間は必要費償還請求権の消滅時効の完成が猶予される（最大判昭38・10・30民集17巻9号1252頁参照）。

また、Aが訴えを提起したが、訴えを取り下げるなどして訴訟が終了したときは、その終了から6ヵ月間は時効の完成が猶予される（147条1項括弧書き）。

(1)　一部請求

> **Case 80**
>
> AがBに1,000万円を貸し付けたが、Bが弁済期になっても返済してこないので、AはBに対して600万円だけの返済請求の訴えを提起した場合に、時効の完成猶予や更新の効力が生じるのは、600万円分か、1,000万円全部について猶予や更新の効力が生じるのか。

Caseにおける Aが1,000万円の債権のうち600万円だけBに請求する一部請求の訴訟を提起し、Aは勝訴判決を得た場合に、時効完成猶予や更新の効力は、債権の一部の600万円の分についてだけ生じるのか、それとも1,000万円分全部について生じるのか。

600万円の部分については、Aの勝訴の判決が確定すると、更新の効力が生じる（147条2項、最判昭34・2・20民集13巻2号209頁参照）。残りの400万円分については、更新の効力は生じないが、権利行使の意思が継続的に表示されているとはいえない特段の事情がない限り、裁判上の請求がされているものとして、147条1項の完成猶予の効力が生じ、裁判終結後6ヵ月間は時効の完成が猶予されると解すべきである（最判平25・6・6民集67巻5号1208頁参照)。

また、債権の一部だけ請求する趣旨が明示されていない場合には、一部請求であっても債権の同一性の範囲において裁判上の請求による完成猶予および更新の効力は債権の全部に及ぶと解すべきである(最判昭45・7・24民集24巻7号1177頁)。

ii) 支払督促(147条1項2号) 支払督促とは、金銭その他の代替物または有価証券の給付を目的とする請求について、簡易・迅速に債務名義を取得する方法である(民訴382条以下)。債権者の申立てにより裁判所書記官は、債務者に対する審尋をしないで支払督促を行い、債務者が送達を受けた日から2週間以内に督促異議の申立てをしないときは、債権者の申立てにより仮執行の宣言をしなければならず、これについて督促異議の申立てがない、もしくは督促異議申立てを却下する決定が確定したときは、支払督促は確定判決と同一の効力を有することになり(民訴396条)、時効の更新の効力が生じる。債権者が仮執行宣言の申立てをすることができる時から30日以内にその申立てをしないと、支払督促の効力は失われ(民訴392条)、督促手続が終了するため、その終了時から6ヵ月間時効の完成が猶予される(147条1項括弧書)。

iii) 和解または調停(147条1項4号) 民事上の争いが生じた場合には、当事者は、訴えを提起する前に裁判所に和解の申立てをすることができる(民訴275条1項)。この訴え提起前の和解が調い、その内容が調書に記載されたときは(民訴規169条)、その記載は、確定判決と同一の効力を有する(民訴267条)。また、民事調停法による調停もしくは家事事件手続法による調停において、当事者間に合意が成立し、これを調書に記載したときは、その記載は、その記載は裁判上の和解(民調16条)ないし確定判決(家事268条1項)と同一の効力を有する。

このような効力があるから、和解または調停についても、その申立時から時効完成猶予の効力が生じ(147条1項3号)、和解もしくは調停が成立したときは、その成立時から時効が更新される(同条2項)。和解もしくは調停が成立しなかった場合には、その終了時から6ヵ月間時効の完成が猶予される(同条1項括弧書き)。

iv）　破産・再生・更生手続参加（147条4号）　破産手続参加（破産103条）とは、相手方に対する破産手続開始の申立ておよび相手方に破産手続が開始された場合の参加（配当請求のための債権の届出（破産111条））の双方を含むものである。いずれも明確な権利行使であるので届出時から時効完成猶予の効力が生じる（147条4条）。その後、権利が確定し、破産手続が終了した場合には、終了時から時効の更新の効力が生じる（147条2項）。これに対して、債権者が届出を取り下げ、またはその届出が却下されたときは、取下げまたは却下の時から6ヵ月間時効の完成が猶予される（147条1項括弧書き）。

民事再生手続参加（民再86条）・会社更生手続参加（会更135条）の場合も同様である。

イ）　強制執行等による時効の完成猶予および更新（148条）

i）　強制執行（148条1項1号）

AがBに対して100万円の債権を有していた場合に、Aがその債権の強制執行としてBの所有する不動産を差し押さえたときは、強制執行手続の申立時からAの債権の時効の完成が猶予される（148条2項1号）。強制執行の終了によってもAの債権が満足を得なかったときは、Aの債権の時効の更新によって新たな時効期間が進行し始める（148条2項本文）。ただし、強制執行が申立ての取下げまたは法律の規定に従わないことによる取消しによって終了するときは、更新は生ぜず、終了の時から6ヵ月間時効の完成が猶予される（148条1項括弧書、2項ただし書）。

他の債権者が申し立てた強制執行に執行力のある債務名義の正本に基づいて配当要求をした場合も、148条1項1号の「強制執行」に含まれ、配当要求時から時効の完成が猶予され、債権の満足が得られない場合には、手続の終了時から時効は更新されると解することができる（最判平11・4・27民集53巻4号840頁）。

ii）　担保権の実行等（148条1項2号～4号）

担保権の実行としての競売（148条1項2号、担保権の実行には、担保不動産収益執行・物上代位も含まれる）、民事執行法195条による担保権実行としての競売（同条同項3号）、民事執行法196条による財産開示手続についても、その申立時から時効完成猶予の効力が生じる（148条1項柱書）。これらの手続が所期の目的を達成したときは、その終了時から時効の更新が生じ、新たな時効期間が進行し始める（148条2項本文）。ただし、申立ての取下げまたは法律の規定に従わないことによる取消しによって手続が終了するときは、更新は生ぜず、終了の時から6ヵ月間時効の完成が猶予される（148条1項括弧書、2項ただし書）。

iii）　仮差押え・仮処分（149条）

仮差押えおよび仮処分は、債権者が自己の権利を実現することができなくなるおそれがあるときに、債務者の財産を保全する手続である（民保20条以下、23条以下）。これらの手続の開始に当たって債務名義を取得する必要はなく、後に裁判上の請求によって権利関係を確定することが予定されているものである。その権利の確定に至るまで債務者の財産を保全する暫定的なものであるから、仮差押え（149条1号）・仮処分（149条2号）は、本案の訴えが提起されるまでの間、時効完成を阻止するものにすぎず、その申立ての時からその執行行為の終了後6ヵ月を経過するまでの間、時効の完成が猶予される（149条柱書）。

iv）　催告

催告とは、裁判外で債権者が債務者に対して履行の請求をする意思の通知である。方法について定めがないから、書面でも、口頭でも権利行使の意思が表明されていればよい。実際には、相手方が通知を受け取ったことの証明のために内容証明郵便を用いる。

催告を完成猶予事由としたのは、時効の更新をするために突然訴えを提起するというような弊害を避けるためである。

催告があったときは、その時から6ヵ月間は、時効の完成が猶予される（150条1項）。完成が猶予されている間に、裁判上の請求をした場合には、訴えの提起時からさらに時効の完成が猶予される、債権者の勝訴判決が確定したときは、判決確定時から時効の更新が生じることになる（147条）。訴えを提起までをすることなく、完成猶予期間中に再度の催告をしても、当初の6ヵ月の完成猶予期間は延長されることはない（150条2項）。

v）　協議を行う旨の合意

改正前においては、当事者が権利をめぐる争いを解決するために協議を継続していても、時効の完成時期が迫ったときは、完成を阻止するために訴えの提起などの措置をとらざるを得ず、当事者間の自発的で柔軟な紛争解決の障害となっていた。

そこで、当事者間において権利についての協議を行う旨の合意が書面または電磁的記録によってされた場合には、時効の完成が猶予されることとした（151条）。

権利について協議を行う旨の合意が書面（151条1項）または電磁的記録（同条4項）によって行われた場合には、①その合意があった時から1年を経過した時（同条同項1号）、②その合意において当事者が協議を行う期間（1年未満のものに限る）を定めたときは、その期間の経過した時（同条同項2号）、または③当事者の一方から相手方に対して協議の続行を拒絶する旨の書面（電磁的記録によってされた場合も含む（同条4項・5項））による通知が行われた時から6ヵ月経過した時（同条同項3号）のいずれか早い時までの間は、時効は完成しない（同条1項）。すなわち、時効の完成が猶予される。

合意に基づいて協議を始めたが、より長い時間をかけて協議したいと当事者が望んだ場合には、完成猶予期間中に再度の協議の合意をすることすることもあるであろう。その場合には、再度の協議の合意も151条1項の規定による時効完成猶予の効力を有する（同条2項本文）。すなわち、この合意は複数回繰り返すことができ、時効の完成猶予期間が延びることになる。ただし、この場合の時効完成猶予の効力は、時効完成猶予がされなかったとすれば時効が完成すべき時（本来の時効が完成すべき時）から5年を超えることはできない（同条2項ただし書）。時効完成の猶予が際限なく延び、長期間にわたり法律関係の不確定な状態が継続するのは望ましくないからである。

催告によって時効の完成が猶予されている間にされた協議を行う旨の合意は、時効の完成猶予の効力を有しない（151条3項前段）。また、協議する旨の合意によって時効の完成が猶予される間に催告をしてもその催告は時効の完成猶予の効力を有しない（同条3項後段）。

vi）　承認（152条）

承認とは、時効の利益を受けるべき者が、権利の不存在（取得時効の場合）または存在（消滅時効の場合）を権利者に対して表示することである。法的性質は、観念の通知である。したがって、時効が更新されることを知っていることは必要ではない。承認があった時から、時効は更新される（152条1項）。

承認を時効更新事由とする根拠については、2つの説明の仕方がある。

(1)　相手方が権利の不存在または存在を表示したから、権利者はこれを信頼して何の権利行使をしなくても、権利者が権利行使を怠ったとはいえないというドイツ法の影響を受けたものである。

(2)　時効の利益を受けるべき者の意思を尊重して、更新事由にしたというフランス法に影響を受けた説明である。沿革的には、改正前の時効の中断事由はフランス法の系譜に属するといわれる。

承認の方法について特に定めはなく、裁判上でも、裁判外でもよく、書面であるか口頭であるかも問わない。支払猶予の懇請、手形書換の承諾、利息の支払い、一部弁済等の時効利益の主張と相容れない行為が承認にあたるとされる。

承認をするには、相手方の権利についての処分につき行為能力の制限を受けていないことまたは権限があることを要しない（152条2項）。債務者が債権の存在を承認し、もしくは占有者が自己に権利が存在しないことを承認することは、新たに処分行為を行うのではなく、現に存在する権利の確認行為であるから、処分に関する行為能力や権限は不要とされるのである。しかし、管理能力は必要とされるから、制限行為能力者のうちでも、管理能力も有しない未成年者・成年被後見人は承認をすることができない（大判昭13・2・4民集17巻87頁は、未成年者が単独でした承認を取り消しうるとした）。これに対して、同じ制限行為能力者でも、管理能力のある被保佐人・被補助人は、単独で承認をすることができる（大判大7・10・9民録24輯1886頁は、準禁治産について単独で承認ができるとする）。

vii）　未成年者・成年被後見人（158条）

未成年者または成年被後見人に時効期間の満了前6ヵ月以内の間において法定代理人または成年後見人がないときは、その未成年者または成年被後見人が行為能力者となった時または法定代理人が就職した時から6ヵ月を経過するまでの間は、その未成年者または成年被後見人に対しては、時効は完成しない（158条1項）。

他方、未成年者または成年被後見人がその財産を管理する父、母または後見人に対して権利を有するときは、未成年者また成年被後見人が行為能力者となった時または後任の法定代理人が就職した時から6ヵ月が経過するまでは、時効は完成しない（158条2項）。

viii）　夫婦間の権利

夫婦の一方が他方に対して有する権利については、婚姻の解消の時から6ヵ月が経過するまでの間は、時効は、完成しない（159条）。

ix）　相続財産

相続財産に関しては、相続人が確定した時、管理人が選任された時または破産手続開始決定時から6ヵ月が経過までの間は、時効は、完成しない（160条）。

改正前724条後段の不法行為に基づく損害賠償請求権の行使期間について（改正前は、除斥期間とされていた）、殺人事件の加害者が被害者の相続人において被害者の死亡の事実を知ることができない状況を殊更に作出し、そのために相続人が死亡の事実を知ることができず、相続人が確定しないまま20年が経過した場合においては、その後相続人が確定した時から6ヵ月内に相続人が殺人に係る不法行為による損害賠償請求権を行使したなど特段の事情があるときは、改正前160条の法意に照らし、724条後段の効果は生じないとする判決があった（最判平21・4・28民集63巻4号853頁）。改正前は、724条後段の20年の期間は除斥期間と解されていたので（最判平元・12・21民集43巻12号2209頁）、この判決では160条の法意に照らしと判示されていたが、改正後は724条後段の20年の期間も消滅時効期間とされるので、160条の直接適用ができる事案になるであろう。

x）　天災その他避けることのできない事変（161条）

時効期間の満了の時に当たり、天災その他避けることのできない事変のために147条1項各号または148条1項各号に掲げる事由（裁判上の請求等または強制執行等）にかかる手続きを行うことができないときは、その障害が消滅した時から3カ月が経過するまでの間は、時効は完成しない（161条）。

Ⅱ　時効の完成猶予および更新の効果

1　完成猶予および更新の基本的効果

時効の完成が猶予された場合には、完成猶予事由の継続中またはその事由の終了から所定の期間が経過するまでは、時効が完成しない。

時効が更新された場合は、更新事由の発生によって進行していた時効期間の経過が無意味になり、時効期間は新たにゼロから進行を開始する。

更新後に進行する新たな時効期間は、従前の時効期間と原則として同じであるが、確定判決または確定判決と同一の効力を有するものによって確定し権利については、従前の時効期間が10年より短い期間の定めがあるものであっても、新たな時効期間は10年になる（169条1項)。ただし、確定時に弁済期の到来していない債権については、この規定は適用されない（同条2項)。

2　完成猶予または更新の効力が及ぶ者の範囲（153条・154条）

a　完成猶予または更新の相対効の原則

147条（裁判上の請求等)、148条（強制執行等）または152条（承認）の規定による時効の完成猶予または更新は、完成猶予または更新の事由の生じた当事者およびその承継人の間においてのみその効力を有する（153条、時効の完成猶予・更新の相対効)。時効によって利益・不利益を受ける者が数人いるとき、1人について生じた完成猶予・更新事由は、他の者に影響を及ぼさず時効の完成を認めようとする制度である。他人の権利関係に干渉する行為をすることができない、という考え方によるものである。

例えば、AがBとCに金銭債権を有していた場合に、AがCに対してのみ裁判上の請求をし、勝訴したときは、Cについては訴え提起時から消滅時効の完成猶予また勝訴判決確定時から更新が生じるが、Bについては時効の完成猶予の効力も、更新の効力も生じないから、Bについては履行期から5年が経過すると、債務は時効で消滅することになる。Cに対する裁判上の請求は、Bの債務にまで影響を及ぼさないのである。

また、A と B が C に金銭を貸していた場合に、A が債務者 C に履行の請求をする訴えを提起し、勝訴判決が確定したときは、C に対する債権については訴え提起時に時効の完成猶予の効力が生じ、勝訴判決の確定時に時効の更新の効力が生じる。これに対して、B の債権は、B が権利行使をしなければ、履行期から 5 年を経過すると時効で消滅する。

b.　強制執行等または仮差押等の特則（154 条）

148 条 1 項による手続（強制執行等）または 149 条による手続（仮差押等）は、時効の利益を受ける者に対してしないときは、その者に通知した後でなければ時効の完成猶予または更新の効力を生じない（154 条）。債務者が知らないのに時効の完成猶予や更新の効力が及ぶとすれば、債務者に不測の不利益を及ぼすことになるからである。

例えば、A が B に 1,000 万円を貸し、C が B の債務を担保するためにその所有する土地に抵当権を設定した場合において、B が 1,000 万円を返済しないので、A は C 土地上の抵当権を実行して任意競売を申立て、競売開始決定がされたときは、同決定の正本が B に到達した時に、B に対する債権の消滅時効は完成が猶予され、手続終了時から時効が更新される（最判昭 50・11・21 民集 29 巻 10 号 1537 頁、最判平 8・7・12 民集 50 巻 7 号 1901 頁）。

第 5 節　時効の援用と時効利益の放棄

I　時効の援用

1　時効利益を受ける者の意思の尊重

時効は、一定の事実状態が一定期間継続することによって完成するが、しかし、裁判所は時効の利益を受ける当事者が援用しないと、時効によって裁判することができない（145 条）。この規定は、時効の利益の享受をするか否かは、時効の利益を受けるべき者の意思によるべきだとする意思尊重の現れであるとされる。すなわち、借りた金は必ず返したい、時効を援用して債務を免れたくないと考える者は、消滅時効の援用をしなければよいのである。

しかし、民法は、時効の効果として所有権を「取得する」(162条) あるいは債権および所有権以外の財産権は「消滅する」(166条1項・2項) と定めている。ところが、他方で時効の援用がないと裁判上は時効の効果を主張できないとしている (145条)。この齟齬のある規定の関係をどのように説明するかが問題となる。

2　時効援用・放棄の位置づけに関する学説

a　実体法説

時効制度を、基本的に、民法上の権利の得喪原因を定めた実体法制度であると理解する学説であるが、時効の完成と援用・放棄との関係に関する考え方の相違によって、次のように分かれる。

ア)　確定効果説 (攻撃・防禦方法説)　時効の完成によって、権利の得喪、すなわち時効の効果は実体法的に確定的に生じるが、時効の援用は、訴訟上の攻撃・防禦方法に過ぎないとする説である。旧い判例 (大判昭9・10・3新聞3757号10頁) がとっていた立場である。しかし、この説によると、当事者が時効の援用をしない場合には、実体法的に時効完成によって権利を失っている者が、権利者として扱われることになるという批判がなされる。

イ)　不確定効果説

i)　解除条件説　時効の完成によって権利の得喪の効果が発生するが、確定的ではなく、時効利益の放棄があると確定的に時効利益を失い、援用があれば時効の効果が確定するとする説である。時効利益の放棄を解除条件とするのである。援用や放棄を訴訟的な手続きとしてではなく、実体法的に理解するものであり、「取得する」あるいは「消滅する」という規定に忠実であるが、援用の位置付けについて十分ではないと批判される。

ii)　停止条件説　援用を停止条件と考え、援用があってはじめて権利の得喪、すなわち時効の効果が確定的に発生するとすると解し、時効利益の放棄は、時効の効果を確定的に発生させない行為と解する。この説は、時効の援用の意味を重視し、その反面、民法162条・166条等の文言からは離れる解釈になる。

近時の判例は、「時効による債権消滅の効果は、時効期間の経過とともに確定的に生ずるものではなく、時効が援用されたときにはじめて確定的に生ずるものと解するのが相当であ」るとして、停止条件説を採用することを明らかにしている（最判昭61・3・17民集40巻2号420頁、百選Ⅰ−41）。

時効の援用の意義を重視するこの説をさらに徹底して、援用は時効による効果発生のための要件であるとする説も現れているが、援用の意義を強調しすぎであろう。

b　訴訟法説（法定証拠説）

時効制度をもっぱら訴訟法上の権利得喪の法定証拠と捉え、純粋に訴訟法のレベルで時効制度を理解するのである。実体法的には権利があるという場合でも、裁判は矛盾する結果が生じることは、当事者主義（弁論主義）の制度上不可避である。例えば、金銭を貸している場合に、消滅時効にかかっていなくても、債権者がまずい訴訟のやり方をすれば、裁判に敗れて弁済を受けられない場合もある。時効という法定証拠も同じであると考えるのである。時効の援用を重視する立場である。しかし、現行の民法の条文構造に反するという批判がなされる。

3　時効援用の方法

a　援用の場所

援用を訴訟上の攻撃・防禦方法ないしは法定証拠の提出と考える説は、援用は必ず、裁判所でしなければならない。これに対し、援用を実体的な権利関係を確定させる意思表示ととらえる立場（実体法説―不確定効果説）では、裁判上・裁判外いずれでも意思表示をすることができることになる（大判昭10・12・24民集14巻2096頁）。援用権は形成権であるが、裁判外で援用したときは、裁判においてあらためてその旨を主張しなければならない。

b　裁判上の援用の時期

裁判上の攻撃・防禦方法は、口頭弁論終結時までに提出しなければならないから、第二審の口頭弁論終結時まで援用することができる。上告審では援用することができない。

4　援用権者

時効を援用できる者は、民法145条では「当事者」とされている。そこで、誰が当事者であるかが問題となる。時効を援用することができる当事者を、改正前における判例は「時効により直接利益を受ける者」とされてきた（大判明43・1・25民録16輯22頁、最判昭48・12・14民集27巻11号1586頁）。

Case 82

A所有の甲土地を20年前から、Bは、権原なく占有を継続していた。

（1）Bは甲土地の一部にCのために地上権を設定した。Cは甲土地上に乙建物を建てて、乙建物に居住して現在に至っている。

（2）Bは甲土地の一部に丙建物を建て、丙建物をDに賃貸し、現在はDが丙建物に居住している。

Aが所有権を主張してB・C・Dに甲土地の明渡しを求める訴えを提起してきた場合に、B・C・Dは時効でBが甲土地の所有権を取得したと時効の援用をすることができるか。

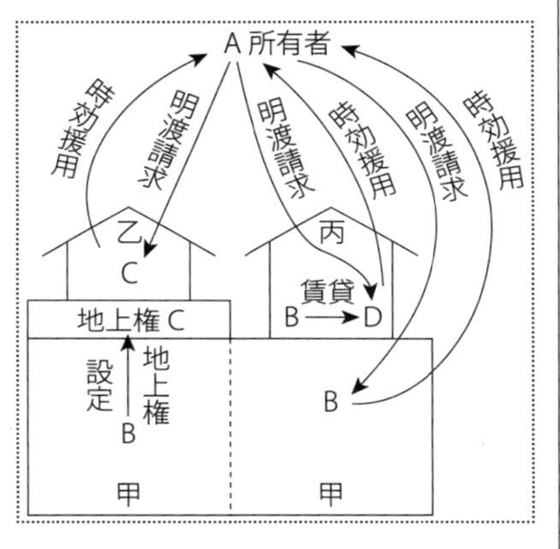

改正前の判例の規準によれば、Bは甲土地の所有権を時効によって取得するのであるから、「直接利益を受ける者」であって、当然時効の援用権を有する。

それでは、Cはどうであろうか。Cは、Bが所有権を取得すると、その地上権も有効に取得することになるが、Cの利益は間接的であって、援用権はないとも解され得る。

さらに、Dになると、土地と建物は別個の不動産であるから、Bが甲地所有権を時効取得したことを援用することによって、Dが丙建物からの退去、土地の明渡しを回避できるのは、間接的な利益に過ぎないとされそうである。このように、CやDが土地の明渡しや建物の立ち退きをせざるを得なくなることは妥当であろうか。

学説は、判例の規準が狭すぎると批判して、援用権者の範囲を拡張するように主張している。例えば、時効によって直接利益を受ける者のほか、この者の権利義務に基づいて権利を取得し、義務を免れる者も含むとする見解や、時効により正当な利益を有する者という規準などが示されてきた。

145条は、改正によって、消滅時効については「当事者」には権利が時効にかかって消滅することに「正当な利益を有する者」を含むとして、保証人、物上保証人、第三取得者を例示することとなった。しかし、取得時効についても「正当な利益を有する者」という規準に従って解釈されるべきであろう。

5　具体的な援用権者

a　取得時効の場合

判例は、取得時効を援用できる類型を2つに分けている。

ア）　物権者　　CaseのCは、地上権という物権の設定をBから受けているので、直接利益を受ける者であって時効を援用できるとされる（傍論であるが、大判昭10・12・24民集14巻2096頁）。改正後は、「正当な利益を受ける者」であるというべきである。

イ）　賃借権者　　Dのような建物賃借人は「土地の取得時効の完成によって直接利益を受ける者ではないから、右土地の所有権の取得時効を援用することはできない」とする（最判昭44・7・15民集23巻8号1520頁）。しかし、DはBが土地所有権を時効取得することによって、甲土地上の乙建物の収去は免れ、Dは乙建物を賃借し続けることができるから、DにもBが時効取得することによって賃借権の喪失を免れるという利益があり、Dも正当な利益を有する者というべきである。

b　消滅時効の場合

Case ⑧③

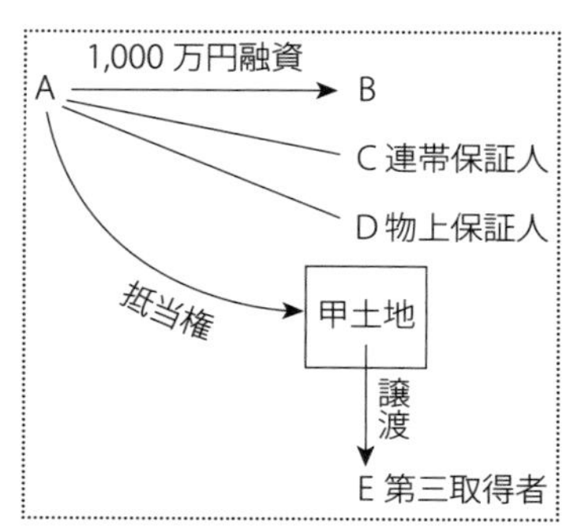

　B は A から 1,000 万円の融資を得た。この債務について C に連帯保証人になってもらい、また 1,000 万円を担保するために D 所有の甲土地上に A のために抵当権を設定してもらって、D に物上保証人になってもらった。その後、D は甲地を E に譲渡し、登記も E に移転した。B の債務の弁済期から、10 年が経過しても、A は B に請求などもしないまま放置していたが、B が消滅時効を援用しないときは、C・D・E のいずれの者が B の債務の消滅時効を援用することができるであろうか。

ア）　保証人・連帯保証人　　保証人・連帯保証人 C は、債権者 A に対し自らも債務負っているが（保証債務を履行する義務が保証人にはある）、主たる債務者 B の債務が消滅すると、保証債務の付従性から C の連帯保証債務も消滅するから、保証人・連帯保証人には B の債務について消滅時効の援用権が認められる（大判昭 7・6・21 民集 11 巻 1186 頁、大判昭 8・10・13 民集 12 巻 2520 頁）。改正によって、145 条括弧書に保証人が例示された。連帯保証人も保証人であるから、当然援用できることになる。

イ）　物上保証人　　物上保証人 D は、A に対して債務を負っているわけではなく、自己の財産を担保に供したに過ぎないが、債務者 B が弁済しないと、A が抵当権を実行し、甲土地が競売されると、D は甲地の所有権を失う可能性がある。A の債権が時効で消滅すると、抵当権の付従性から抵当権も消滅するので、D は甲土地の所有権を失うおそれがなくなるという利益がある。判例は、当初、物上保証人の利益は間接的なものとしていたが（大判明 43・1・25 民録 16 輯 22 頁）、その後、「物上保証人も被担保債権の消滅によって直接利益を受ける者というを妨げない」として援用権を肯定している（最判昭 42・10・27 民集 21 巻 8 号 2110 頁、最判昭 43・9・26 民集 22 巻 9 号 2002 頁）。改正によって 145 条括弧書に援用権者として物上保証人も例示されている。

ウ）　第三取得者　　E のような抵当不動産の第三取得者は援用権者として 145 条括弧書に例示されている。E も債務の弁済義務はないが、債権が消滅すると抵当権が消滅し、E は甲地の所有権を失う可能性がなくなるから、物上保証人と同様の地位にあり、援用権が肯定される（最判昭 48・12・14 民集 27 巻 11 号 1586 頁）。E と同様に立場に立つ者として、仮登記担保の目的となっている土地を譲り受けた第三取得者がある。この第三取得者も、債務が消滅すると仮登記担保も消滅し、所有権を失う可能性がなくなるから、援用権が肯定される（最判平 4・3・19 民集 46 巻 3 号 222 頁）。

エ）　詐害行為の受益者

Case 84

債務者 B がその唯一の財産である甲土地を C（受益者）に安い価格で売却した。B の債権者 A は、B・C 間の売買契約は詐害行為であるとして、詐害行為取消権を行使してきた。ところが、A の債権は弁済期から 10 年を経過したもので、時効の中断もされていなかった。C は、A の債権の消滅時効を援用できるか。

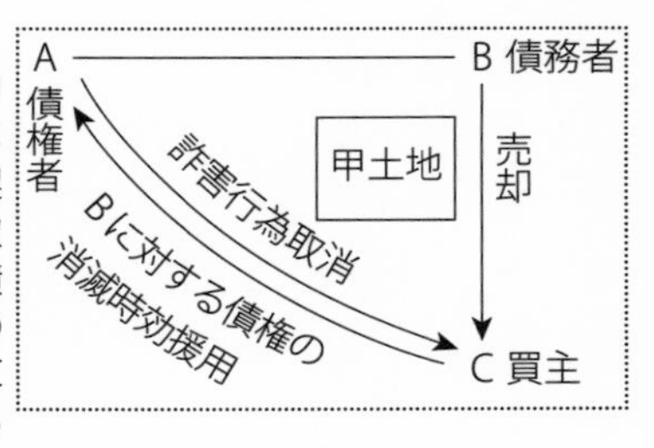

A の詐害行為取消権が認められると、C は、B との売買契約が取り消されて、B から取得した甲土地を失うが（424 条）、A の債権が消滅していれば、詐害行為取消権によって保全されるべき債権が存在しなくなっているのだから、甲土地を失うおそれはなくなる。このような利益を受ける C についても援用権が認められる。改正前の判例は、「詐害行為取消権を行使する債権者の債権が消滅すれば右の利益喪失を免れることができる地位にあるから、右債権者の債権の消滅によって直接利益を受ける者に当たり、右債権について消滅時効を援用することができる」としていた。（最判平 10・6・22 民集 52 巻 4 号 1195 頁）。今後は、正当な利益を有する者として援用権が認められる。

オ）　後順位抵当権者

Case ⑧⑤

Aに対してBは1,000万円を融資し、A所有の甲土地（時価1,500万円）に1番抵当権の設定を受けた。その後、AはCからも1,000万円の融資を受け、甲土地に2番抵当権の設定をした。B（1番抵当権者）の債権の消滅時効が完成した場合には、C（2番抵当権者）はその消滅時効を援用することができるか。

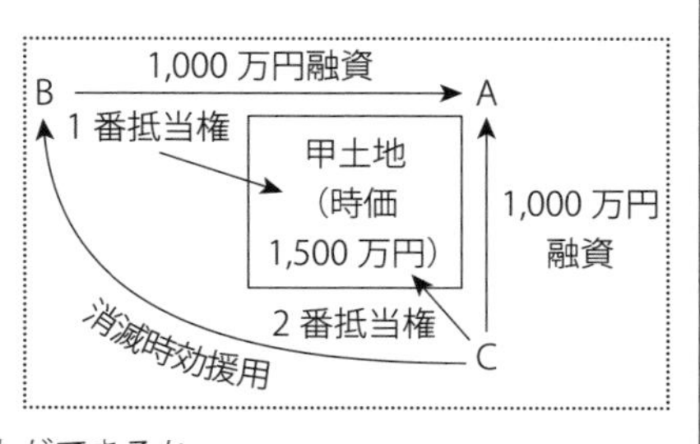

抵当制度の原則からすると、Bの1番抵当権が消滅すると、Cの2番抵当権は1番抵当権に順位が上昇する。したがって、Bの債権が時効で消滅すると1番抵当権は付従性の原則により消滅し、Cの抵当権が1番抵当権に順位が上昇する。2番抵当権のままだと単純に計算して配当額が500万円しかなかったのが、1番抵当に上昇すると1,000万円の配当を受ける可能性が出てくるが、このような後順位抵当権者の利益について、判例は、「配当額の増加に対する期待は、抵当権の順位の上昇によってもたらされる反射的な利益にすぎないというべきである。そうすると、後順位抵当権者は、先順位抵当権の被担保債権の消滅により直接利益を受ける者に該当するものではな」いから先順位抵当権者の債権の消滅時効は援用できないとする（最判平11・10・21民集53巻7号1190頁、百選I−42）。今後は、後順位抵当権者は、正当な利益を有しない者として援用権を否定されるであろう。

6　時効援用の相対効

時効の援用は、時効の利益を享受するか否かを各人の意思に委ねているのであるから、援用を欲する者のみがその効果を享受できればよく、それを欲しない者には効力を及ぼさない（時効援用の相対効）。

Case 86

Bが A から 1,000 万円の融資を受け、C がこの債務の保証人になった。A の B に対する債権は消滅時効にかかったので、C はこの消滅時効を援用した。

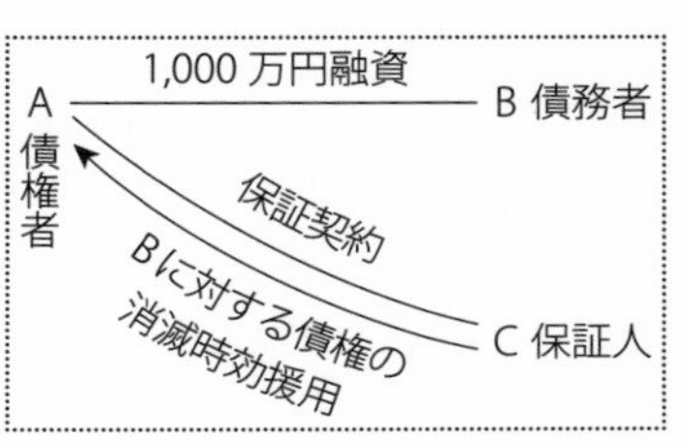

保証人Cは、Bが時効を援用するかに関係なく、時効の援用をすることができるが、その場合には、Cに対する関係ではAの債権は消滅するから、Cは保証債務を免れることになる。これに対し、Bが時効を援用していなければ、Bに対する関係では、Aの債権は時効で消滅したという取扱いがなされず、AはBに対しては債務の履行を請求することができる。

7　援用の撤回

旧い判例は、訴訟上の攻撃・防禦方法にすぎないとみて、援用の撤回は可能だとしていた（大判大8・7・4民録25輯1215頁）。しかし、不確定効果説では、援用によって時効の効果が確定するから、撤回は許されないことになる。

Ⅱ　時効利益の放棄

1　制度趣旨

時効利益の放棄は、完成した時効の利益を享受しない意思を表明することである。時効の利益を享受するか否かは、利益を享受する者の意思に委ねる趣旨である。

時効の利益は、時効完成前には放棄することができない。民法146条が、「あらかじめ放棄することができない」としているのは、この意味においてである。時効完成前の放棄を認めると債務者の窮迫に乗じて、債権者が債務者に時効利益の放棄を迫る事態が生じるからである。

146 条の反対解釈として、時効完成後に、時効利益を享受すべき者が時効利益の放棄するのは自由である。

時効利益の放棄は、相手方のある単独行為であり、裁判外でも行うことができる。時効利益の放棄は意思表示であるから、意思表示に関する規定が適用される。また、時効の完成を知らずに、時効利益の放棄をすることはできない（最判昭 35・6・23 民集 14 巻 8 号 1498 頁）。さらに、放棄は自己に不利な処分行為であるから、時効の更新と異なり、処分能力・処分権限が必要である（大判大 8・5・12 民録 25 輯 851 頁）。

2　時効利益の放棄の相対効

時効利益の放棄も援用と同様に相対的であり、放棄をしなかった者には影響を及ぼさない（前掲最判昭 42・10・27）。

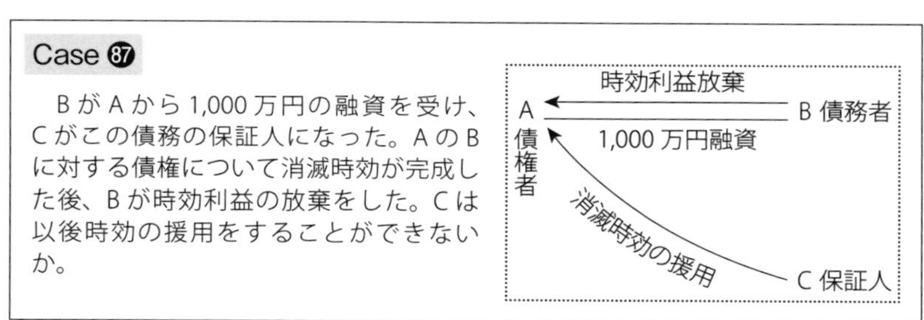

B の時効利益の放棄は、相対的な効力しかもたないから、時効利益の放棄をしなかった C には影響を及ぼさない。したがって、C は B に対する債権の時効を援用して、自己の債務を免れることができる。

3　時効援用権の喪失

時効利益の放棄は、時効の利益を享受しないとする積極的な意思表示であるから、時効の完成を知ってしなければならない。それでは、時効の完成を知らずに、債務の承認に該当するような行為をした場合は、どのように解すべきであろうか。例えば、債権者に弁済することを約束したり、弁済の猶予を申し入れた場合には、時効利益の放棄を行ったわけではないから、時効を援用することができるといえるであろうか。債権者は、このような申入れがあれば、債務の弁済を受けることができると期待するであろう。このような債権者の期待を裏切ってもよいものであろうか。

最高裁は、「債務者が、自己の負担する債務について時効が完成したのちに、債権者に対し債務の承認をした以上、時効完成の事実を知らなかったときでも、爾後その債務についてその完成した消滅時効の援用をすることは許されないものと解するのが相当である。けだし、時効の完成後、債務者が債務の承認をすることは、時効による債務消滅の主張と相容れない行為であり、相手方においても債務者はもはや時効の援用をしない趣旨であると考えるであろうから、その後においては債務者に時効の援用を認めないものと解するのが、信義則に照らし、相当であるからである。」（最大判昭 41・4・20 民集 20 巻 4 号 702 頁、百選 I −43）として、信義則上、時効の援用をすることが許されないとしたのである。

これを、学説は「時効援用権の喪失」と理論化した。すなわち、時効利益の放棄は、積極的な意思表示であるが、援用権の喪失は消極的に承認の意思表示をすると、信義則上援用権の行使が否定され、結果として援用権が喪失すると構成されるのである。

第 12 章
民法の基本原則

第 1 節　民法は歴史の産物

民法典は、19 世紀末の近代市民社会の思想に基づいて編纂されたものであり、歴史の産物である。すなわち、そこで前提とされているのは、「平等・対等な市民」であり、したがって民法は対等な市民間の取引について規律するものとされていたのである。

この思想は、人が身分制度によって対等ではない関係に置かれていた封建制度を打破して、近代資本主義を発展させるためには、平等で対等な市民を作り出し、自由な取引ができるようにするという時代の要請から生まれたものであったといえる。平等で対等な市民という理念像は、封建的身分制度を打破して、近代市民社会を形成するためのものであったのである。

しかし、法が形式的に対等で平等な市民の関係を前提としても、現実の市民社会には実質的には、対等でも、平等でもない関係が様々に存在する。とりわけ、資本主義経済の発展によって、経済的力の格差は大きくなり、形式的平等ではなく、実質的平等が要請されるようになってきた。このような要求はまず、資本家と労働者間の契約について現れ、対等な関係で契約交渉ができることが要請され、労働立法がなされることとなった。

近時は、情報を独占し、経験を有する事業者と情報・経験をもたない消費者との格差を是正するために、消費者保護立法の要請が強くなっている。

2001 年、ドイツでは、民法の大改正がなされ、特別法であった借家法制や消費者保護法制が民法典の中に取り込まれていった。民法典が前提とする人間像が、「形式的に対等平等な市民」から「実質的に多様な市民」を前提とするように変化しているのである。わが民法の現代化も同様の視点から考えてゆく必要がある。

第 2 節　民法典の古典的基本原則

ここで述べる原則は、近代民法典が制定された当時に、民法の基本原則とされたいわば 19 世紀の民法の集大成ともいえる原則である。社会的状況が全く変化した現在においては妥当せず、修正が必要とされるものでもある。その意味で、ここでは古典的民法原則と呼ぶ。

Ⅰ　所有権絶対の原則

封建制下にあっては、封建的・身分的羈束性ゆえに、特に土地所有権は封建的束縛を受け、往々にして、没収されたりした。これに対して、近代市民法では、何らの拘束もない、何人に対しても主張できる物に対する支配権としての絶対的な所有権が認められた。これは、2 つの意味をもっている。①1 つは、階級・身分による支配の否定の主張であり、②もう 1 つは資本主義経済の発展にとって必須の前提となる自由な所有権の確立であった。

しかし、現実には、所有権の絶対は往々にして「所有権の横暴」になり、修正が必要とされるのである。所有権にも内在的な制約があるとされる。これを所有権の社会性という。所有権の社会性を憲法上はじめて確認したのは、「所有権は義務を負う」と定めた第 1 次世界大戦後のドイツにおいて制定されたヴァイマル（ワイマール）憲法であった。その後、わが国でも大正年代の末から所有権には社会性があり、絶対的なものではないことが認識されてきた。

民法は、既に「法令の制限内において」所有者は自由にその所有物の使用、収益および処分をする権利を有すると限定を加えていたのであった（民法206条）。また、民法の戦後の改正で設けられた「私権は、公共の福祉に適合しなければならない」（1条1項）とする規定は、所有権絶対の思想に対する修正を民法典において行ったものと評価して土地所有権問題に対処することが必要であろう。

また、憲法29条でも財産権の内容は、公共の福祉に適合するように法律で定めることができると規定している。しかし、現実には、わが国の土地利用規制を見ると、都市計画制度の不備が多く見られ、所有権の制限はなお不十分であるといえる。近時のマンション建設を契機とする日照問題や景観問題をめぐって周辺住民とのトラブルの発生は、その顕著な例である。近時の空き地、空き家問題もこのような観点から考えられるべきであろう。

Ⅱ　契約自由の原則

契約自由の原則とは、契約締結に際して、何人からも強制されることはないとするものであり、①締結の自由、②内容決定の自由、③相手方選択の自由および④方式の自由を内容としている。この趣旨は、改正によって521条・522条に明文化された。この原則も、封建的・身分的拘束の否定をするために打ち立てられたものである。現実の社会では、当事者間に交渉力に格差があるのが当然であり、契約の自由は、経済的力や経験を有する者、情報を独占する者の自由にほかならないのであり、経済的力のない者、情報をもたない者の不自由を意味している。

そこで、経済的弱者や消費者を保護する立法が要請されることになる。借地借家法、利息制限法、仮登記担保法、消費者契約法などはその趣旨によるものである。さらに、労働法は民法から独立して独自の法分野を形成するほどに発展した。このようにして、弱者の実質的平等を図ることによって、実質的自由の回復が図られるのである。

しかし、近時規制緩和の名の下に、借地借家法にいわゆる「定期借家権」（定期建物賃貸借）を導入して、借家契約に契約自由の原則を回復するという立法がなされている（借地借家法38条）。この立法は、経済的弱者である特に住居の借家人の自由を奪って、強者である建物賃貸人の契約自由を貫徹しようとするものであって、契約当事者の形式的平等を前提とする19世紀的民法原則に戻す後ろ向きの立法といえる。

Ⅲ　過失責任の原則

他人に損害を加えた場合には、故意・過失のある場合にのみ責任を負うという原則を過失責任の原則という。すなわち、自己に過失がない限り、責任を負わないという、自己責任の原則を明確にしたものである。この原則は、個人の自由に最大の価値を見出した19世紀の経済学や法律学にとって最も適合的な責任原則であった。「過失なければ、責任なし」という法諺で表現される。

しかし、現代社会においては、高速度交通の発達、大規模工場、原子力などによって19世紀には想像のつかなかった甚大な損害が発生する可能性・危険が現れている。過失責任では、市民を保護する機能を持たなくなっているといえよう。

そこで、このような場面では、損害を発生させた者は過失の有無を問わず責任を負うべきであるとする無過失責任の法思想を発達させてきた。論拠としては、高速度交通機関・原子力発電所などの危険物を管理する者は、その危険物から発生した損害には絶対的な責任を負うとする「危険責任」の法理と、ある事業を営んでそこから利益を上げている者は、その事業から発生した損害についても責任を負うという「報償責任」（利益の帰するところ、損失も帰すべし）の法理があげられる。

土地工作物責任（717条）、鉱害の賠償責任（鉱業法109条）、原子力事故の賠償責任（原子力損害賠償法3条）などが、無過失責任を規定している。

また、自動車損害賠償保障法のように、加害者に過失がなかったことを立証させ（挙証責任の転換）、その立証に成功したときにのみ免責を認めるという立法もある（民法709条による通常の不法行為では、被害者が加害者の過失を証明しなければならない）。現実には、加害者の無過失が認められるケースはほとんどないといわれる。準無過失責任といわれる所以である。

第3節　現行民法典における基本原則（1条）

先に述べたように、民法典は、19世紀の自由主義思想を基礎とする法思想を規定したものであって、現代的な観点からは多くの修正が必要なものである。戦後、わが民法は、親族・相続法について男女平等・民主化という観点から大改正を行った。また、第1条および第2条も戦後新たに規定されたものである。これらの規定も、近代民法から現代民法への理念の修正の必要を法典の冒頭において表明したものと理解することができる。

Ⅰ　公共の福祉の原則

私権は、公共の福祉に適合しなければならない（1条1項)。この規定は、私権の社会性を一般的に表明したものである。公共の福祉とは、社会共同体全体の利益という意味だとされる。私権は絶対的なものではなく、その存在、行使は、社会共同体の利益に反してはならないものであると説明される。この規定は、公益優先を宣言したものではなく、私権の絶対性、とりわけ所有権の絶対性に対する内在的制約原理を宣言したものと解すべきであろう。

もっとも、この規定によって、具体的事件が解決されることはほとんどない。

Ⅱ　信義誠実 Treu und Glauben の原則（信義則）

1　意義

権利の行使および義務の履行は、信義に従い誠実に行わなければならない（1条2項)。これを信義誠実の原則ないし信義則と呼ぶ。

この原則は、元来は、契約関係において債務者がその債務の履行にあたってどのように行動すべきかという原理であった（ドイツ民法242条は、まさにそれを規定している)。しかし、現在の民法解釈では、民法の全分野における行動準則となっている。すなわち、私権の行使や義務の履行は相手方の信頼を裏切らないように、誠意を持って行わなければならないという人的共同体の構成員として有すべき根本意識（規範）だといわれるようになっている。

2　信義則の具体例

これまでの説明の中でも広い範囲にわたって、信義則を用いて具体的問題を解決しようとしている。

例えば、①錯誤による無効を主張する場合に、契約締結時から長期間が経過した後に、無効を主張するのは信義則により許されないとする見解（改正によって、錯誤による意思表示は取り消すことができることになったから、126条による期間制限に服し、この議論は、無用となった。）や②無権代理人が本人を相続した場合に、無権代理人が本人の立場に立って、追認を拒絶するのは信義則に反するとする学説、さらには③時効完成後、債権者に支払い猶予の申入れをしておきながら、消滅時効を援用するのは信義則上許されないとする判例などが挙げられる。

3　信義則の機能

信義則は、次のような場合に機能するとされている。

a　既に存在する権利・義務の具体化

例えば、「債務者が現に支払いまたは提供した金額についてきわめてわずかな不足があるに過ぎないときは、債権者において、その不足に名をかりて債務の本旨に従った弁済の提供がないものとしてその受領を拒絶することは信義則に照らし許されない」とする判決（最判昭41・3・29判時446号43頁）は、493条に定める「債務の本旨」に従った弁済の提供の内容を具体化している。

b　既存の法理による適当ではない処理の修正

既存の適当ではない法理を修正するために信義則が用いられる。上述の錯誤による無効の主張の期間を信義則によって制限するのがそれである。ただし、この問題は、錯誤による意思表示は取り消すことができると改正された

(95条1項）ことによって立法的に解決された

c　問題処理のための規範が存在しない場合

問題処理のために規範が存在しない場合に、信義則により規範を創設する場合がある。例えば、上述した例の「時効援用権の喪失」がそれである（時効完成後に、時効利益の放棄ではないが、債務を承認するような行為をした場合に、どのように扱うべきかについては、規範が存在しなかった)。

Ⅲ　権利濫用の禁止

1　意義

「権利の濫用は、これを許さない」（1条3項）とする規定が、権利濫用禁止の原則である。ローマ法以来の法原則は「自己の権利を行使する者は、何人に対しても不法を行うものではない」とされるが、外見上権利の行使のようにみえるが、実際には権利行使としては社会的に許容される限度を超えていて、権利行使とは認められない場合は、権利の濫用として、権利行使が禁止されるべきであることを規定する。

1条3項の規定は、比較法的にみて範囲が広いことに特徴がある。すなわち、ドイツ民法では、他人を害する目的のみから権利を行使する場合（シカーネ Schikane という）を権利濫用として禁止している（ドイツ民法226条)。また、スイス民法典は「明白な濫用」に限定して（スイス民法典2条2項)、権利濫用を禁止している。

2　要件

権利行使が、権利濫用に当たるか否かの判断は、当初はドイツ法の影響もあって、加害の意思・加害目的があってする権利行使のみを権利濫用として禁止してきたが、著名な「宇奈月温泉事件」（大判昭10・10・5民集14巻1965頁、百選Ⅰ−1）で、判例は、私権間の権利調整の要素も加味して、客観的要素と主観的要素を総合して判断するようになった。

客観的要素とは、権利行使によって権利者がどのような利益を獲得し、その権利行使によって他者はどのような不利益を被るかということを比較衡量することである。

宇奈月温泉事件では、自己所有の土地に他者が無断で温泉の引湯管を敷設したので、土地所有者が妨害排除請求権を行使して引湯管の撤去を求めたのであるが大審院は他者の不利益として、土地所有者の妨害排除請求権が認められると、引湯管の迂回工事に多大の費用（約1,200円）がかかることと、その工事期間中、温泉業を休業することによって「宇奈月温泉場ノ経営ハ全ク破壊セラルル」と認定し、他方、所有者が妨害排除請求権を行使しようとする引湯管敷設敷地はわずか2坪（6.6m²）であり、妨害排除請求権行使者の受ける不利益は極めて小さい。権利者の利益が小さく、他者の侵害される利益は大きいことが認められた。さらに、主観的要素が考慮された。主観的要素は、他人を害しようとする加害の意思である。宇奈月温泉事件では、本件土地上に無断で引湯管が敷設されているのを奇貨として、元の所有者から安価で買い受け、土地所有権を取得した者が、これを高く売りつけようとしたが断られたので、所有権に基づく妨害排除請求権を行使して引湯管の撤去を求めた点に、害意を認め、客観的要素と主観的要素が総合的に判断されて権利の濫用が認められたのである。

客観的要素だけを重視すると、ある者が権利者の権利を侵害する大規模な既成事実を形成してしまう（例えば、他人の所有地に鉄道線路を無断で敷設した）と、個人の利益は公的利益よりも小さいから、権利者がその行為を排除しようとすること（例えば、無断で敷設された鉄道線路の撤去請求）を権利濫用だとして権利行使が否定される事態が生じる（高知鉄道線路敷設撤去事件・大判昭13・10・26民集17巻2057頁、板付飛行場事件・最判昭40・3・9民集19巻2号233頁）。このような事態は、不当なものであり、主観的要素と客観的要素を総合判断して権利濫用か否かの判断をすべきであろう。加害の意図がないと認められれば、権利濫用とまではいえないという判断がなされる可能性がある。

3　効果

a　権利行使の効果が発生しない（宇奈月温泉事件では、所有権に基づく妨害排除請求権の行使が権利濫用であるとして、所有権自体の行使が認められなかった）。

b　権利行使によって相手方の利益が害された場合には、不法行為となって、損害賠償責任が権利行使者に生じる場合もある。建物を建築することによって、隣家の日照を阻害したことが権利の濫用だとされた場合（最判昭 47・6・27 民集 26 巻 5 号 1067 頁）や地下水のくみ上げによって隣地の地下水利用に損害を与えた場合（大判昭 13・6・28 新聞 4301 号 12 頁）などでは、損害賠償を認めている。

事項索引

判例索引

著者紹介

藤井俊二（ふじい　しゅんじ）

北海道富良野生まれ
神奈川大学法学部卒業
早稲田大学大学院法学研究科博士課程修了
現　在　創価大学名誉教授、日本土地法学会関東支部長・監事、山梨県不動産鑑定士協会顧問、地籍問題研究会幹事、早稲田大学博士（法学）

主要著書

『現代借家法制の新たな展開』（成文堂、1997年）
『借地の法律相談』（共著、有斐閣、1998年）
『民法判例30講〔民法総則・物権法〕』（共著、成文堂、2000年）
『借地・借家の裁判例〔第2版〕』（共著、有斐閣、2001年）
『基本法コンメンタール物権〔第5版〕』（共著、日本評論社、2002年）
『借家の法律相談』（共著、有斐閣、2002年）
『確認民法用語300』（共編著、成文堂、2004年）
『民法判例30講〔債権法〕』（共編著、成文堂、2004年）
『事例でわかる民法総則』（敬文堂、2005年）
『基本法コンメンタールマンション法〔第3版〕』（共著、日本評論社、2006年）
『借地権・借家権の存続保護』（成文堂、2006年）
『実務解説借地借家法』（共著、青林書院、2008年）
『ドイツ借家法概説』（信山社、2015年）
『新基本法コンメンタール借地借家法〔第2版〕』（共著、日本評論社、2019年）
『コンメンタール借地借家法〔第4版〕』（共著、日本評論社、2019年）
『レクチャー民法学債権各論〔第2版〕』（成文堂、2019年）

クルツ・レーアブーフ
民法総則〔第2版〕

2011年10月1日　初　版第1刷発行
2020年3月20日　第2版第1刷発行

著　者　藤　井　俊　二
発行者　阿　部　成　一

〒162-0041　東京都新宿区早稲田鶴巻町514番地
発行所　株式会社　成　文　堂
電話 03(3203)9201(代)　Fax 03(3203)9206
http://www.seibundoh.co.jp

製版・印刷　シナノ印刷　製本　弘伸製本

ISBN978-4-7923-2749-1　C3032

定価（本体3000円＋税）